Valeggio 8/6/09

Segui la tua
Strada

Keerti

GW00703021

Oriente Universale Economica Feltrinelli

Osho
L'AVVENTURA DELLA VERITÀ

Commenti al Dhammapada
di Gautama il Buddha

A cura di Ma Anand Vidya e Swami Anand Videha

Feltrinelli

Titolo dell'opera originale
THE DHAMMAPADA. THE WAY OF THE BUDDHA
terzo volume
Copyright © 1979 Osho International Foundation
Bahnhofstrasse 52, CH 8001 Zurigo, Svizzera

Edizione italiana a cura di Ma Anand Vidya
e Swami Anand Videha
Revisione di Ma Anand Tea

Copyright © su licenza per l'edizione italiana
2004 Urra – Apogeo Srl
© Giangiacomo Feltrinelli Editore Milano
Prima edizione nell'"Universale Economica" – ORIENTE
maggio 2008
Su licenza Apogeo Srl

ISBN 978-88-07-72049-9

Premessa dell'autore

Io devo usare il linguaggio che usate voi; non posso creare un linguaggio nuovo, poiché sarebbe inutile: non lo capireste; ma non posso usare il vostro linguaggio con gli stessi significati, anche in questo caso sarebbe inutile, poiché non riuscirei a esprimere la mia esperienza, qualcosa che trascende il vostro linguaggio. Quindi devo trovare una via di mezzo: devo usare il vostro linguaggio, le vostre parole, ma con significati nuovi. Questo compromesso è necessario ed è inevitabile: tutti i Buddha hanno dovuto farlo.

Io uso le vostre parole con significati miei. Pertanto dovete prestare molta attenzione: quando parlo di "fiducia", ciò che intendo è del tutto diverso dal significato che voi date alla stessa parola. Quando io parlo di "fiducia", intendo "assenza del dualismo dubbio/fiducia". Quando parlo d'"amore", intendo "assenza del dualismo amore/odio". Per voi la parola "fiducia" significa "l'altra faccia del dubbio"; per voi la parola "amore" significa "l'altra faccia dell'odio". In questo modo rimanete intrappolati in un dualismo, si tratta di un doppio legame che vi stritolerà: tutta la vostra vita diventerà un'esistenza di angoscia.

Tu sai che la fiducia è bella, ma il dubbio sorge perché la tua fiducia non trascende il dubbio stesso. La tua fiducia è contro il dubbio, ma non lo trascende. La mia fiducia è una trascendenza, è al di là del dubbio. Ma ricorda, per andare oltre devi aver lasciato entrambi alle tue spalle. Non puoi scegliere. La tua fiducia è una scelta contraria al dubbio; la mia è una consapevolezza priva di scelte. In realtà, io non dovrei usare la parola "fiducia" perché vi confonde; ma cos'altro potrei fare? Quale altra parola potrei usare? Tutte le parole creano in voi confusione.

In verità, io non dovrei parlare, ma voi non riuscireste neppure a comprendere il mio silenzio. Vi sto parlando solo per aiutarvi a diventare silenziosi. Il mio messaggio può essere trasmesso solo in silenzio. Solo nel silenzio, la comunione... Prima che ciò possa accadere, devo parlare con voi, devo persuadervi e posso farlo solo usando le vostre stesse parole. Tuttavia, se ricorderete una cosa, vi sarà immensamente utile: io uso le vostre parole, ma con significati miei; non dimenticate mai i miei significati!

Va' oltre il dubbio e la fiducia, allora sentirai un nuovo sapore della fiducia, qualcosa che non conosce affatto il dubbio, che è assolutamente innocente. Va' al di là di entrambi: rimarrai solo tu con la tua consapevolezza, senza alcun contenuto. La meditazione è questo. La fiducia è meditazione. Io chiamo fiducia lo stato dell'essere che non conosce il dubbio, neppure l'ombra di un dubbio.

Naturalmente sto usando il linguaggio in un modo che non avrebbe mai l'approvazione di nessun linguista; ma è sempre stato così. Il mistico ha qualcosa da dirvi che non si può esprimere con le parole. Il mistico deve comunicarvi qualcosa che è incomunicabile. Il problema del mistico è questo: "Che cosa posso fare?". Egli ha qualcosa, ed è così immenso, che lo vorrebbe condividere con gli altri, deve condividerlo. La condivisione è inevitabile: non può eluderla. Il mistico è simile a una nube carica di pioggia che deve scaricarsi e inondare gli altri. Il mistico è simile a un fiore straripante di profumo che deve diffonderlo ai quattro venti. Il mistico è simile a una lampada accesa in una notte buia: la sua luce deve fugare le tenebre.

Un Buddha è un uomo con il cuore ricolmo di luce; un Buddha è un uomo che è diventato una fiamma, una fiamma eterna che non si estinguerà mai. Ora è inevitabile per lui fugare le tenebre, ma il suo problema è: "Come fare per diffondere il messaggio?".

Voi avete un linguaggio basato sul dualismo e un Buddha ha un'esperienza radicata nell'assenza di ogni dualismo; voi siete sulla Terra, egli è nel cielo; la distanza è infinita... ma egli deve costruire un ponte per colmarla. Voi non siete in grado di farlo: solo un Buddha può costruirlo. Voi non conoscete affatto il cielo; non conoscete affatto la sua esperienza inesprimibile, la sua esperienza ineffabile: egli le conosce entrambe! Conosce le vostre tenebre, poiché in passato ha vissuto in quelle stesse tenebre; conosce la vostra infelicità, poiché in passato ha vissuto in quella stessa infelicità; ma ora conosce anche la beatitudine della realizzazione suprema, ora conosce il divino. Solo un Buddha può costruire un ponte tra voi e lui, solo un Buddha può creare una connessione che unisca voi a lui.

Il linguaggio è l'anello di congiunzione più importante, per unire l'umanità a un Buddha. Di fatto, il linguaggio è la caratteristica principale che distingue gli esseri umani dagli animali: nessun altro animale è in grado di parlare. L'uomo è tale in quanto usa il linguaggio. Ne consegue che il linguaggio è inevitabile, deve essere usato; ma io devo usarlo in modo tale da ricordarvi costantemente che dovrete abbandonarlo e che prima accadrà, meglio sarà per voi.

Impara a diventare sempre di più un testimone, crea in te un'osservazione sempre più presente. Fa' in modo di osservare ogni tua azione, ogni tuo pensiero; non identificarti con le tue azioni, né con i tuoi pensieri: rimani distaccato, distante, lontano, un osservatore sulla collina. Allora, un giorno sarai inondato da una beatitudine infinita.

Osho, dal *Secondo discorso*

Primo discorso

Sapere non significa conoscere

L'uomo saggio ti dice dove sei caduto
e dove potresti ancora cadere:
segreti preziosissimi!
Seguilo, segui la Via!

Lascia che il saggio ti purifichi e ti insegni
e che ti distolga dalla cattiveria.
Il mondo può anche odiarlo,
ma gli uomini buoni lo amano.

Non cercare le cattive compagnie,
non vivere con uomini che non si curano della verità.
Trova amici che amino la verità.

Bevi fino all'ultima goccia.
Vivi in serenità e con gioia.
L'uomo saggio si delizia nella verità
e segue la legge di colui che è risvegliato.

L'agricoltore incanala l'acqua verso il suo terreno.
L'artigiano tornisce le sue frecce
e il falegname modella il legno:
allo stesso modo, l'uomo saggio guida la propria mente.

Il vento non può scuotere una montagna.
Né la lode né il biasimo smuovono l'uomo saggio.

L'uomo saggio è chiarezza.
Udendo la verità,
è simile a un lago
puro, calmo e profondo.

Il sapere non è conoscenza; ne ha l'apparenza, ecco perché illude molte persone. Il sapere è solo informazione: non ti trasforma, tu rimani lo stesso di sempre. Il tuo accumulo di informazioni cresce continuamente ma, anziché darti la libertà, diventa un peso che ti schiaccia e ti crea in continuazione nuove costrizioni.

Il cosiddetto uomo colto è molto più sciocco del cosiddetto sciocco: se non altro, lo sciocco è innocente; è ignorante, ma non ha la pretesa di sapere: quanto meno possiede questa veridicità. L'uomo colto vive in una confusione maggiore: non conosce niente ed è convinto di sapere. Credere di sapere, senza conoscere nulla, significa restare radicati per sempre nell'ignoranza.

Il sapere è il modo che l'ignoranza usa per proteggere se stessa e si protegge con molta scaltrezza, con molta efficienza, con molta astuzia; il sapere è tuo nemico, sebbene ti appaia come un amico.

Questo è il primo passo verso la saggezza: ammettere di non conoscere; ammettere che tutto il sapere è preso in prestito dagli altri; non è accaduto a te, ti è pervenuto dagli altri; non è frutto delle tue intuizioni, non è una tua realizzazione personale. Allorché il sapere è una tua realizzazione personale, diventa saggezza.

Se sei saggio, significa che non sei un pappagallo ma un essere umano; significa che non ripeti ciò che hanno detto gli altri, ma esprimi te stesso; significa che non sei una fotocopia, ma hai un volto originale.

Il sapere fa di te una fotocopia ed esserlo è la cosa più brutta che ci sia al mondo; è la più grande calamità che possa accadere all'uomo; poiché, se non conosci niente, ma credi di conoscere, rimarrai confinato per sempre nell'ignoranza e nelle tenebre; in questo caso, qualsiasi cosa farai sarà inevitabilmente sbagliata. Potresti anche riuscire a convincere gli altri di sapere; potresti anche riuscire a rafforzare il tuo ego; potresti anche diventare molto famoso, avere la fama di grande studioso, di un pandit, tuttavia, dentro di te non avresti altro che tenebre. In cuor tuo, non avresti ancora incontrato te stesso, non saresti ancora entrato nel tempio del tuo essere.

La persona ignorante si trova in una situazione di gran lunga migliore. Se non altro, non pretende di sapere, non sta illudendo se stessa e gli altri. L'ignoranza ha una propria bellezza: la bellezza della semplicità, dell'assenza di ogni complicazione. Sapere di non conoscere ti procurerà un sollievo immediato. Conoscere e sperimentare la tua assoluta ignoranza ti riempirà di un'immensa meraviglia: l'esistenza si trasformerà in un mistero... Dio non è altro che questo! Conoscere l'universo come un miracolo, come un mistero, come qualcosa di incredibile e di impenetrabile, di fronte al quale puoi solo prostrarti con gratitudine profonda e arrenderti con stupore e meraviglia: questo è l'inizio della saggezza.

Socrate aveva ragione quando affermava: "Io so una cosa sola: che non so niente".

Essere saggio non significa essere colto. Essere saggio significa realizzare qualcosa della tua consapevolezza, prima nella tua interiorità, in seguito all'esterno; significa sentire i palpiti della vita, prima nella tua interiorità, in seguito all'esterno. Per sperimentare la misteriosa consapevolezza che tu sei, prima di tutto dovrai sperimentarla nel nucleo più profondo del tuo essere, perché quella è la soglia più vicina a Dio.

Allorché l'avrai conosciuta dentro di te, non ti sarà difficile conoscerla all'esterno. Ricorda però che il saggio non accumula mai sapere, la sua saggezza è spontanea. Il sapere appartiene sempre al passato, la saggezza è un frutto del presente: ricorda queste distinzioni! Se non avrai compreso con estrema chiarezza la differenza tra il sapere e la saggezza, non sarai in grado di comprendere questi sutra di Gautama il Buddha. E si tratta di insegnamenti di estrema importanza.

Il sapere proviene dal passato, dagli altri, dalle sacre scritture. E il Buddha ha detto: "La mia trasmissione della verità trascende le sacre scritture. Tutto ciò che dico, che insegno, che comunico, non è stato mai scritto in nessun luogo, non è stato mai detto in nessun luogo: di fatto non può essere espresso a parole, né può essere scritto". È trasmesso nel silenzio profondo dal Maestro al discepolo: è una comunione d'amore. La saggezza è contagiosa: non può esserti insegnata, ricordalo; tu puoi riceverla, ma non può esserti data. Puoi essere aperto e vulnerabile, puoi essere in uno stato di costante ricettività: il discepolo sta seduto accanto al Maestro in questo modo, pronto a bere, pronto a lasciare che il Maestro penetri nelle profondità del suo cuore. All'inizio è doloroso, poiché la consapevolezza del Maestro penetra in te come una freccia acuminata; solo così può raggiungere il nucleo del tuo essere. Fa male!

Il sapere soddisfa l'ego, la saggezza distrugge completamente l'ego; ecco perché la gente cerca il sapere. È rarissimo trovare un ricercatore che non sia interessato al sapere e che si interessi e si dedichi alla ricerca della saggezza. Il sapere fornisce teorie sulla verità, la saggezza è la verità stessa; il sapere è un prodotto di imitazione, la saggezza è originale. Il sapere implica credere: gli altri dicono qualcosa e tu credi. Tutte le credenze sono false! Nessun credo è mai stato vero; perfino se tu credessi nelle parole di un Buddha, diventerebbero menzognere nell'istante in cui tu ci credi.

La verità non può essere creduta, la conosci o non la conosci. Se la conosci, non si pone affatto il problema di credere; se non la conosci, di nuovo credere non è un problema. Se la conosci, la conosci; se non la conosci, non la conosci. Credere è una proiezione di una mente astuta: ti dà la sensazione di conoscere, senza conoscere affatto. Gli hindu, i musulmani, i cristiani, gli ebrei, i giainisti, i buddhisti, sono tutti credenti.

Credere è a buon mercato, è facilissimo. Non metti in gioco niente: puoi credere in Dio con tutta facilità; puoi credere nell'immortalità dell'anima con tutta facilità; puoi credere nella teoria della reincarnazione con tutta facilità. Di fatto queste credenze rimangono in superficie, non intaccano minimamente la tua interiorità. Quando la morte busserà alla tua porta, vedrai scomparire tutte le tue credenze; quando la morte busserà alla tua porta, la tua credenza nell'immortalità dell'anima non ti aiuterà: piangerai, ti dispererai e ti aggrapperai alla vita. Quando la morte busserà alla tua porta, dimenticherai totalmente Dio; quando la morte busserà alla tua porta, non riuscirai a ricordare la teoria della reincarnazione e tutte le sue complesse implicazioni. Quando busserà alla tua porta, la morte abbatterà tutte le strutture del sapere che avevi eretto intorno a te e ti lascerà assolutamente vuoto... allora sarai consapevole di avere sprecato tutta la tua vita.

La saggezza è un fenomeno del tutto diverso: è esperienza, non una credenza. È esperienza esistenziale, non un sapere. Tu non credi in Dio: sai che esiste. Non credi nell'immortalità dell'anima: hai sentito la tua anima. Non credi nella teoria della reincarnazione: ricordi, ricordi di essere esistito molte volte; e se è accaduto in passato, accadrà anche in futuro. Ti ricordi di essere stato in molti corpi: sei stato una roccia, sei stato un albero, sei stato un animale, un uccello; sei stato un uomo, una donna... sai di essere vissuto in un'infinità di forme. Hai visto le forme che cambiavano, ma la tua consapevolezza rimaneva immutata: perciò hai compreso che cambiano solo l'aspetto di superficie, l'essenza è eterna.

Questo è vedere, non credere. E tutti i veri Maestri sono interessati ad aiutarti a vedere, non a credere. Per credere, devi diventare cristiano, hindu o musulmano. Credere è la professione dei preti.

Il Maestro come prima cosa deve distruggere tutti i tuoi credo: in quanto teista, come ateo, come cattolico, come comunista. Il Maestro deve smantellare l'intera struttura delle tue credenze, affinché tu possa ridiventare come un bambino: innocente e aperto, pronto a investigare, pronto a immergerti nell'avventura della verità. La saggezza affiora dentro di te, non è una sacra scrittura. Tu cominci a leggere la tua consapevolezza: in essa sono nascoste tutte le Bibbie, tutte le *Gita*, tutti i *Dhammapada*.

Una volta, un grande studioso acquistò un pappagallo. Rientrato a casa, gli disse: "Ti insegnerò a parlare!".
Il pappagallo rispose: "Non preoccuparti, so già parlare".
Lo studioso rimase talmente sorpreso, che portò il pappagallo in università. "Guardate! Ho acquistato un pappagallo parlante fantastico!" Ma il pappagallo si rifiutava di parlare, sebbene lo studioso insistesse nel dire che sapeva farlo.
I presenti iniziarono a scommettere "dieci contro uno" che il pappagallo non avrebbe parlato; nulla lo avrebbe convinto a parlare. Tornando a casa, seguito dalle canzonature dei suoi amici, lo studioso chiuse il pappagallo sotto un telo, e lo rimproverò: "Idiota, guarda quanto denaro mi hai fatto perdere!".
"Sei tu l'idiota," gli rispose il pappagallo. "Domani, mi riporterai all'università e accetterai scommesse 'cento contro uno'... e le vincerai!"

Certo, i pappagalli sono molto più intelligenti dei vostri professori; hanno più intuizioni rispetto ai vostri pandit, ai vostri studiosi, ai vostri accademici. Se volete conoscere i veri idioti, dovete andare in un'università: troverete persone che pretendono di sapere e invece si limitano a farfugliare a vanvera, che non sanno realmente ciò che stanno facendo, però continuano a farlo, non sanno ciò che stanno insegnando, però sono insegnanti e continuano a scrivere grandi trattati.

Mulla Nasruddin aveva messo sulla porta di casa una targa con il suo nome. Tutti rimasero meravigliati dai titoli accademici che vi erano riportati. C'era scritto: Mulla Nasruddin St. M.P. A.V. Tutti erano incuriositi, e alla fine i suoi vicini gli chiesero: "Nasruddin, per ciò che ne sappiamo tu non hai mai frequentato un'università. Non solo, non sei mai andato a scuola! Infatti non sai né leggere né scrivere! Da dove vengono tutti questi titoli accademici?".
Il Mulla rispose: "Conoscete il significato di questi titoli accademici? St. è un'abbreviazione".
"Un'abbreviazione di cosa?" chiesero.
"Pensateci!..." I vicini compresero. "St. è un'abbreviazione di qualcosa che non si può dire," spiegò Nasruddin. "M.P. significa 'molto di più' di quella stessa cosa'. E A.V. significa..."

Pensateci, meditate... Potete dedurre il significato di A.V.? Ricordate St. e il suo significato; ricordate M.P. e il suo significato; ebbene, che cosa mi dite di A.V.? Lo lascio a voi da scoprire! Se mediterete, lo troverete e la cosa vi renderà un po' più saggi. Se non riuscirete a trovarlo, domani potrete pormi una domanda in merito!

Gli scienziati russi, avendo vissuto per più di cinquant'anni nell'ateismo, si chiedevano incuriositi che cosa potesse mai essere la religione. Alcuni di loro si procurarono un libro di citazioni sacre e decisero di farlo decodificare da un computer analogico. Aprirono il libro, presero la prima frase che saltò loro agli occhi e la inserirono nel decodificatore. La frase era: "Lo spirito è forte, ma la carne è debole" e, non appena le parole iniziarono ad apparire, si affollarono intorno alla stampante.
Leggendo la frase stampata, il loro stupore aumentò: "La vodka è ad altissima gradazione, ma la carne è devitalizzata".
"Non c'è da meravigliarsi che le religioni disorientassero la gente!" mormorarono tra di loro.
Poi qualcuno ebbe un'idea. Inserì nel decodificatore il titolo del libro: "Inezie trascurabili". E la spiegazione che ne uscì fu: "Pudding trascurati".
A quel punto gridò ai colleghi: "Visto, avete preso il libro sbagliato: questo tratta degli errori in cucina!".

Gli scienziati russi stanno ancora cercando un testo religioso autentico! La mente di un uomo colto è simile a un computer. Continua a interpretare le cose, senza sapere esattamente che cosa sta facendo: non è abbastanza consapevole per capirlo... Ma non posso proseguire, poiché vedo che tutti voi state ancora pensando a quell'A.V.! Significa: "A volontà"... Adesso smettete di pensarci, così possiamo proseguire...

Il Buddha ha detto:

> *L'uomo saggio ti dice dove sei caduto*
> *e dove potresti ancora cadere:*
> *segreti preziosissimi!*

L'uomo saggio ti dice dove sei caduto...
In una Scuola dei misteri la prima lezione tratta della caduta originale dell'uomo, che non ha niente a che fare con il peccato originale di Adamo ed Eva: quella è solo una parabola che riassume la storia dell'umanità. Ogni bambino cade nella stessa maniera. Non è qualcosa accaduto in passato, nell'antichità narrata dalla Bibbia, non è qualcosa accaduto nell'Eden: quello è un racconto poetico. È qualcosa che accade a qualsiasi bambino che viene al mondo. Accade ogni giorno, si ripete continuamente.

La parabola narra che Dio proibì ad Adamo e a Eva di mangiare i frutti dell'albero del sapere. È una tra le parabole più belle mai inventate dai Maestri, dagli illuminati. Non mangiare i frutti dell'albero del sapere... e cosa sono le vostre università? Alberi del sapere. Cosa sono i vostri sistemi educativi? Alberi del sapere.

Dio ha proibito di mangiare i frutti dell'albero del sapere, affinché voi possiate rimanere innocenti, poiché solo un cuore innocente può raggiungere la conoscenza. Nel momento in cui sei ricolmo di sapere, la conoscenza si blocca. Di fatto hai trovato un sostituto: il tuo sapere diventa quel sostituto. A quel punto non senti più il bisogno di conoscenza! Vivi aggrappandoti al sapere, che continua a dare soddisfazioni al tuo ego.

Nell'istante in cui mangiarono il frutto dell'albero del sapere Adamo ed Eva caddero, persero la loro innocenza originale; persero la loro vita, un'esistenza simile alla vita dei bambini. Prima, la loro vita era intrisa di poesia; prima, la loro vita era intrisa di bellezza; prima, la loro vita era intrisa di estasi; prima, la loro vita era intrisa di meraviglia e di stupore. Prima, per loro ogni cosa era straordinaria, anche la più insignificante, poiché l'esistenza era colma di mistero, erano circondati da un universo misterioso. L'arcobaleno, il Sole, la Luna, le stelle... erano tutti fenomeni incredibili: vivevano in uno stato di continuo stupore.

Nell'istante in cui furono invasi dal sapere tutta quella meraviglia scomparve. Il sapere uccide la meraviglia e, uccidendo la tua meraviglia, distrugge la tua voglia di conoscere, di indagare. Il sapere demistifica l'universo e, se è privo di mistero, l'universo è privo di Dio. Un universo demistificato è un universo senza poesia, senza musica, privo d'amore. È un universo in cui il suono della pioggia non penetra nel tuo cuore, come fosse un messaggio proveniente dall'altra sponda. È un universo in cui il frusciare del vento tra i pini ti lascia indifferente e la fragranza dei fiori non crea in te alcuna poesia. È un universo in cui ignori i colori di una farfalla e non vedi neppure l'arcobaleno. Diventi troppo attaccato alle cose mondane: il denaro, il potere, il prestigio. Ti abbruttisci, poiché tutta la tua vita diventa banale: perde la sua sacralità, diventa profana. Trasformi il tempio del divino in una piazza del mercato.

È questa la caduta originale, ma accade ogni giorno, ricordalo! Non credere al cristianesimo, che afferma sia accaduta una sola volta: accade in ogni bambino. Nell'istante in cui il bambino viene avviato al viaggio del sapere, viene aiutato a ripetere la caduta originale.

La funzione di un saggio è dirti *dove sei caduto*: sei caduto a causa del sapere. È questa la caduta originale; ma puoi riavere quei momenti di chiarezza e di innocenza, puoi rientrare nel paradiso perduto: per farlo dovrai rinunciare al sapere.

Ci sono persone che rinunciano al mondo, ma non rinunciano al loro sapere; ci sono persone che si ritirano sulle montagne e rinunciano alla piazza del mercato, ma portano con sé la mente... e la mente è la piazza del mercato! La piazza del mercato esiste nella mente, non sta in nessun altro luogo. Possono rifugiarsi sull'Himalaia, possono rimanere seduti in quelle splendide grotte silenziose, ma la loro mente continuerà a muoversi lungo lo stesso vecchio solco.

Chi si è rifugiato in una grotta sull'Himalaia rimane comunque cristiano, buddhista o hindu. Ebbene, rimanere hindu significa restare attaccato a un particolare sapere che ti è stato impartito: questo è uno dei modi di cadere; restare musulmano è un altro, restare cristiano un altro ancora.

Il cristianesimo fornisce un particolare sapere e così l'induismo, come pure le altre trecento religioni esistenti. Tutte proclamano di conoscere; tutte sostengono che le loro sacre scritture sono state ispirate da Dio stesso, che *solo* i loro testi sacri sono scritti da Dio, tutti gli altri sono falsi.

Il Buddha afferma che tutte le sacre scritture *in quanto tali* sono false, e che ogni sapere *in quanto tale* è falso. Gesù è vero, ma il cristianesimo non lo è; Mahavira è vero, ma il giainismo non lo è. In Mahavira c'è conoscenza, nel giainismo sapere: il sapere è la caduta della conoscenza. La conoscenza è individuale; il sapere è una merce, un fenomeno sociale, qualcosa che puoi vendere e acquistare: è reperibile nelle biblioteche, nelle università. Tra qualche anno, potrai portare con te un piccolo computer e non dovrai più subire la tortura di frequentare scuole, licei e università. Potrai avere un piccolo computer in cui è raccolto tutto il sapere esistente nel mondo. Quel piccolo computer sarà in grado di contenere il sapere di tutte le biblioteche del mondo e sarà sempre al tuo servizio: ti basterà premere un pulsante e ti dirà qualsiasi cosa tu voglia sapere. Questo è ciò che la mente ha sempre fatto in passato, adesso i computer possono farlo meglio. Anche la tua mente non è altro che una macchina, è un biocomputer. Ricorda che la tua mente non è la tua anima; ricorda che non è la tua consapevolezza; ricorda che non è la tua realtà, né la tua vera individualità. È un derivato sociale. Se sei nato in una famiglia hindu, hai acquisito il sapere hindu, che di certo differisce dal sapere cristiano. Se sei nato in Russia, hai acquisito le teorie del comunismo: il *Capitale*, il *Manifesto del partito comunista*; Marx, Engels e Lenin sono la trinità profana. Se sei nato in Cina, hai dovuto leggere *Il Libretto Rosso* di Mao Tse-tung: è la loro Bibbia. Adesso la Cina intera si è stancata delle stupide affermazioni di Mao Tse-tung, che non era saggio né illuminato. Mao non ha neppure conosciuto se stesso, che cosa potrà mai sapere della rivoluzione? Che ribellione potrà mai conoscere, visto che in lui non è neppure accaduta la prima ribellione, quella fondamentale? La ribellione fondamentale, la rivoluzione basilare consiste nel lasciar perdere ogni sapere, per poter rientrare del giardino dell'Eden.

> *L'uomo saggio ti dice dove sei caduto*
> *e dove potresti ancora cadere...*

Non solo ti parla del tuo passato, *dove sei caduto* continuamente: ti rende anche consapevole di *dove potrai ancora cadere* in futuro. Esistono molti trabocchetti e potrai andare fuori strada in qualsiasi momento.

Per esempio, io vi sto dicendo che ogni sapere è stupido, che non dovete aggrapparvi alla Bibbia, né ai *Veda*, né al Corano. Voi mi amate e avete fiducia in me: potreste lasciar perdere il vostro attaccamento al Corano, alla Bibbia o alla *Gita*, però potreste cominciare ad aggrapparvi ai *miei* insegnamenti, potreste fare delle mie idee la vostra Bibbia. Ricadreste nella stessa trappola, rientrandoci dalla porta di servizio. Tornereste a essere le stesse persone di sempre: non credereste più nella Bibbia, ma ora credereste in me.

> *L'uomo saggio ti dice...*
> *...dove potresti ancora cadere...*

L'ultima frase del Buddha ai suoi discepoli fu: "Sii una lampada che illumina te stesso!". Essi piangevano e si disperavano, era naturale poiché il loro Maestro li stava lasciando, il Maestro accanto al quale avevano vissuto per quasi quarant'anni; alcuni, i più anziani, avevano vissuto con lui per tutta la vita. Quei quarant'anni erano stati ricolmi di gioia immensa e di esperienze incredibili. Quei quarant'anni avevano rappresentato il tempo migliore possibile, umanamente, che si possa vivere. Quei quarant'anni erano stati giorni di paradiso in Terra e adesso il Maestro stava per lasciarli! Era naturale che piangessero e si disperassero.

Il Buddha aprì gli occhi e disse: "Smettetela di piangere e di disperarvi! Non mi avete ancora ascoltato? Perché piangete?".

Ananda, il capo dei suoi discepoli, rispose: "Perché te ne stai andando, perché la nostra luce ci sta lasciando. Vediamo e sentiamo le tenebre che stanno per calare su di noi. Io non ho ancora raggiunto l'illuminazione e tu stai per lasciarci! Se non sono riuscito a raggiungere l'illuminazione mentre tu eri vivo, come posso sperare di raggiungerla quando ci avrai lasciati? Sono disperato, la mia angoscia è immensa! Ho sprecato questi quarant'anni, ti ho seguito come un'ombra. Stare con te era incredibilmente bello, ma adesso tu te ne stai andando... che cosa ne sarà di noi?".

Il Buddha disse: "Voi piangete perché non mi avete ancora ascoltato. Io ho continuato a ripetervi che non dovevate credere in me, ma voi non mi avete ascoltato. Poiché avete creduto in me e adesso io sto morendo, l'intera struttura del vostro essere cade in pezzi. Se mi aveste ascoltato, se aveste creato una luce nel vostro essere, anziché diventare sapienti attraverso me, se aveste fatto esperienze per conto vostro, adesso non vi trovereste a piangere e a disperarvi!".

E aggiunse: "Guardate Manjushri!". Manjushri era uno dei suoi migliori discepoli: era seduto sotto un albero lì vicino, con gli occhi chiusi e un'espressione calma, totalmente serena, così estatica che il Buddha disse: "Guardate Manjushri! Andate a chiedergli perché non sta piangendo".

Glielo chiesero, e lui rispose, ridendo: "Per quale motivo dovrei piangere? Il Buddha mi ha aiutato a conoscere la mia luce interiore. Gli sono riconoscente, gli sono grato, ma non vedo come possano scendere in me delle tenebre. E come potrebbe morire? So che *io* non posso morire, come potrebbe morire il Buddha? Egli sarà qui. Così come un fiume scompare nell'oceano, il Buddha scomparirà nel cosmo, ma sarà qui! Egli si diffonderà in tutto il cosmo. Sta per accadere qualcosa di incredibilmente bello. Il Buddha era confinato in un piccolo corpo; adesso la sua fragranza si sprigionerà e potrà permeare l'intera esistenza. Io sono infinitamente felice, poiché adesso il Buddha potrà diffondersi in tutto lo spazio e io potrò vederlo sorgere nel Sole, potrò vederlo volare in un uccello, potrò vederlo nelle onde dell'oceano... potrò vederlo ovunque!

"Il Buddha sta solo lasciando il suo corpo, che era una limitazione. Come posso conoscere tutto ciò? Lo conosco poiché ho conosciuto la mia anima: io l'ho ascoltato, mentre voi non lo avete fatto; ecco perché adesso piangete!".

Il Buddha disse: "Lasciatemelo ripetere: *appo dipo bha-*

va! Sii una luce a te stesso!". Poi chiuse gli occhi e scomparve nel cosmo. Ma questa sua ultima affermazione era stata anche la sua prima: di fatto conteneva l'intero suo messaggio. Per tutta la vita aveva continuato a ripetere lo stesso messaggio.

> *L'uomo saggio ti dice dove sei caduto*
> *e dove potresti ancora cadere:*
> *segreti preziosissimi!*
> *Seguilo, segui la Via!*

Quando il Buddha dice: *Seguilo...* non intende dire: "Imitalo!". Quando il Buddha dice: *Seguilo...* non intende dire: "Prendilo come tuo modello, plasma la tua vita sul modello della sua". Niente affatto! *Seguilo...* ha un significato totalmente diverso.

Si tramanda un racconto Zen:

Un mistico Zen stava celebrando la festa che si tiene solo in occasione del compleanno del proprio Maestro. La gente era perplessa e lo interrogò: "Da quando ti conosciamo, sappiamo che non hai mai avuto un Maestro. Abbiamo anche sentito parlare delle tue ripetute richieste al grande Maestro Bokoju e del suo costante rifiuto ad accoglierti come suo discepolo; non solo, ti ha anche scacciato più volte dalla sua capanna. Abbiamo anche sentito dire che, a causa delle tue insistenti richieste, Bokoju ti ha percosso parecchie volte e, una volta, ti ha letteralmente buttato fuori dalla finestra della sua capanna. Non ti ha mai accettato, non ti ha mai dato l'iniziazione, perché dunque stai celebrando? Questa festa la celebra solo il discepolo in occasione del compleanno del suo Maestro!".

Il mistico rispose: "Lo confermo, Bokoju era il mio Maestro. I suoi rifiuti, il fatto di scacciarmi e di respingermi sempre erano la sua iniziazione. Facendo così, mi diceva: 'Sii una luce a te stesso! Non è necessario che tu mi segua!'. Proprio a causa dei suoi continui rifiuti, mentre stavo seduto sotto un albero, mi accadde l'illuminazione. Non avevo nessuno cui aggrapparmi.

"L'unico illuminato che ho conosciuto è stato Bokoju. Se mi avesse accettato, sarei diventato la sua ombra; sarei diventato un altro Bokoju, poiché lo amavo con tutto me stesso! L'avrei imitato anche nei dettagli: avrei mangiato gli stessi cibi, avrei camminato come lui, avrei detto le stesse cose che diceva lui... sarei diventato la sua fotocopia. Ma Bokoju era grande, era il mio Maestro e mi rifiutò. Aveva visto dov'era il trabocchetto in cui potevo cadere. Nell'istante in cui mi guardò negli occhi, conobbe il mio futuro: se mi avesse accettato, sarei stato uno pseudo individuo; non sarei mai diventato un individuo autentico. Avendolo visto, è stato molto severo con me, ma adesso io so che la sua severità era frutto della sua compassione. Grazie a lui, mi sono illuminato; di conseguenza, sto celebrando la sua festa, poiché oggi cade il compleanno del mio Maestro!".

Qualcuno obiettò: "Ma il tuo stile di vita non ricorda per niente Bokoju. Tu dici cose totalmente diverse, non solo, a volte contraddici proprio ciò che diceva Bokoju. Come puoi affermare che egli era il tuo Maestro e che tu sei un suo seguace?".

Il mistico spiegò: "È vero, affermo che era il mio Maestro, sebbene non mi abbia mai dato formalmente l'iniziazione. Ma l'iniziazione formale non è importante, è irrilevante. E comunque affermo di essere un suo seguace, sebbene non possa dimostrarlo con un documento; d'altra parte, non devo dimostrarlo a nessuno: lo so io, ed è sufficiente. Io sono un suo seguace".

La gente insisteva: "Come puoi affermarlo?".

La risposta fu: "Bokoju non imitò mai il suo Maestro e io non imito mai lui. È questa la sua caratteristica fondamentale: egli non imitò mai il suo Maestro; io non imito mai lui e questo è il mio modo per seguirlo. Io sono un suo seguace, egli era il mio Maestro".

...segreti preziosissimi!

Certo, questi sono *segreti preziosissimi*! La vita del ricercatore autentico non è una vita comune: egli non può essere confinato in un certo schema, non può essere confinato in un certo stile di vita – cristiano, hindu o musulmano – la vita del ricercatore autentico è intrisa di libertà.

E quando il Buddha dice:

Seguilo, segui la Via!

non intende dire che devi diventare una sua fotocopia, intende semplicemente dire che devi tentare di comprendere la sua vita. Osservala, analizzala, medita e fa' in modo che la tua meditazione, la tua osservazione e la tua attenzione diventino la Via.

Seguire il saggio, in realtà non significa seguire il saggio stesso, bensì seguire la Via: la Via che lo ha reso saggio.

Qual è la Via che rende saggio l'essere umano?

Sono due cose. Prima la negativa: lasciar perdere il sapere; poi la positiva: entrare in meditazione.

Un intero gruppo di santi stava per essere ammesso in paradiso e le sue porte si spalancavano il minimo indispensabile per lasciarli passare uno a uno. Non appena uno di loro entrava, le porte si chiudevano, senza tante cerimonie; poi si riaprivano per lasciar passare il successivo che entrava senza esitazione, poiché era visibilmente in attesa di essere ammesso.

In fondo a quel gruppo si accodò uno studioso con passo maestoso e gesti magniloquenti, una barba venerabile, un gran turbante e uno sguardo fiducioso. Quando venne il suo turno, non fece in tempo a fare un solo passo che le porte si spalancarono, le trombe suonarono e un applauso scrosciante esplose da una moltitudine che si era assiepata dall'altra parte. Una figura splendente si fece avanti per accompagnarlo all'interno.

Lo studioso disse tra sé: "È alquanto gratificante constatare che il dotto non dovrà più darsi un contegno che faccia risaltare le sue doti. Qui, quantomeno, viene riconosciuta la nostra importanza!".

E alla figura splendente chiese: "Perché tutte queste cerimonie?".

L'angelo rispose: "Vedi, questa è proprio un'occasione rara! È la prima volta che abbiamo un accademico tra noi!".

Per un sapiente è praticamente impossibile entrare in paradiso. Dev'essere stata una vera occasione! Ecco perché i santi non erano ricevuti con grandi cerimonie; invece l'accademico, lo studioso, il pandit, fu ricevuto con grandi festeggiamenti. Era una vera rarità!

È rarissimo, impossibile... Questa storia dev'essere stata inventata: è risaputo che gli studiosi non vanno in paradiso; essere studioso significa vivere nella caduta originale. Se segui uno stile di vita basato sulle sacre scritture, vivrai inevitabilmente nell'errore: infatti, che personaggio stai interpretando? La tua mente stupida continuerà a interpretare e tu seguirai le tue stesse interpretazioni. Ti muoverai in un cerchio e rimarrai sempre lo stesso.

Un uomo camminava per strada, piegato in avanti e visibilmente scosso da forti dolori. Un medico lo fermò e gli disse: "Se fossi in lei, mi farei visitare: dev'essere operato di appendicite".

Detto fatto, gli fu tolta l'appendice. In seguito si rivolse a un altro medico, al quale disse di essere sempre affetto dallo stesso disturbo, per cui fu sottoposto a una terapia di tranquillanti. Non avendo ottenuto alcun risultato, tornò in ospedale, dove gli prescrissero una dieta e diverse sedute di fisioterapia.

Dopo qualche settimana, dovette rivolgersi a un altro chirurgo, poiché tutte quelle cure non avevano dato alcun esito. Il chirurgo sentenziò: "Devo asportarle le tonsille". Tolte anche quelle, riprese il suo peregrinare da un medico all'altro, da un chirurgo all'altro e, a poco a poco, gli asportarono diverse parti del corpo; ma il suo problema non si risolse!

Un giorno, mentre passeggiava sulla piazza del mercato, incontrò uno di quei medici che gli disse: "Sono felice di vederla: il suo aspetto è migliorato! Sembra che lei sia in ottima salute! Cos'è accaduto? Alla fine chi l'ha guarita? È stato il mio intervento?".

"È stato l'intervento dei miei occhi!" rispose il paziente. "Ho smesso di barcollare e di soffrire, nell'istante in cui ho tolto quella dannata puntina dalla mia scarpa!"

A volte le cose sono molto semplici; tuttavia, se ti rivolgi ai sapienti, costoro guardano attraverso lenti di ingrandimento che ingigantiscono ogni cosa. Sono furbi ed efficienti nel creare problemi, dei quali conoscono le soluzioni. Queste soluzioni risultano utili solo dopo che i sapienti hanno creato i relativi problemi.

Quando ti rivolgi a un esperto, subito ti fa notare un'infinità di problemi dei quali non sei mai stato consapevole. *Deve farlo*, poiché la sua bravura dipende dal tuo avere molti problemi; più i tuoi problemi sono complessi e più lui è felice, poiché ha l'opportunità di dimostrare la sua competenza e la sua abilità.

Il problema vero può essere molto piccolo. Il vero problema è *realmente* piccolo! Il problema vero è che tu vivi nella mente. Scendi dalla mente e va' nel cuore. La mente può diventare sapiente, il cuore non potrà mai diventare colto: può diventare saggio. Il cuore raggiunge la conoscenza in un modo totalmente diverso. La sua conoscenza è diretta, immediata; non è logica, è intuitiva. Non è una deduzione, non è la conclusione che segue una lunga discussione; è semplicemente una visione! Tu sai, tutto qui...

Il cuore non è un processo per conoscere: ma di un occhio.

Lascia che il saggio ti purifichi e ti insegni
e che ti distolga dalla cattiveria.

La mente è infingarda; continua a prendersi gioco di te e ti fa brutti scherzi, dei quali non sei neppure consapevole. Il primo è questo: il saggio condivide con te la sua saggezza, ma la mente l'afferra e la riduce a sapere. E il secondo è questo: il saggio ti aiuta a essere te stesso, ma tu cominci a lavorare sodo per imitarlo e tenti di assomigliare a lui.

Il saggio vuole soltanto che tu abbia l'intuizione delle cose, affinché tu possa avere una luce tua; ma tu non vuoi alcuna intuizione, vuoi delle istruzioni dettagliate. Non vuoi vedere te stesso, vuoi essere guidato. Non vuoi accettare la tua responsabilità rispetto a te stesso, vuoi gettare l'intera responsabilità del tuo agire sulle spalle del Maestro, sulle spalle del saggio. In questo modo ti senti a tuo agio: adesso il responsabile è lui e, se sbaglierai qualcosa, la responsabilità sarà sua. In questo modo, sbaglierai tutto, è inevitabile poiché, se non ti assumi le tue responsabilità, non farai mai qualcosa di giusto. Nessun altro può metterti sulla retta via, a eccezione di te stesso.

Il Maestro ti insegna semplicemente a essere un maestro di te stesso: questa è la vera funzione di un Maestro. Egli non vuole che tu sia dipendente da lui, ma la mente continua a ingannarti: vuole che tu sia dipendente. La mente è sempre alla ricerca di una figura paterna o di una figura materna e tu vuoi che qualcuno ti tenga per mano. Vuoi che qualcuno ti guidi, ti conduca.

Il Maestro può solo indicarti la Via: con il suo dito ti indica la Luna. Ma la mente ti inganna e si aggrappa al dito del Maestro: potresti addirittura cominciare a succhiare quel dito.

Nan-in, un Maestro Zen, ripeteva sempre ai suoi discepoli: "Per favore, non attaccatevi al mio dito: guardate la Luna!".

Ma l'uomo è infantile. Così come il neonato succhia il proprio pollice, pensando di ottenere nutrimento, l'adulto infantile succhia il dito del Maestro, pensando di venir nutrito. Guardati dall'inganno della mente!

La mente ti ripete: "È semplice: devi solo credere nel Maestro! Non hai bisogno di lavorare duramente, perché mai dovresti farlo? Osserva: Einstein ha scoperto la teoria della relatività e nessun altro ha bisogno di scoprirla di nuovo. Ora Einstein l'ha scoperta, puoi leggerla nei libri:

egli ha impiegato anni per scoprirla, a te potrebbero bastare poche ore per comprenderla. Perché mai dovresti riscoprirla?".

Questo è vero, se riferito al sapere proveniente dall'esterno; è vero, se riferito al mondo oggettivo; ma non lo è affatto, se riferito al mondo soggettivo, al mondo interiore. In questo caso tu devi continuare a riscoprire la verità. Il Buddha l'ha scoperta, ma la sua scoperta non ti serve affatto. Gesù raggiunse quella conoscenza, ma la sua conoscenza non può diventare la tua. Maometto ha compreso, ma non può trasferire in te ciò che ha compreso. Questi illuminati possono solo indicarti la Via, come si sono realizzati, possono condividere con te il loro viaggio: tuttavia, tu dovrai camminare con le tue gambe. La mente cerca sempre scorciatoie, ricerca continuamente le cose più facili, quelle che costano minor fatica; ma sono proprio quei percorsi che si rivelano sempre fallaci. Guardati dalla mente! La mente ti propina sempre un veleno edulcorato, affinché ti sembri dolce; ma lo sarà solo all'inizio: alla fine ti avvelena. La saggezza all'inizio può anche non sembrarti così dolce; di fatto non lo è mai, anzi è amara, ma ti purifica. Il sapere all'inizio ti sembra dolce, laddove la saggezza è dolce alla fine. Qualsiasi cosa sia dolce alla fine, è la verità.

Un uomo morì e incontrò un angelo che gli disse: "Durante la tua vita hai avuto sempre una mentalità convinta che le cose non fossero realmente brutte come tutti pensavano. Ebbene, adesso vuoi vedere il paradiso e l'inferno, per scegliere tu stesso la tua destinazione? Così come hai sempre fatto durante la tua vita terrena".
Naturalmente l'uomo accettò e l'angelo aprì la porta con la scritta "Inferno". All'interno vide gente in festa che danzava e suonava tamburi; sembrava che tutti si divertissero: uomini e donne saltellanti, demoni e spiriti che si pavoneggiavano; una situazione allegra e piacevole che attirava sicuramente.
Poi l'angelo spalancò la porta con la scritta "Paradiso". All'interno c'erano filé di santi, seduti o sdraiati, in uno stato di beatitudine asettica; una situazione alquanto fredda, incolore e morta.
"Scelgo la prima possibilità" esclamò l'uomo, che non voleva passare l'eternità senza fare nulla.
Tornarono di fronte alla prima porta, l'angelo l'aprì e l'uomo si ritrovò a cadere in una caverna, tra lingue di fuoco, fumo e fuliggine, circondato da demoni che frustavano quei dannati, avvolti da continui fragori di tuono. Tutto dolorante, pratica-

mente incapace di respirare, l'uomo si rialzò e fermò un demone di passaggio: "Mi hanno fatto fare un giro e io ho optato per l'inferno: ma quello che ho visto non era per niente simile a questo!".

Il demone sogghignò: "Oh! Quella volta eri soltanto in visita: l'inferno che hai visto è solo per i turisti!".

La mente può allettarti e all'inizio può darti sogni dolcissimi, ma solo all'inizio. Una volta che sarai caduto nella trappola, quando ti avrà irretito, dopo che avrai fatto la tua scelta, soffrirai. Milioni di persone stanno soffrendo in questo modo.

Il Buddha dice:

> *Lascia che il saggio ti purifichi e ti insegni*
> *e che ti distolga dalla cattiveria.*
> *Il mondo può anche odiarlo,*
> *ma gli uomini buoni lo amano.*

Ricorda: l'uomo saggio è sempre odiato dal mondo, è destinato a suscitare odio nel mondo. La sua presenza disturba coloro che sono immersi nel sonno profondo e russano, poiché egli continua a gridare: "Svegliatevi!". Continua a ripeterti che tutto ciò che stai facendo è illusorio. Continua a scuoterti, a scioccarti affinché tu riprenda consapevolezza; mentre i sogni che stai facendo possono essere dolci e meravigliosi. Egli continua a strapparti ai tuoi sogni e al tuo sonno; laddove nel sonno puoi sentirti a tuo agio, protetto e al sicuro. Il saggio non ti permette di riposare: ti assegna un lavoro enorme che dovrai fare su te stesso.

L'umanità comune ha sempre odiato l'uomo saggio – poteva essere il Buddha, Socrate, Zarathustra o Lao Tzu, non era importante – comunque nei secoli, l'uomo saggio è sempre stato odiato dalla gente comune, dalla massa, dalla folla. L'uomo saggio è stato amato solo da pochi ricercatori della verità, da pochi amanti della verità, da pochi uomini buoni. Ricordalo!

> *Non cercare le cattive compagnie,*
> *non vivere con uomini che non si curano della verità.*
> *Trova amici che amino la verità.*

È questo il significato di una comunità spirituale: *Trova amici che amino la verità*. Poiché da solo potresti non avere il coraggio sufficiente per tuffarti in un mare inesplorato. Ma quando vedi molti altri che si tuffano, nel tuo cuore potrebbe affiorare un grande coraggio. Il coraggio è in te, latente, addormentato: è possibile che diventi attivo. Ecco perché è necessaria una comunità: il Buddha creò un *sangha*, una comunità nella quale potevano radunarsi i ricercatori, nella quale gli amanti della verità potessero prendersi per mano, nella quale i meditatori potessero condividere le loro esperienze con altri meditatori, nella quale ciascuno poteva sentire di non essere solo, nella quale tutti insieme potevano creare una società alternativa.

Esattamente questo è ciò che sto tentando di costruire qui: una società alternativa, la società degli amici della verità, la società dei ricercatori, la società di persone che possano sentirsi unite in una comunione profonda, fatta d'amore e di fiducia. Infatti, questo sarà un viaggio arduo, un viaggio lungo; dovrete attraversare molti deserti, molti oceani e dovrete valicare molte montagne. Da solo, potresti non avere il coraggio sufficiente per affrontare tutto ciò; da solo, potresti perdere ogni speranza. Viceversa, vedendo molte persone che danzano e cantano e gioiscono del loro viaggio, è possibile che sorga nel tuo cuore un grande coraggio e che nasca in te una grande fiducia in te stesso. Puoi diventare fiducioso nella possibilità di diventare un Buddha in questa vita.

Non cercare le cattive compagnie...

Quali sono *le cattive compagnie*? Sono le persone che non si interessano della verità.

...non vivere con uomini che non si curano della verità.

Evita le persone che sono indifferenti alla verità, poiché sprecheranno la loro vita. Se starai con loro, dovrai diventare simile a loro. Se starai con loro, dovrai comportarti come loro. Cerca persone che siano in amore con l'esistenza: ti aiuteranno immensamente nella tua ricerca, che ne sarà molto avvantaggiata.

Bevi fino all'ultima goccia...

E quando avrai trovato un saggio, un Maestro, un Buddha; quando avrai trovato una comunità di ricercatori della verità, un *sangha*... *bevi fino all'ultima goccia*; a quel punto non essere avaro, non trattenerti. Sei stato assetato per moltissime vite! Quando arriva il tuo momento, non lasciarti intrappolare dai vecchi schemi frenanti: *bevi fino all'ultima goccia*, senza esitazioni, con tutto il tuo coraggio! Va' avanti!

Bevi fino all'ultima goccia.
Vivi in serenità e con gioia.

Essere con un Maestro significa letteralmente essere un ubriacone! Il Maestro condivide con te il suo vino! Il Maestro condivide con te un nettare interiore che ha iniziato a fluire nel suo essere e la sua sorgente è inesauribile; puoi berne quanto ne vuoi, non si esaurirà mai! Essere con un Maestro significa imparare a berlo, imparare a mangiarlo, imparare a digerirlo. Essere un discepolo significa realmente diventare un cannibale! Devi bere, mangiare e digerire il Maestro, affinché egli possa fluire nel tuo sangue, nelle tue ossa e nella tua carne... fino a diventare parte del tuo essere.

Bevi fino all'ultima goccia.
Vivi in serenità e con gioia.

Quando sei accanto a un Maestro non essere triste, non essere serio: non è quello il modo per comunicare con il Maestro. Puoi entrare in connessione con lui soltanto attraverso la gioia. Naturalmente la tua gioia deve essere serena, calma, limpida. La gioia vera non è febbrile: è fresca, è molto silenziosa. La gioia canta dentro te, ma è un canto silenzioso, che non urla: sussurra.

Vivi in serenità e con gioia.

Infatti, più sei sereno e più sei disponibile al Maestro; più sei gioioso e più sei vicino al Maestro: questi sono i modi per avvicinarti sempre di più a lui.

Molti sannyasin mi chiedono: "Come posso essere più vicino a te, Osho?". Più sei sereno e gioioso, e più ti avvicini a me. Più sei triste e serio, e più ti allontani da me. Potresti essere accanto a me fisicamente ma, se sei triste, non mi sei affatto vicino. Potresti essere lontanissimo da me fisicamente, ma se sei colmo di gioia e ti rallegri poiché hai un Maestro, se ti rallegri poiché hai trovato un Buddha, se ti rallegri poiché il divino non ha ancora abbandonato la Terra, se ti rallegri poiché Cristo cammina di nuovo sulla Terra, se ti rallegri poiché Maometto non è morto, ma è risorto sotto altre spoglie, se ti rallegri poiché la consapevolezza sboccia tuttora e diventa un fiordiloto come il Buddha... e perché tu hai scoperto quel fiordiloto, allora sei fortunato, sei benedetto! Gioire per tutte queste cose, ti avvicinerà sempre di più al Maestro. È una vicinanza spirituale che non ha niente a che fare con la vicinanza fisica.

> *L'uomo saggio si delizia nella verità*
> *e segue la legge di colui che è risvegliato.*

Se vivi gioiosamente, in profonda serenità, se bevi senza trattenerti in alcun modo, se sei con il Maestro con tutto il tuo cuore, comincerai a diventare saggio.

> *L'uomo saggio si delizia nella verità...*

In quel caso, ogni volta che udrai la verità, ogni volta che vedrai la verità, ti delizierai: la tua delizia sarà immensa. La tua delizia non è di questa Terra, proviene dall'aldilà.

> *...e segue la legge di colui che è risvegliato.*

A poco a poco, crescerà in te la consapevolezza della legge *di colui che è risvegliato: ais dhammo sanantano!* Il mondo non è un caos, è un cosmo. L'universo non è casuale, esiste in base a una particolare legge. Il Buddha ha chiamato questa legge: *dhamma*, l'ha chiamata "il divino". Il suo è stato un approccio rigorosamente scientifico. Egli non ha predicato un Dio che, seduto su un trono dorato nel cielo, domina e controlla il mondo; un Dio che diventa geloso e collerico; un Dio che, se non lo segui, ti getterà nell'inferno; un Dio che, se lo segui, se lo veneri, se lo alletti con le preghiere e ascolti i suoi preti, ti premierà mandandoti in paradiso, dove sarai circondato da splendide ragazze eternamente sedicenni. Il Buddha non credeva in nessun Dio che premia, in nessun Dio che punisce: il suo è stato un approccio rigorosamente scientifico.

Il Buddha diceva che il divino è la legge suprema che tiene insieme tutto l'universo. L'universo è simile a una ghirlanda; tu vedi i suoi fiori ma non puoi vedere il filo che scorre all'interno e che li tiene uniti: non puoi vederlo poiché è nascosto. Questo filo è il divino, ed è conosciuto solo dagli illuminati, dai Buddha.

Bevi dal Maestro fino all'ultima goccia, assorbi il suo essere, assorbi la sua presenza... dissolviti nella sua presenza. Lascia che il suo tepore e la sua compassione sciolgano il ghiaccio del tuo ego. Diventa una cosa sola con il Maestro: lascia perdere ogni dualismo. Connettiti con lui.

Questo è il significato dell'essere un discepolo, questo è il significato del sannyas: così, a poco a poco, comincerai a veder ciò che è vero e ciò che è falso! Vedere il falso come falso significa conoscere la verità in quanto verità; vedere le tenebre come tenebre è l'inizio per conoscere la luce in quanto luce. E quando in te sorge l'amore per la verità, non sarà lontano il tempo in cui sarai una luce a te stesso, il tempo in cui ti accadrà l'illuminazione.

Prima che tutto ciò accada, segui la legge dell'illuminato, entra in sintonia con l'illuminato, entra in armonia con lui: affinché accada una sincronicità.

Quando ascolti una bella musica, senti la voglia di danzare. La tua voglia non è causata dalla musica, infatti non tutti coloro che l'ascoltano sentono la voglia di danzare; quindi non segui la legge causa/effetto, segui una legge totalmente diversa. Jung l'ha chiamata "la legge della sincronicità", le ha dato un nome molto bello. Questa legge è conosciuta da secoli, ma Jung è stato il primo che l'ha riscoperta in Occidente.

In Oriente l'abbiamo chiamata *satsang*: essere in sintonia con il Maestro, essere in armonia con il Maestro al punto che il suo essere comincia a penetrare in te, e il tuo essere inizia a sovrapporsi al suo. A quel punto accadrà in te qualcosa che non ti era mai accaduto prima: il Maestro non sta facendo niente, tu non stai facendo niente, nessuno fa niente, accade semplicemente qualcosa. Così come, quando ascolti una bella musica, senti la voglia di danzare; quando sei in sintonia con il Maestro, ti senti accadere un risveglio.

L'agricoltore incanala l'acqua verso il suo terreno.
L'artigiano tornisce le sue frecce
e il falegname modella il legno:
allo stesso modo, l'uomo saggio guida la propria mente.

Allorché saranno accaduti in te alcuni frammenti di saggezza, guida la tua mente verso l'illuminato. Il discepolo guida continuamente la propria mente verso il suo Maestro; anche dopo essersi illuminato, continuerà a guidare la propria mente verso il proprio Maestro.

Sariputra era uno tra i più grandi discepoli del Buddha. Quando si illuminò, fu preso da un grande timore, aveva paura ad andare di fronte al Buddha. Come mai? Perché sapeva che il Buddha gli avrebbe detto di andare per il mondo a diffondere il messaggio; quindi, avrebbe dovuto lasciare il suo Maestro.

Si tramanda che si nascose alla vista del Maestro per molti giorni; alla fine il Buddha si informò: "Dov'è finito Sariputra? Poiché *si è illuminato*, è impossibile nascondere una tale luce. Portatelo qui, andate a prenderlo dovunque sia!".

Sariputra stava nascosto in una caverna. Lo portarono a forza di fronte al Buddha, poiché aveva detto: "Non voglio andare dal Buddha; so cosa mi dirà di fare. Mi dirà: 'Adesso va', diventa un vagabondo, gira dovunque e predica! Ora che ti sei illuminato, devi risvegliare gli altri!'. E io non voglio lasciare il mio Maestro. Come farò a vivere senza la sua presenza costante?".

Ma doveva partire... Quando fu di fronte al Buddha, questi gli disse: "Adesso va' verso oriente e diffondi il messaggio. Tu hai raggiunto l'illuminazione, adesso devi condividerla!". E quando il Maestro ti dà un ordine, devi eseguirlo.

Con gli occhi pieni di lacrime, Sariputra si inchinò, toccò i piedi del Buddha e poi diresse i propri passi verso oriente. Ma ogni mattino, dopo essersi alzato dal letto, la prima cosa che faceva era inchinarsi con riverenza verso occidente, verso il luogo in cui dimorava il suo Maestro.

La gente gli diceva: "Sariputra, ora tu stesso sei un Buddha a tutti gli effetti: che cosa stai facendo? Perché continui a inchinarti con riverenza verso occidente, ogni mattino?". Sariputra rispondeva: "Che io sia illuminato oppure no, non ha alcuna importanza; è irrilevante, non è questo il punto. Il mio Maestro dimora in Occidente e, sebbene io sia lontano da lui, ancora mi sento nutrito dalla sua presenza. Potrei abbandonare la mia illuminazione, ma non posso abbandonare il mio Maestro. L'illuminazione è niente, se confrontata all'essere in sintonia con il Maestro!".

...l'uomo saggio guida la propria mente.

...Verso la verità, verso la legge suprema dell'esistenza, verso gli illuminati. E quando orienti la tua mente verso gli illuminati, verso la legge suprema dell'esistenza, a poco a poco la vecchia mentalità folle comincerà a calmarsi e sparirà tutto il vecchio chiacchiericcio. Tu diventerai sempre più silenzioso, sereno e tranquillo; diventerai un lago silente dal quale saranno scomparse tutte le onde, non troverai più neppure un'increspatura... solo allora la verità si rifletterà in te.

Il vento non può scuotere una montagna.
Né la lode né il biasimo smuovono l'uomo saggio.

A quel punto, diventerai simile a una montagna: niente riuscirà a scuoterti. Pertanto, per l'uomo saggio né la lode né il biasimo possono creare una differenza: per lui sono la stessa cosa. Che differenza fa se un uomo ignorante o non risvegliato lo loda o lo biasima? La lode e il biasimo provengono entrambi da qualcuno che è addormentato. È come se in sogno un uomo gridasse, lodandoti o biasimandoti: ne terresti conto? Vedresti qualche differenza tra la sua lode e il suo biasimo? Un uomo in sogno potrebbe lodarti o biasimarti: tu sai che sta sognando, che è addormentato. Non te ne curerresti affatto! Non vedresti alcuna differenza; tutto il suo dire sarebbe assurdo. L'uomo stesso, al risveglio, riderebbe di sé; troverebbe ridicola l'intera situazione.

Di conseguenza, potresti lodare un Buddha o potresti condannarlo – molti lo condannano e pochissimi lo lodano – ma per lui non farebbe alcuna differenza: rimarrebbe inalterato e inamovibile come una montagna.

L'uomo saggio è chiarezza.
Udendo la verità,

è simile a un lago
puro, calmo e profondo.

L'uomo saggio non ha solo chiarezza interiore: il Buddha dice che *egli è la chiarezza stessa*. Avere chiarezza interiore è un fatto comune, ogni tanto anche voi l'avete. Ogni tanto riuscite a elevarvi fino a una certa chiarezza; purtroppo la mente è sempre presente per compiere i suoi misfatti, per cui ricadete. Potreste fare un salto in alto momentaneo, sfidando la legge di gravità; ma per quanto tempo potreste resistere? Al massimo pochi secondi, poi tornereste a soccombere alla legge di gravità. Avere chiarezza interiore è un fenomeno momentaneo.

L'uomo saggio non ha solo chiarezza interiore: *egli è la chiarezza stessa*. Nessuno può portargliela via. Egli è intriso di chiarezza, è *assoluta chiarezza*. Da lui sono sparite tutte le erbacce: egli è solo rose, è tutto un cespuglio di rose. L'uomo saggio è diventato luce pura, capacità pura di vedere. La sua visione non è più obnubilata: il suo cielo è privo di nubi.

...è simile a un lago
puro, calmo e profondo.

La sua consapevolezza è diventata un lago; in quel lago si riflettono tutte le stelle, tutti i soli, tutte le lune e l'intero firmamento... in lui si riflettono l'intera verità e l'intera esistenza. Nel suo lago silente di consapevolezza si riflette tutto ciò che è: questo è un altro nome del divino: tutto ciò che è.

Meditate su questi sutra, non solo meditateli: imbevetevi del loro spirito. Il Buddha sta condividendo con voi i suoi tesori e i suoi segreti preziosissimi...

Seguilo, segui la Via!

Nota al lettore: all'inizio del capitolo, si è voluta lasciare la barzelletta di Osho, pur adattandola all'italiano. Al lettore curioso, che non sia riuscito a scoprirne il significato, confidiamo che St. sta per "stronzate"!

Secondo discorso
Un osservatore sulla collina

Potresti parlare della fiducia e del dubbio?

Esiste una connessione tra l'ego e il dire di no, e tra l'amore e il dire di sì?

Il tuo lavoro a livello spirituale può illuminare coloro che sono coinvolti nell'azione a livello materiale?

Perché i cosiddetti guru indiani si stanno precipitando in America?

La prima domanda

Potresti parlare della fiducia? Ogni volta che ho fiducia, qualsiasi cosa mi accada, è meravigliosa; quando in me affiora il dubbio, mi ritrovo a soffrire. Il semplice fatto di aver fiducia in te, nella vita o in qualcuno è sufficiente per farmi sentire leggera e felice. Perché dunque dubito ancora?

Prem Isabel, la tua è una tra le domande fondamentali della vita. La domanda non riguarda solo la fiducia e il dubbio: questo interrogativo è radicato nel dualismo della mente. La stessa cosa accade per l'amore e l'odio, per il corpo e l'anima, per questo mondo e l'aldilà.

La mente non è in grado di vedere l'unità. Il processo della mente è in sé uno scindere la realtà in due polarità opposte, laddove la realtà è una, non è scissa in due; ma realtà non è il molteplice! Non esiste un "multiverso", esiste un universo: è un tutto organico, è questa esistenza.

Ma il funzionamento di base della mente è scindere, funziona come un prisma. Se fai passare un raggio di luce attraverso un prisma, si scinde immediatamente nei sette colori dell'iride. Prima di attraversarlo, il raggio di luce era bianco, di un bianco purissimo; subito dopo aver attraversato il prisma, si scinde nei sette colori dell'iride.

La mente divide la realtà in due; ma queste polarità rimarranno inevitabilmente unite, poiché nell'esistenza in quanto tale sono indivisibili. La scissione esiste solo nella vostra mente, soltanto nei vostri pensieri.

Prem Isabel, tu mi chiedi:

Potresti parlare della fiducia? Ogni volta che ho fiducia, qualsiasi cosa mi accada, è meravigliosa...

Ma la tua fiducia non è altro che il polo opposto al dubbio e non può esistere senza il dubbio. La tua fiducia è semplicemente un antidoto al dubbio. Se in te sparisse veramente il dubbio, dove andrebbe a finire la tua fiducia? Che bisogno avresti di avere fiducia? Se non ci fosse il dubbio, non ci sarebbe neppure la fiducia; e tu hai paura di perderla, per cui ti ci aggrappi. Aggrappandoti alla fiducia, ti aggrappi anche al dubbio, ricordalo! Puoi averli entrambi, non puoi avere solo uno dei due. Dovrai lasciarli perdere entrambi, oppure dovrai continuare ad averli entrambi: sono indivisibili, sono due facce della stessa moneta; come potresti evitare una delle due? Entrambe saranno sempre presenti. Potresti evitare di guardarne una, ma non farebbe alcuna differenza: prima o poi dovresti guardare anche quella.

Un'altra caratteristica della mente è che ben presto si annoia di qualsiasi cosa. Quindi, se sei immersa nella fiducia, ben presto te ne sentirai annoiata: certo, è bellissima, ma solo all'inizio. Ben presto la mente spasimerà per qualcosa di nuovo, di diverso, per un cambiamento: ecco che arriverà il dubbio. Il dubbio ti farà soffrire... di nuovo inizierai a orientarti verso la fiducia; la fiducia tornerà a diventare noiosa e dovrai ricadere nella trappola del dubbio... ci muoviamo in questo modo, come il pendolo dell'orologio: da sinistra a destra, da destra a sinistra; continuiamo a oscillare da un lato all'altro.

Ebbene, dovrai comprendere che esiste una fiducia totalmente diversa da quella che hai conosciuto finora. Io parlo di *questa* fiducia: la distinzione è molto delicata e sottile, perché la parola "fiducia" è la stessa. Io devo usare il linguaggio che usate voi; non posso creare un linguaggio nuovo, poiché sarebbe inutile: non lo capireste; ma non posso usare il vostro linguaggio con gli stessi significati, anche in questo caso sarebbe inutile, poiché non riuscirei a esprimere la mia esperienza, qualcosa che trascende il vostro linguaggio. Quindi devo trovare una via di mezzo: devo usare il vostro linguaggio, le vostre parole, ma con significati nuovi. Questo compromesso è necessario ed è inevitabile: tutti i Buddha hanno dovuto farlo.

Io uso le vostre parole con significati miei. Pertanto dovete prestare molta attenzione: quando parlo di "fiducia", ciò che intendo è del tutto diverso dal significato che voi date alla stessa parola. Quando io parlo di "fiducia", intendo "assenza del dualismo dubbio/fiducia". Quando parlo d'"amore", intendo "assenza del dualismo amore/odio". Per voi la parola "fiducia" significa "l'altra faccia del dubbio"; per voi la parola "amore" significa "l'altra faccia dell'odio". In questo modo rimanete intrappolati in un dualismo, si tratta di un doppio legame che vi stritolerà: tutta la vostra vita diventerà un'esistenza di angoscia.

Tu sai che la fiducia è bella, ma il dubbio sorge perché la tua fiducia non trascende il dubbio stesso. La tua fiducia è *contro* il dubbio, ma non lo trascende. La mia fiducia è una trascendenza, è al di là del dubbio. Ma ricorda, per andare oltre devi aver lasciato entrambi alle tue spalle. Non puoi scegliere. La tua fiducia è una scelta contraria al dubbio; la mia è una consapevolezza priva di scelte. In realtà, io non dovrei usare la parola "fiducia" perché vi confonde; ma cos'altro potrei fare? Quale altra parola potrei usare? Tutte le parole creano in voi confusione.

In verità, io non dovrei parlare, ma voi non riuscireste neppure a comprendere il mio silenzio. Vi sto parlando solo per aiutarvi a diventare silenziosi. Il mio messaggio può essere trasmesso solo in silenzio. Solo nel silenzio, la comunione... Prima che ciò possa accadere, devo parlare con voi, devo persuadervi e posso farlo solo usando le vostre stesse parole. Tuttavia, se ricorderete una cosa, vi sarà immensamente utile: io uso le vostre parole, ma con significati miei; non dimenticate mai i miei significati!

Va' oltre il dubbio e la fiducia, allora sentirai un nuovo

sapore della fiducia, qualcosa che non conosce affatto il dubbio, che è assolutamente innocente. Va' al di là di entrambi: rimarrai solo *tu* con la tua consapevolezza, senza alcun contenuto. La meditazione è questo. La fiducia è meditazione.

Non reprimere i tuoi dubbi. È ciò che continui a fare. Quando ascolti le bellezze della fiducia, le meraviglie della fiducia, i miracoli della fiducia, sorge in te un grande anelito, un desiderio, brami ardentemente quella fiducia! Per cui inizi a reprimere i dubbi, continui a cacciarli nella profondità del tuo inconscio per non doverli affrontare. Ma sono in te e più vanno in profondità, più sono pericolosi, poiché ti manipolano dal fondo del tuo stesso essere; e tu non sei in grado di vederli, per cui continuano a influenzare la tua vita. Nell'inconscio, il dubbio è molto più potente che non a livello cosciente; pertanto, ti dico che è meglio essere pieno di dubbi, è meglio essere uno scettico cosciente e consapevole, piuttosto che essere un credente e rimanere pieno di dubbi, senza saperlo, inconsciamente.

Tutti i credenti dubitano, perciò hanno tanta paura di perdere la loro fiducia. La loro fiducia è povera, è impotente. Gli hindu hanno paura di leggere le sacre scritture dei buddhisti; i buddhisti hanno paura di leggere le sacre scritture dei cristiani; i cristiani hanno paura di leggere le sacre scritture delle altre religioni. L'ateo ha paura di ascoltare il mistico; il credente ha paura di ascoltare l'ateo. Da dove nascono tutte queste paure? Non dagli altri, provengono dal vostro inconscio. Voi conoscete alla perfezione i vostri dubbi: come potreste evitare di conoscerli? Vi piacerebbe dimenticarli, ma non ci riuscite: sono là! Sentite vagamente la loro presenza costante: i dubbi sono presenti, nessuno li provoca. Forse si sono addormentati, potrebbero ridiventare attivi; da qui la paura di ascoltare qualsiasi cosa sia contraria alla vostra fede.

Tutti i credenti vivono con gli occhi chiusi, con le orecchie tappate e con i cuori serrati: devono vivere così perché, nel momento in cui aprissero gli occhi, sarebbero preda della paura e chissà cosa potrebbero vedere. Potrebbe essere qualcosa che incrina la loro fede. I credenti non possono ascoltare, non *possono permettersi* di ascoltare, perché qualcosa potrebbe penetrare nel loro inconscio e turbarlo. Riescono a tenerlo sotto controllo con grande difficoltà; ma questi dubbi controllati e repressi si vendicheranno, inevitabilmente prima o poi si prenderanno una rivincita. Aspettano il momento opportuno per affermare se stessi, e nel frattempo si rafforzano sempre di più nella vostra interiorità: ben presto spezzeranno l'impalcatura della vostra fede cosciente. Ecco perché le persone cambiano con tanta facilità: da hindu diventano musulmani; da musulmani diventano cristiani; da cristiani diventano hindu; è facilissimo!

Prima della Rivoluzione russa, tutti i russi erano religiosi: di fatto la Russia era una delle nazioni più religiose al mondo. Poi cosa accadde? Ci fu la rivoluzione! I comunisti salirono al potere e, in soli dieci anni, tutta la religiosità russa era evaporata. Il popolo diventò ateo, poiché nelle scuole, nei licei, nelle università, dovunque, si insegnava che Dio non esiste, che l'anima non esiste.

Prima tutti credevano in Dio, poi cominciarono a credere che Dio non esiste! Prima erano credenti e lo sono *tuttora*! Prima reprimevano il dubbio, ora reprimono la fiducia. Prima o poi la Russia attraverserà un'altra rivoluzione, a quel punto riaffiorerà la fiducia e il dubbio sarà ricacciato nella profondità dell'inconscio. Ma sarà sempre la stessa cosa! Voi tutti vi state muovendo in un circolo vizioso.

In India siete tutti religiosissimi... è tutta immondizia. La vostra cosiddetta religione non è altro che una massa di dubbi repressi. E accade anche in altre nazioni.

Questa non è la via della trasformazione interiore; la repressione non è mai la via della rivoluzione. Dovete comprendere, non reprimere: cerca di comprendere i tuoi dubbi e cerca di comprendere la tua fiducia; cerca di comprendere i tuoi "no" e i tuoi "sì". Allora vedrai che non sono separati: sono inseparabili. Che significato potrebbe avere la parola "sì", se la parola "no" scomparisse dal linguaggio? Che significato potrebbe avere la parola "no", se non conoscessi la parola "sì"?

La fiducia e il dubbio sono uniti indissolubilmente, sono sposati e non possono divorziare! Tuttavia esiste una trascendenza. Non occorre farli divorziare, non occorre separarli: non tentare l'impossibile! Trascendili, semplicemente osservandoli entrambi!

Isabel, questo è il mio suggerimento: osserva il dubbio, quando sorge, e non identificarti con esso. Non sentirti turbata, non c'è niente che possa turbarti. Il dubbio è presente e tu lo stai osservando, tu non sei il dubbio; sei solo uno specchio che lo riflette. Quando sorge in te la fiducia, sarà un po' più difficile per te osservarla, poiché pensi: "La fiducia mi rende così felice e mi fa sentire bellissima!". Ti lancerai tra le sue braccia, vorresti identificarti con essa. Vorresti che gli altri ti vedessero come una persona che ha fiducia, che ha fede; ma in questo caso non usciresti più da quel circolo vizioso! Devi osservare anche la fiducia.

E più la tua osservazione andrà in profondità, più rimarrai sorpresa: osservando in profondità il dubbio, scoprirai che l'altra faccia è la fiducia; come se la moneta diventasse trasparente e tu potessi vedere sia un lato che l'altro. A quel punto, osservando la fiducia, riuscirai a vedere il dubbio nascosto dietro di essa. Quello sarà un momento di grande realizzazione: quando, vedendo che il dubbio è fiducia e che la fiducia è dubbio, sarai libera da entrambi. Improvvisamente ti accadrà una trascendenza! Non ti sentirai più attaccata a nessuno dei due; la tua schiavitù sarà finita! Non sarai più intrappolata nel dualismo.

E allorché non sarai più intrappolata nel dualismo, non farai più parte della tua vecchia mentalità: te la sarai lasciata alle spalle. Sarai solo pura consapevolezza, e conoscere la pura consapevolezza significa conoscere la vera bellezza, la vera beatitudine, la vera benedizione.

Se vuoi chiamare questo stato dell'essere "fiducia", stai comprendendo il mio linguaggio. Io chiamo fiducia lo stato dell'essere che non conosce il dubbio, neppure l'ombra di un dubbio.

Naturalmente sto usando il linguaggio in un modo che non avrebbe mai l'approvazione di nessun linguista; ma è sempre stato così. Il mistico ha qualcosa da dirvi che non si può esprimere con le parole. Il mistico deve comunicarvi qualcosa che è incomunicabile. Il problema del mistico è questo: "Che cosa posso fare?". Egli ha qualcosa, ed è così immenso, che lo vorrebbe condividere con gli altri, deve condividerlo. La condivisione è inevitabile: non può eluderla. Il mistico è simile a una nube carica di pioggia che *deve* scaricarsi e inondare gli altri. Il mistico è simile a un fiore straripante di profumo che *deve* diffonderlo ai quattro venti. Il mistico è simile a una lampada accesa in una notte buia: la sua luce *deve* fugare le tenebre.

Quando qualcuno si illumina, diventa simile a una nube carica di pioggia. Il Buddha ha chiamato *meghasamadhi* colui che si è illuminato; *megha* significa nube, *sa-*

madhi è la consapevolezza suprema; colui che si è realizzato ha conseguito la nube della consapevolezza suprema. Perché ha usato la parola "nube"? Poiché la nube ha una necessità intrinseca di inondare. Colui che si è illuminato, diventa simile a un fiore sbocciato. L'apertura suprema del tuo cuore, del tuo essere, della tua consapevolezza, è stata chiamata dai mistici orientali *sahasrar*, il fiordiloto dai mille petali. Quando si aprono in te i mille petali di questo fiordiloto, come puoi evitare di diffondere il tuo profumo? Per te diventa naturale, spontaneo, iniziare a diffondere il tuo profumo ai quattro venti.

Un Buddha è un uomo con il cuore ricolmo di luce; un Buddha è un uomo che è diventato una fiamma, una fiamma eterna che non si estinguerà mai. Ora è inevitabile per lui fugare le tenebre, ma il suo problema è: "Come fare per diffondere il messaggio?".

Voi avete un linguaggio basato sul dualismo e un Buddha ha un'esperienza radicata nell'assenza di ogni dualismo; voi siete sulla Terra, egli è nel cielo; la distanza è infinita... ma egli deve costruire un ponte per colmarla. Voi non siete in grado di farlo: solo un Buddha può costruirlo. Voi non conoscete affatto il cielo; non conoscete affatto la sua esperienza inesprimibile, la sua esperienza ineffabile: egli le conosce entrambe! Conosce le vostre tenebre, poiché in passato ha vissuto in quelle stesse tenebre; conosce la vostra infelicità, poiché in passato ha vissuto in quella stessa infelicità; ma ora conosce anche la beatitudine della realizzazione suprema, ora conosce il divino. Solo un Buddha può costruire un ponte tra voi e lui, solo un Buddha può creare una connessione che unisca voi a lui.

Il linguaggio è l'anello di congiunzione più importante, per unire l'umanità a un Buddha. Di fatto, il linguaggio è la caratteristica principale che distingue gli esseri umani dagli animali: nessun altro animale è in grado di parlare. L'uomo è tale in quanto usa il linguaggio. Ne consegue che il linguaggio è inevitabile, deve essere usato; ma io devo usarlo in modo tale da ricordarvi costantemente che dovrete abbandonarlo e che prima accadrà, meglio sarà per voi.

Isabel, lascia perdere entrambi: il dubbio e la fiducia; la credenza e la miscredenza; lo scetticismo e la fede; lasciali perdere entrambi! Allora vedrai... sorgerà in te qualcosa che non sarà "fiducia" nel vecchio significato del termine, poiché non conterrà neppure l'ombra del dubbio; sorgerà in te una fiducia con un significato totalmente nuovo, con una struttura totalmente nuova. È quella la fiducia della quale io parlo, è quella che io chiamo fiducia; quella fiducia trascenderà sia il dubbio, sia la tua fiducia attuale; li trascenderà entrambi, trascenderà qualsiasi cosa tu abbia conosciuto finora.

Esiste una luce che non è la tua luce e neppure le tue tenebre; ed esiste una consapevolezza che non è la tua parte conscia e neppure la tua parte inconscia. Ciò che Freud e Jung hanno chiamato conscio e inconscio fanno parte della tua mente. Quando il Buddha parla della consapevolezza, non ne parla con lo stesso senso dato da Freud e da Jung; la sua è una consapevolezza che osserva, osserva sia la consapevolezza sia l'inconsapevolezza di Freud.

Impara a diventare sempre di più un testimone, crea in te un'osservazione sempre più presente. Fa' in modo di osservare ogni tua azione, ogni tuo pensiero; non identificarti con le tue azioni, né con i tuoi pensieri: rimani distaccata, distante, lontana, un osservatore sulla collina. Allora, un giorno sarai inondata da una beatitudine infinita.

La seconda domanda

In me affiora sempre più forte la sensazione che esiste una connessione assoluta tra l'ego e il no, tra l'amore e il sì. E sento che l'amore è incapace di dire no; solo il cosiddetto amore, frutto dell'ego, riesce a dire di no. Sento che l'ego è incapace di dire sì; riesce a dire solo dei sì falsi e ipocriti. Tuttavia la mia mente dubita e crea obiezioni alla semplicità di questa mia comprensione.

Veet Chitten, la prima cosa che devi comprendere è che la verità è sempre semplice. Ciò che non è vero, è complesso; la verità è semplicissima, è priva di qualsiasi complicazione. Ecco perché la persona sapiente perde continuamente l'opportunità di scoprirla.

Gesù dice: "Se non diventerai come un bambino, non entrerai mai nel regno di Dio".

La verità deve essere semplicissima: se solo i bambini riescono a comprenderla, non può essere complicata. La verità è, semplicemente. La sua essenza può creare un'incredibile meraviglia nel tuo cuore, può disorientarti; ma ti disorienta a causa della sua semplicità e della sua ovvietà. Può creare in te una grande soggezione; ma questa non è dovuta alla complessità.

Se la verità fosse complessa, i filosofi l'avrebbero scoperta già da molto tempo, poiché sono esperti in complessità. Invece non sono riusciti ancora a scoprirla e non ci riusciranno mai; la loro stessa ricerca va in una direzione sbagliata. Fin dall'inizio hanno presunto che la verità fosse complessa e non hanno mai dubitato di questo loro presupposto di fondo, perciò continuano a rincorrere le loro mentalità complesse. E più si immergono nella mente, pensando e discutendo, più sembra aumentare la complessità apparente della verità.

Neppure gli scienziati possono scoprire la verità, poiché anche la scienza vuole che le cose siano complesse. Come mai la filosofia e la scienza vogliono che le cose siano complesse? La scienza è solo una diramazione della filosofia. Nell'Università di Oxford, il dipartimento di Fisica è tuttora chiamato "dipartimento di Filosofia naturale". La scienza è una diramazione della filosofia, e all'università i laureati ottengono la nomina di dottore in Chimica, dottore in Fisica, dottore in Matematica, che risalgono tutte alla prima qualifica, quella di dottore in Filosofia.

Nel lontano passato esisteva solo la laurea in Filosofia; poi, a poco a poco, una parte della filosofia divenne sempre più sperimentale, finché quella parte diventò "scienza".

La scienza può funzionare solo di fronte a qualcosa di complesso. Come mai? Poiché la complessità può essere scissa, analizzata, dissezionata. La difficoltà più grande con qualcosa di semplice è proprio questa: non può essere dissezionato, non ha parti che possano essere dissezionate. Se poni allo scienziato una domanda complessa, sarà in grado di risponderti; se gli poni una domanda semplice, anzi semplicissima, lo metterai nei guai. Se gli chiedi: "Quante sono le stelle esistenti?" lo scienziato sarà in grado di risponderti. Ma se gli chiedi: "Perché l'aritmetica ha solo dieci numeri fondamentali, dall'uno al dieci? Dopo il dieci, i numeri si ripetono continuamente: undici, dodici, tredici... I fondamentali sono dieci, perché? Perché dieci? Perché non sette? Perché non cinque? Perché non tre?". Lo scienziato si sentirà perduto; scrollerà le spalle e sarà incapace di risponderti: la risposta sarebbe così semplice da sembrare assurda. L'aritmetica ha dieci numeri perché l'uomo ha dieci dita! L'uomo primitivo contava sulla punta delle dita, per questo i numeri fondamentali diventarono dieci. Non c'è niente di scientifico: è stata una coincidenza. Se l'uomo avesse avuto otto dita, oppure dodici, l'intera matematica sarebbe stata diversa.

Non è una necessità!

Il grande matematico Leibniz, usava solo tre numeri: uno, due, tre... per lui il quattro non arrivava mai. Poi saltava a: dieci, undici, dodici, tredici... per lui il quattordici non arrivava mai, saltava al venti. E lavorava bene, anzi benissimo. Anche Einstein ridusse i numeri a: uno e due. Diceva che dieci numeri sono superflui: "Sono necessari solo due numeri: uno e due... sono più che sufficienti". Potrai contare tutte le stelle.

I dieci numeri sono stati una casualità. Allo stesso modo, tutte i vostri presupposti sono solo casuali: non dipendono da alcuna legge fondamentale. Prova a porre una domanda semplicissima... Per esempio, G.E. Moore ha posto la domanda: "Cos'è il giallo?". Nessuno scienziato né filosofo è in grado di rispondere a una domanda simile. Al massimo puoi rispondere: "Il giallo è giallo", che è una tautologia; non stai dicendo niente di nuovo. "Il giallo è giallo", che risposta è? Sappiamo che il giallo è giallo ma: "Che *cos'è* il giallo?". Puoi indicarlo, puoi portarlo a una persona, puoi mostrarle questi fiori gialli, ma ti direbbe: "Questo lo so! So che questi fiori sono gialli, ma la mia domanda è: che *cos'è* il giallo?".

G.E. Moore, un grande filosofo, un grande logico del suo tempo, ammise che questa domanda non può avere una risposta. Come mai? Perché la domanda è semplicissima! Una domanda semplicissima non può avere una risposta. Più la domanda è semplice, più la risposta è impossibile.

Di conseguenza, Chitten, devi ricordare innanzitutto che la verità è semplice! Ecco perché finora nessuno è mai stato in grado di dire nulla in merito, e qualsiasi cosa sia stata detta è superficiale.

Per tutta la vita Lao Tzu ha dichiarato che non avrebbe mai scritto niente sulla verità. Quando finalmente lo costrinsero a scrivere, fu letteralmente costretto a farlo... quella è l'unica grande scrittura che sia stata scritta sotto la minaccia di una spada. Lao Tzu era molto vecchio e stava lasciando la Cina... e potete pensare che fosse davvero vecchissimo, poiché la leggenda narra che al momento della nascita avesse già ottantadue anni! Potete immaginare quanti anni potesse avere quando morì! Alla nascita aveva già ottantadue anni! È una bellissima leggenda, significa solo che alla nascita era così maturo da essere un bambino senza alcun infantilismo. Ricorda la differenza tra un bambino e una persona infantile.

Quando Gesù dice: "Se non diventerai come un bambino..." non intende certo parlare di persone infantili: parla di persone innocenti. Lao Tzu doveva essere così innocente che quanti scrissero su di lui non poterono dire che era nato dopo soli nove mesi di gestazione. La sua innocenza era così profonda e radicata da non poter essere maturata in soli nove mesi; pertanto, dedussero che la sua gestazione doveva essere durata almeno ottantadue anni e che nacque già con i capelli bianchi. Potete guardare Paritosh: al momento della nascita assomigliava a Paritosh, con i capelli albini!

Pertanto, quando Lao Tzu era ormai vecchissimo... nessuno ha mai saputo quanti anni avesse, dovevano avere perso il conto della sua età. Quando sentì: "Per me, è arrivato il momento di lasciare il corpo", si mise in viaggio verso l'Himalaia, poiché non esiste al mondo un luogo migliore per morire.

La morte dovrebbe essere una celebrazione! Ciascun uomo dovrebbe morire in mezzo alla natura, sotto gli alberi, sotto le stelle; alla luce del Sole o della Luna. Lao Tzu aveva vissuto tutta la vita in mezzo alla gente; in quel momento voleva tornare nella natura e, prima di entrare nell'aldilà, voleva morire sotto gli alberi, circondato dalle montagne e dalle loro candide vette.

Ma il re del paese ordinò a tutte le guardie di frontiera: "Non permettete a Lao Tzu di andarsene. Ovunque venga preso, obbligatelo a scrivere le esperienze della sua vita; poiché egli possiede qualcosa di preziosissimo e non possiamo permettergli di andarsene, tenendo un simile tesoro solo per sé".

Fu fermato a uno dei posti di blocco e la guardia gli trasmise l'ordine del re: "Dovete scrivere le vostre esperienze, altrimenti non vi permetterò di lasciare il paese!". Perciò Lao Tzu dovette sedersi nella capanna della guardia e, sotto la minaccia della sua spada, scrisse il *Tao Te Ching*.

La prima frase è: "La verità non può essere espressa, e ciò che può essere detto non è più verità".

Nessuna grande scrittura inizia con una frase altrettanto bella. Lao Tzu sta dicendo: "Se hai compreso questa mia affermazione, per favore non procedere nella lettura". Così ingannò quella guardia; come poteva una guardia comprendere ciò che Lao Tzu stava scrivendo? Dunque, riuscì a ingannarla. Afferma semplicemente che non è necessario continuare la lettura: se hai compreso questa prima frase, hai già compreso tutto.

"Il Tao che può essere espresso a parole non è più il Tao." Nell'istante in cui lo esprimi con le parole, lo falsifichi. La verità è così semplice da non poter essere espressa: le parole sono complesse, il linguaggio è complicato. La verità è così semplice che può solo essere indicata. Per questo motivo il Buddha dice: "I Buddha possono solo indicarvi la Via!". I Maestri Zen dicono: "Non aggrappatevi alle parole, le nostre parole sono solo un dito puntato verso la Luna". Ricordate che un dito non è la Luna! La Luna non ha niente a che fare con il dito, che può solo indicarla.

La verità è semplicissima, ecco perché sorge il problema. Chitten, tu dici:

...Tuttavia la mia mente dubita e crea obiezioni alla semplicità di questa mia comprensione.

Certo, accade questo: quando inizi a comprendere le verità semplici – e *tutte* le verità sono semplici – la mente dubita. La mente pensa: "Le cose non possono essere tanto semplici!". La mente è un fenomeno davvero strano.

Esiste un proverbio in quasi tutte le lingue del mondo: "È troppo bello (o buono) per essere vero!". Troppo bello (o buono) per essere vero? Come se la verità e la bontà fossero nemiche tra loro! Non riuscite a credere nella bontà, non riuscite a credere nella verità. Dovreste cambiare quel proverbio in: "È troppo bello (o buono) per essere falso!".

Allo stesso modo, la mente pensa: "È troppo semplice per essere vero!". Dovreste cambiare quel pensiero in: "Se non è semplice, non può essere vero!".

La verità è semplice, perciò devi essere innocente e non sapiente; perciò devi avere un cuore puro e non una mente ricolma di informazioni; perciò ti occorre l'amore e non la logica. La verità è semplice. La seconda cosa che devi comprendere è che, generalmente, la tua comprensione è vicinissima alla verità. Tu dici:

In me affiora sempre più forte la sensazione che esiste una connessione assoluta tra l'ego e il no...

Non usare mai la parola "assoluto", evitala quanto più ti è possibile poiché è proprio il concetto di "assoluto" che crea i fanatici. Nessuno possiede la verità assoluta: la verità è vastissima! Tutte le verità sono destinate a essere relative. È proprio il concetto di "assoluto" che ha trascinato nell'infelicità l'umanità intera. I musulmani pensano che nel Corano ci sia la verità assoluta e diventano ciechi. I cristiani pensano che nella Bibbia ci sia la verità assoluta. Gli hindu pensano che nella *Gita* ci sia la verità assoluta... e via di seguito! Come potrebbero esistere tante verità assolute? Le conseguenze sono le lotte, le diatribe, le guerre, le crociate religiose, la jihad: "Uccidi tutti gli altri, tutti coloro che proclamano di possedere la verità assoluta: la verità assoluta è solo la *nostra*!".

Nei secoli sono stati commessi più assassinii, più stupri e più saccheggi in nome della religione, che non per qualsiasi altra causa. Il motivo? Il motivo si trova nel concetto di "assoluto".

Ricorda sempre: qualsiasi cosa conosciamo o potremo mai conoscere è destinata a rimanere relativa. Se lo ricorderai avrai in dono la compassione. Se lo ricorderai diventerai liberale e più umano. Ricordarlo, ti aiuterà a comprendere i punti di vista altrui.

La verità è vastissima: semplice, ma sconfinata, vasta come il cielo. È contenuta nell'universo intero e l'universo è illimitato, è infinito. Come potresti concepire l'intera verità? Come potresti tenere tra le mani la verità assoluta? Ma è così che funziona l'ego!

L'ego è molto astuto. Nell'istante in cui cominci a sentire che una cosa è vera, l'ego interferisce immediatamente dicendo: "Certo, questa è la verità assoluta". In questo modo chiude la tua mente, che non sarà più disponibile a ricevere nessun'altra verità. Nell'istante in cui asserisci: "Questa verità è assoluta", l'hai già falsificata.

Un uomo di verità è sempre relativo.

Se avessi chiesto a Mahavira: "Dio esiste?" ti avrebbe risposto: "Certo, esiste: ma questa è la mia prima affermazione. La seconda è: 'No, non esiste'. E la mia terza affermazione le comprende entrambe: 'Sì, esiste' e 'No, non esiste'". In tutto avrebbe espresso sette affermazioni, iniziando sempre con un "forse": "Forse sì", "Forse no", "Forse entrambi", "Forse non entrambi" e via di seguito. Uno sviluppo logico a sette livelli!

Ciò che Mahavira fece nel mondo della religione, Einstein l'ha fatto nel mondo della fisica: la teoria della relatività. Questi sono due nomi importantissimi: il loro contributo all'umanità è stato immenso!

Il giainismo non si è diffuso per un solo motivo: non puoi creare una religione basandola sui "forse". La gente vuole verità assolute; le persone vogliono diventare fanatiche, vogliono diventare credenti; vogliono dipendere da qualcuno, vogliono essere dominate da un'autorità. Dunque, nell'istante in cui dici: "Forse", le persone si disinteressano a te. Le loro menti dicono: "Quest'uomo non conosce la verità, se la conoscesse come potrebbe dire: 'Forse'? Se conosce la verità, la conosce; se non conosce la verità, non la conosce. In quel contesto come potrebbe esserci spazio per un 'forse'?".

Eppure Mahavira non direbbe "sì" e non direbbe "no": perché il sì diventerebbe assoluto e il no diventerebbe assoluto. Il "forse" sarebbe sempre presente, come mai? Non perché non conosce la verità, ma proprio *perché* la conosce e, di conseguenza, usa i "forse".

Chitten, non usare mai la parola "assoluto", evitala! In passato è stata una calamità; in futuro dovremo evitarla. Usa di più i "forse".

La tua comprensione si sarebbe avvicinata di più alla verità, se avessi detto: "Forse esiste una connessione tra l'ego e i miei no". Naturalmente la tua frase non avrebbe avuto la stessa forza: quel "forse" l'avrebbe diluita molto. Con "assoluta" è più simile a una medicina allopatica; con "forse" diventa una medicina omeopatica, molto diluita. Con "forse" puoi attrarre solo coloro che comprendono; con "assoluta" puoi essere molto attraente per gli sciocchi, gli stupidi, i mediocri, gli idioti, i patologici... ne sono fortemente attratti!

Il dottor Hari Singh Gaur, uno tra i massimi esperti legali al mondo, ripeteva sempre ai suoi studenti: "Se avete la legge dalla vostra parte, parlate a voce bassa, lentamente, siate educatissimi: poiché la legge è dalla vostra parte, non dovete preoccuparvi. Ma se non avete la legge dalla vostra parte, picchiate i pugni sul tavolo, urlate e usate un tono molto risoluto. Usate parole che creino un'atmosfera di certezza, di assolutezza, visto che la legge non vi sostiene: dovete creare un'atmosfera che faccia pensare a tutti che avete la legge dalla vostra parte".

Ogni volta che parla, un uomo di verità si esprime con tono umile, usa parole semplici.

Evita la parola "assoluto": è stata sempre al servizio della menzogna, non ha mai servito la verità; l'ha assassinata, l'ha sempre avvelenata. È meglio che impari a usare la parola "forse".

Certo, premettendo un "forse", esiste una connessione tra l'ego e i no: l'ego si ciba di no, sono il suo nutrimento. L'ego evita di dire sì, finché gli è possibile. Se deve dire di sì, lo fa con estrema riluttanza, poiché quando dici di no affermi il tuo potere, significa che sei qualcuno. Quando dici di sì non hai più il potere, ti sei arreso: il sì indica una resa. Di conseguenza, continuiamo a dire di no, anche quando non è affatto necessario.

Un bambino chiede alla mamma: "Posso uscire a giocare sul prato?". La mamma risponde: "No!". Ebbene, questo suo no non è affatto necessario! È una giornata di sole, fuori tutto è verde, ci sono i fiori, le farfalle... che male farebbe al bambino uscire a giocare al Sole? Perché dovrebbe rimanere chiuso in una stanza? Ma la mamma dice di no, non si è neppure resa conto di dirlo, è stata una risposta inconsapevole. Il no arriva con facilità, sembra naturale, abituale, automatico. Il figlio osserva con sempre maggior attenzione questi no inconsapevoli; i bambini sono molto percettivi, osservano ogni cosa. E il figlio potrebbe mettersi a dare fastidio, farà i capricci; potrebbe mettersi a piangere, a lanciare oggetti o a strillare; potrebbe fare qualsiasi altra cosa per infastidire la mamma. E prima o poi la mamma dirà inevitabilmente: "Esci a giocare!". Questa era la prima cosa che il bambino aveva chiesto!

Accade con tutti: la prima parola che arriva sulla punta della lingua è "no". Arriva con una immediatezza tale da non lasciarti neppure il tempo di riflettere. Dici "sì" solo quando sei costretto a dirlo. Arriva sulle labbra con enorme fatica, incontrando infinite difficoltà, è come se ti estirpassero qualcosa. In uno stato naturale dell'essere accadrebbe proprio l'opposto: il sì arriverebbe con tutta facilità e il no incontrerebbe molte difficoltà.

Colui che entra in meditazione profonda scoprirà in se stesso un cambiamento: dire di sì diventerà più facile, sempre più facile, e un giorno il sì sarà semplicemente la sua risposta spontanea; laddove troverà sempre maggiori difficoltà nel dire di no e quando sarà costretto a dirlo, lo dirà in modo da farlo sembrare quasi un sì. Formulerà il suo no in modo da non ferire l'ego dell'altro; poiché, proprio urtando l'ego altrui, il suo si sentirebbe gratificato.

L'ego è violento. Più ferisci l'ego altrui e più ti senti gratificato, ti senti più elevato, superiore all'altro. Quando dici di sì scompare da te ogni sensazione di superiorità: ti dissolvi semplicemente nel tuo sì.

Dunque, ciò che dici contiene una verità, una semplice verità: *esiste una connessione tra l'ego e il no, tra l'amore e il sì*. Ma ricorda i "forse": se la fai diventare una verità assoluta, puoi cadere in errore. Con il concetto di "assoluto" ogni cosa diventa errata... poiché l'amore a volte sa dire di no. Non è una verità assoluta che l'amore dica sempre di sì: può anche dire di no. Ma il no che scaturisce dall'amore è totalmente diverso dal no che proviene dall'ego: hanno qualità diverse, esistono su piani differenti.

Quando l'amore dice di no, non lo dice per ferirti ma per aiutarti. Quando l'amore dice di no, è un no colmo d'amore, con un alone di poesia, non è violento. È pervaso d'amore. E colui che dice sempre "sì", che è diventato incapace di dire "no" – anche quando sarebbe necessario dirlo, pronuncia automaticamente un sì – ebbene, in quel caso, i suoi sì non hanno più alcun significato. È diventato un disco che dice sì a qualsiasi cosa. Non ha neppure bisogno di ascoltare cosa gli stai dicendo: il suo sì è inevitabile.

Un uomo era andato a fare visita a Freud. All'epoca, Freud era troppo ossessionato dall'idea della sessualità: ogni cosa doveva essere imputata alla sessualità. Proprio come il cristianesimo che per duemila anni aveva fatto di tutto per reprimere la sessualità, essendone ossessionato, la stessa ossessione stava colpendo anche Freud. Era diventato praticamente un santo! Se l'ossessione per la sessualità può rendere santo qualcuno, ebbene Freud era un santo.

Tutti i santi cristiani sono stati ossessionati dalla sessualità, perciò hanno creato una società altamente repressiva, abnorme, malata, nauseabonda. Freud rappresentava la rivincita:

la rivincita dell'inconscio; era diventato il portavoce dell'inconscio. Tuttavia, partendo dal polo opposto, stava facendo la stessa cosa: sosteneva che ogni cosa doveva essere imputata alla sessualità.

Sulla strada passò un cammello. Freud e il suo visitatore guardarono dalla finestra e Freud chiese a quell'uomo – come chiedeva sempre alla gente –: "Vedendo quel cammello, cosa le viene in mente?".

L'uomo rispose: "Il sesso". Freud naturalmente ne fu felice. Accade ogni volta che la tua teoria riceve un sostegno, una nuova conferma: perfino un cammello ricordava il sesso a quella persona...

Per avere maggior certezza e per consolidare le proprie basi, chiese ancora: "Vede quei libri sullo scaffale? Che cosa le fanno venire in mente?".

L'uomo rispose: "Il sesso".

A quel punto, perfino Freud rimase un po' perplesso, perciò chiese: "Io cosa le faccio venire in mente?".

L'uomo rispose: "Il sesso".

Freud replicò: "Com'è possibile? Il cammello le ricorda il sesso, i libri le ricordano il sesso, io le ricordo il sesso..."

L'uomo rispose: "*Ogni cosa* mi ricorda il sesso!".

Se hai represso troppo la tua sessualità, qualsiasi cosa ti ricorderà il sesso, qualsiasi cosa comincerà ad assumere il colore della sessualità. Freud, naturalmente, interrogando quell'uomo ne fu molto felice: annotò l'intera storia e la ripeteva sempre ai suoi studenti.

Una volta, mentre la stava raccontando a una nuova classe di studenti, uno di loro, che aveva già seguito le sue lezioni, obiettò: "Ma, professore, avete già raccontato la stessa storia anche l'anno scorso!".

Freud attese qualche istante, poi rispose: "Allora non c'è bisogno che tu rida. Lascia che ridano gli altri. Se hai già riso l'anno scorso, va benissimo, non devi più ridere, ma io devo continuare a raccontare questa storia perché ha un significato".

Ci sono persone, milioni di persone, che si trovano nella stessa situazione. Ci sono persone che si ricordano del cibo guardando qualsiasi cosa, non importa cosa, poiché hanno represso il desiderio di cibo. Qualsiasi cosa, se la reprimi troppo, può creare in te una patologia.

Per esempio, se si stabilizzasse nella tua mente l'idea che l'amore dice sempre di sì e che l'ego dice sempre di no, per te l'ego significherebbe "no" e l'amore significherebbe "sì". Per te diventerebbero sinonimi, equivalenti, e tu correresti un grave pericolo: cominceresti a reprimere tutti i no, solo per essere amorevole e una simile quantità di no repressi nel tuo inconscio ti impedirebbe di essere veramente amorevole. L'amore rimarrebbe solo in superficie; sarebbe solo una facciata, un tuo pseudo-volto: non sarebbe il tuo volto originale.

Pertanto, per favore Chitten, evita la parola "assoluto" poiché può crearti delle difficoltà. Certo, esiste una connessione, ma la connessione non è assoluta: ci sono momenti in cui l'amore dice di no, e solo l'amore può dire di no; ci sono momenti in cui l'ego può dire di sì.

L'ego non è innocente, è molto scaltro: quando è necessario, può usare anche il sì. Può usare il sì come pietra d'appoggio, può usare il sì per corrompere. Non puoi continuare a dire di no a qualsiasi cosa: la vita diventerebbe impossibile per te. Qualche volta devi dire di sì, potresti non averne voglia, ma devi dirlo; ma lo dirai in modo che il risultato finale sia un no. Lo dirai solo per educazione, non intendendo alcun sì, forse intendi dire proprio l'opposto.

Ho sentito raccontare:

Una volta un Sufi si trovò tra una folla di persone radunate all'esterno del palazzo del re di quel paese. Il re aveva dato l'ordine di radunare tutte le persone famose del suo regno: in loro onore sarebbero stati recitati dei poemi. I poeti di corte avevano lavorato per mesi, affinché i loro versi fossero pronti per quel giorno: il giorno del grande raduno d'onore.
Le guardie di palazzo stavano separando gli ospiti dai curiosi, ma il Sufi cominciò a protestare: "Non voglio essere elogiato, non voglio essere onorato, non voglio che sia recitata un'ode in mio onore...". Comunque non fu ascoltato e le guardie lo spinsero all'interno dell'auditorio. A quel punto protestò così animatamente – anche gli altri opponevano resistenza, spinti solo da una falsa modestia, dettata dalle convenzioni – che il re gli ordinò di sedersi accanto al trono. Poi il re ordinò al più grande di quei poeti di recitare il poema preparato per questo modestissimo saggio. Non riuscirono a trovarlo da nessuna parte. Chiesero al saggio quale fosse il suo nome, nessuno riusciva a ricordare chi fosse e se fosse una persona importante. Alla fine il re lo invitò a dire qualcosa. Il Sufi esclamò: "Non voglio essere elogiato!".
"Perché no?" gli chiese il re. "Se non volevi essere elogiato non avresti dovuto presentarti al ricevimento!"
"Ma io non mi sono presentato, le vostre guardie mi hanno prelevato dalla strada: non ero neppure stato invitato. Tutto ciò che facevo, era dire: 'Non voglio essere elogiato!'"

Ma perché avrebbe dovuto protestare in quel modo? All'esterno del palazzo, urlava: "Non voglio essere elogiato, non voglio essere onorato, non voglio che sia recitata un'ode in mio onore..." sollevando scalpore... perché mai?

Le vie dell'ego sono molto astute: può recitare la parte della persona umile. Può perfino urlare dall'alto dei tetti: "Non voglio essere elogiato!". Può perfino rifiutare il premio Nobel.

Così fece G.B. Shaw: rifiutò il premio Nobel con la motivazione: "Adesso è troppo poco per me. È adatto ai giovani, che ne sarebbero felici. Io sono al di là di tutti questi premi, li trovo infantili". Ma era un insulto per gli accademici svedesi e per il re! Perciò gli arrivarono pressioni da tutto il mondo: dai re, dalle regine, dai primi ministri, dai presidenti. Persone che non gli avevano mai scritto, gli scrissero: "Per favore, lo accetti: sarebbe un insulto per il re e per tutta la Svezia!".

G.B. Shaw creò scalpore per due o tre giorni, poi accettò il premio, con la seguente motivazione: poiché tanti re, tante regine e primi ministri e presidenti gli avevano chiesto di accettare quel premio, ebbene lo avrebbe accettato, per renderli felici. Di nuovo, fece notizia su tutti i giornali, comparve in prima pagina: egli accettò il premio, per devolverlo subito alla Società Fabiana. In seguito si scoprì che G.B. Shaw ne era il presidente ed era anche l'unico membro di quella società! Ma in quel modo aveva avuto il mondo in pugno per sei, sette giorni e quando lo intervistavano dichiarava: "Che senso ha ottenere un angolino sui giornali, per aver ottenuto il premio Nobel? Io ho utilizzato quell'opportunità al massimo, l'ho sfruttata più che ho potuto!". Il suo diniego non era certamente dettato dall'umiltà: era una strategia dell'ego. E lui lo sapeva... usò la situazione con astuzia, si prestò al gioco.

Ricorda: qualche volta l'ego può dire di sì e qualche volta può dire di no, secondo necessità. È talmente scaltro che può usare anche il no. Anche l'amore a volte può dire di sì e a volte può dire di no; infatti, quando il sì ferirebbe l'altro... Se il bambino chiede di uscire a giocare al Sole è una cosa, ma se chiedesse di giocare con qualche congegno elettrico, pericoloso per lui, oppure se volesse bere qualcosa di velenoso, tu saresti obbligato a rispondergli di no: l'amore è pronto a dire anche di no.

L'amore può dire di no per amore. L'ego può dire di sì,

spinto dalle proprie proiezioni. Non esiste necessariamente una connessione, perciò non renderla assoluta, tutto qui. Forse esiste una connessione – e di fatto esiste – ma non dimenticare mai il "forse".

Mahavira doveva sembrare molto strano alla gente, poiché non iniziava mai una frase senza il "forse", e la cosa poteva sembrare stramba. Io non sto dicendo che devi iniziare ogni tua frase con un "forse"; non sto dicendo che, quando sei innamorato, devi dire: "Forse ti amo o forse no... Chissà? Non c'è niente di assoluto, tutto è relativo". Non sto dicendo che devi diventare un campione di stupidità; tuttavia fa' in modo che il "forse" diventi parte del tuo essere, che diventi una corrente sotterranea nel tuo essere.

Di fatto è così. Quando ti innamori, è solo un insieme di "forse"; non occorre che tu lo dica, ma è solo un insieme di "forse". Non sei neppure sicuro di te stesso, come potresti essere sicuro del tuo amore? Non hai amato neppure te stesso, come potresti amare qualcun altro? Tu non sai neppure cosa sia l'amore; poiché l'amore è conoscibile solo ai massimi livelli di consapevolezza. Ciò che tu chiami amore è solo desiderio, non è amore: usi l'altro come un mezzo. Usare l'altro come un mezzo è l'azione più immorale che esista al mondo: significa sfruttarlo; ma l'altro non ti permetterà mai di sfruttarlo, a meno che tu non crei un'atmosfera che lo irretisca, facendolo diventare con facilità una vittima. Ecco perché devi parlare d'amore, e devi parlare di un amore che duri in eterno; ma non sai neppure cosa ti accadrà l'istante successivo, non sai neppure cosa ti accadrà domani!

> Un innamorato diceva alla sua amata: "Sarei pronto a morire per te! Basterebbe una tua parola! Ti amo così tanto che basterebbe un tuo cenno: potrei suicidarmi, potrei sacrificare la mia vita per te. Ti avrò: nessun potere al mondo potrà impedirmelo! Anche se piovesse fuoco dal cielo, ti troverei!" e via di seguito.
> Alla fine, quando l'innamorato se ne stava andando, la ragazza gli chiese: "Verrai domani?".
> E lui rispose: "Certamente... se non piove!".

È tutto un "forse". Devi esserne consapevole: ti aiuterà a mantenerti sano di mente, ti aiuterà a essere più sano e più integro.

Tuttavia ciò che hai detto contiene una semplice verità:

il sì in qualche modo è parte dell'amore, e il no in qualche modo è parte dell'ego, ma non sono necessariamente connessi. A volte puoi trovare nell'amore il no insieme al sì, e a volte puoi trovare nell'ego il sì insieme al no.

Il tuo approccio alla vita dovrebbe essere il sì, l'amore; a meno che il no non sia necessario: deve essere al servizio del sì, deve essere al servizio del tuo amore. Fa' in modo che il no sia il servo e il sì sia il padrone: è sufficiente! Non ti chiedo di distruggere totalmente i no. Se li distruggessi completamente i tuoi sì diventerebbero impotenti. Fa' in modo che il sì sia il padrone e il no sia il servo: il no come servo è bellissimo, ma come padrone è orribile.

E questo è ciò che è accaduto: il no è diventato il padrone e il sì è stato ridotto in schiavitù. Libera il tuo sì da questa schiavitù e togli al tuo no il suo potere padronale; scoprirai così una giusta sintesi del tuo essere, di positivo e negativo; scoprirai così l'armonia tra le tenebre e la luce, tra il giorno e la notte, tra l'estate e l'inverno, tra la vita e la morte.

La terza domanda

> *Sono appena arrivato dall'Occidente, da Parigi: in quella città ho sentito parlare di te e ho letto alcuni tuoi libri che mi hanno colpito in profondità. In me è sorta questa domanda: in che modo la tua dimensione spirituale e il lavoro che fai a livello spirituale riusciranno a orientare e a illuminare i comportamenti di un uomo coinvolto in azioni a livello materiale come, per esempio, l'urbanizzazione, la lotta contro la fame, contro la sete e contro altre miserie?*

Jacques Daumal, io non divido l'esistenza in queste vecchie dicotomie: il piano materiale e il piano spirituale. Esiste un'unica realtà: la materia è la sua forma visibile e lo spirito è la sua forma invisibile. Proprio come la tua anima e il tuo corpo: il tuo corpo non può esistere senza l'anima, la tua anima non può esistere senza il corpo.

Di fatto, la grave spaccatura avvenuta in passato è stata un peso enorme per il cuore dell'uomo: si tratta della dissociazione tra anima e corpo; ha creato un'umanità schizofrenica. Secondo me la schizofrenia non è un male che accade ogni tanto a qualche persona: fino a oggi, fino a questo momento, tutta l'umanità è stata schizofrenica. È molto raro... solo ogni tanto uomini come Gesù, il Buddha, Mahavira, Socrate, Pitagora, Lao Tzu sono riusciti a sfuggire a questo schema di vita schizofrenico.

È pericoloso scindere la realtà in due realtà antagoniste, nemiche tra loro, poiché significa scindere l'uomo. L'uomo è un universo in miniatura: se scindi l'universo, scindi l'uomo; se scindi l'uomo, scindi l'universo; e io credo nell'unità organica, inscindibile dell'esistenza.

Secondo me non ci sono distinzioni tra spirituale e materiale. Tu puoi essere spirituale e operare sul piano materiale: il tuo modo di operare sarà più bello, più gioioso; agirai in modo più estetico e più sensibile. Il tuo funzionamento sul piano materiale sarà privo di tensioni, non sarà colmo di angoscia, né di ansia.

> Una volta un uomo si recò dal Buddha e gli chiese: "Il mondo è una tale miseria, la gente è talmente infelice, come puoi stare lì seduto, silenzioso e colmo di gioia?".
>
> Il Buddha gli rispose: "Se un malato ha la febbre, anche il suo medico dovrebbe sdraiarsi al suo fianco e soffrire con lui? Il medico, spinto da compassione, dovrebbe farsi contagiare dal paziente e sdraiarsi al suo fianco febbricitante? Un simile comportamento gioverebbe al paziente? Di fatto, laddove prima c'era solo un malato, ora ce ne sarebbero due: il mondo sarebbe doppiamente malato! Il medico, per aiutare il paziente, non deve ammalarsi; per aiutarlo, deve essere sano. Più il medico è sano, meglio è; più il medico è sano, più potrà aiutare il paziente a guarire".

Non sono contrario al lavoro su un piano materiale. Qualsiasi tipo di lavoro tu stia facendo – urbanizzazione, lotta contro la fame, contro la sete; lotta contro lo squilibrio ecologico; lotta contro la povertà, contro lo sfruttamento, contro l'oppressione; lotta per la libertà – *qualunque* sia il tuo lavoro sul piano materiale ne trarrà un immenso beneficio, se diventerai più radicato spiritualmente, più centrato, più calmo, più tranquillo, più limpido; poiché, in questo caso, la qualità del tuo lavoro cambierà interamente. Riuscirai a pensare con una calma maggiore e ad agire con una grazia maggiore. Comprenderai il tuo essere interiore e ciò aiuterà immensamente gli altri.

Io non sono uno spiritualista nel vecchio senso del termine; non sono neppure un materialista nel vecchio senso del termine. Charvaka in India, Epicuro in Grecia, Marx e tutti gli altri, erano materialisti; affermavano che solo la materia è reale e che la consapevolezza è solo un sottoprodotto, privo di una realtà propria. Poi ci sono state persone come Shankara e Nagarjuna che affermavano la stessa cosa, ma al contrario: solo l'anima è reale, il corpo è irreale, illusorio, *maya*; è solo un sottoprodotto, privo di una realtà propria.

Secondo me, entrambe le visioni sono in parte giuste e in parte sbagliate; e una mezza verità è molto più pericolosa di una menzogna intera: almeno questa è intera. Una menzogna intera ha una sua bellezza propria; viceversa una mezza verità è brutta, orribile e pericolosa, essendo solo parziale: sarebbe come tagliare un uomo in due!

Proprio l'altro ieri, leggevo una storia.

Faceva molto caldo e un uomo, accompagnato dalla giovane figlia, passava accanto a una piscina di un albergo intercontinentale. Il caldo era torrido, e la bambina esclamò: "Mi piacerebbe tuffarmi in piscina, per rinfrescarmi!".

Il padre rispose: "Va bene, mi siedo sotto un albero, mentre tu ti tuffi".

Ma una guardia bloccò immediatamente la ragazza: "Questa piscina è riservata. Agli ebrei è proibito tuffarsi... e voi mi sembrate ebrei!".

Il padre spiegò: "Mi ascolti: io sono ebreo, la madre di mia figlia non è ebrea: è cristiana; perciò mia figlia è per metà ebrea e per metà cristiana. Può permetterle· di immergersi nella piscina solo fino alla vita?".

Scindere l'uomo è pericoloso, poiché l'uomo è un'unità organica. Ma questo è stato fatto nei secoli e ora è diventato praticamente un modo comune di pensare, è diventato un condizionamento.

Daumal, tu pensi in base alle vecchie categorie. Io non appartengo ad alcuna scuola: né alla scuola dei materialisti, né alla scuola dei cosiddetti spiritualisti. Il mio approccio è totale, è olistico. Credo che l'uomo sia un insieme di entrambi: spirito e materia. Di fatto, io devo usare le parole "spirituale" e "materiale" solo perché sono in uso da sempre.

In realtà, l'uomo è uno psicosoma, non è materia e spirito: perché quella congiunzione "e" crea un dualismo.

Non c'è alcuna *e* tra la materia e lo spirito, non c'è neppure una virgola. L'uomo è materiaspirito; uso quest'unica parola: materiaspirito. Entrambi i componenti...

Spirito indica il centro del tuo essere, materia indica la circonferenza del tuo essere. La circonferenza non potrebbe esistere, se non ci fosse il centro; il centro non potrebbe esistere, se non ci fosse la circonferenza.

Il mio lavoro consiste nell'aiutare il vostro centro a chiarificarsi, a purificarsi; in questo modo, quella purezza si rifletterà anche alla circonferenza. Se il tuo centro è bello, la tua circonferenza diventerà inevitabilmente bella; se la tua circonferenza è bella, il tuo centro sarà inevitabilmente contagiato da quella bellezza.

Il mio sannyasin è un uomo totale, è un uomo nuovo: lo sforzo tenderà a renderlo bello da entrambi i lati.

Una volta, due mistici stavano conversando. Il primo disse: "Un tempo avevo un discepolo ma, malgrado tutti i miei sforzi, non sono riuscito a portarlo all'illuminazione".
"Che cosa gli hai fatto fare?" chiese l'altro.
"Gli ho fatto ripetere i mantra, gli ho fatto fissare dei simboli, gli ho fatto indossare gli abiti prescritti dai riti, l'ho fatto correre e saltare, gli ho fatto inalare incenso, gli ho fatto leggere le invocazioni, l'ho fatto stare sveglio, in piedi, in lunghe veglie."
"Non ti ha mai detto qualcosa che potesse darti la chiave per comprendere come mai tutto ciò non lo portava ad avere una consapevolezza più elevata?"
"Niente. Si è semplicemente sdraiato, ed è morto. Tutto ciò che ha detto, è stata una frase irrilevante: 'Quando potrò avere un po' di *cibo*?'."

Ovviamente, per una persona spirituale è irrilevante parlare di cibo: che cosa può avere a che fare con lo spirito?

Io non sono quel tipo di persona spirituale. Sono un edonista come Charvaka, materialista come Epicuro, spirituale come il Buddha e Mahavira. Io sono il principio di una visione totalmente nuova.

Nella nuova Comune così come ci saranno un Auditorio dedicato al Buddha, una Sala di meditazione dedicata a Mahavira, una casa dedicata a Gesù, una a Krishna e una a Lao Tzu, ci saranno anche i "Giardini di Epicuro", poiché la sua scuola si chiamava "Il giardino", e ci sarà anche un lago dedicato a Charvaka. Nella nuova Comune dovranno essere rispettati tutti: sia gli spiritualisti sia i materialisti. Tenteremo di creare un'armonia, una sintesi nuova.

L'ultima domanda

> *Perché i cosiddetti "guru indiani" si stanno precipitando tutti in America?*

Nirmal, nelle scritture più antiche, è contenuta questa storia. Meditaci sopra.

Si narra dunque che, quando venne pianificato il destino, gli archetipi delle varie genti e delle varie scuole furono invitati a scegliere i loro doni.

Il giapponese chiese in dono un *koan Zen*, affinché la gente rimanesse sempre legata al potere della perplessità.

Il guru hindu chiese il *mantra* e l'asserzione che ogni cosa fosse una derivazione della sua filosofia.

Alla fine, chiesero a quello che sarebbe stato l'americano che cosa voleva scegliere. Poiché il popolo americano sarebbe stato tra gli ultimi a emergere, le cose più belle erano già state distribuite. Ma l'americano non tardò molto nel fare la sua richiesta: "Datemi il *dollaro*: così, prima o poi, tutti verranno da me!".

Terzo discorso
Sii un Buddha

Non volere nulla.
Quando è presente il desiderio,
non dire nulla.

Felicità o sofferenza,
qualsiasi cosa ti accada,
procedi
distaccato, integro.

Non implorare per una famiglia, per il potere o la ricchezza,
né per te, né per gli altri.
Può l'uomo saggio desiderare di elevarsi ingiustamente?

Pochi attraversano il fiume.
I più sono arenati su questa sponda.
Corrono avanti e indietro sulla sponda.

Ma l'uomo saggio, seguendo la Via,
lo attraversa, fuori dalla portata della morte.

Egli abbandona la via delle tenebre,
per camminare sulla Via della luce.
Egli abbandona la propria casa, per cercare
la felicità su strade impervie.

Liberato dal desiderio,
liberato dalla possessività,
liberato dalle zone oscure del cuore.

Liberato dagli attaccamenti e dagli appetiti,
segue le sette luci del risveglio

e gioisce immensamente della propria libertà.
In questo mondo, l'uomo saggio
diventa egli stesso una luce,
pura, brillante, libera.

L'uomo vive nell'infelicità, non perché sia destinato a viverci, ma perché non comprende la propria natura, il proprio potenziale, le proprie possibilità di crescita. Questa incomprensione di se stesso crea l'inferno. Comprendere te stesso significa essere naturalmente beati: poiché la beatitudine non è qualcosa che proviene dall'esterno, è la tua stessa consapevolezza che riposa nella sua natura intrinseca.

Ricorda questa affermazione: la tua stessa consapevolezza che riposa in se stessa... questa è l'essenza della beatitudine.

Colui che rimane rilassato nel suo stesso essere è saggio. La parola "saggio" non denota la stessa profondità, né lo stesso significato della parola buddha. Ogni volta che incontri l'espressione "uomo saggio", ricorda che la sua traduzione è "buddha".

In Oriente buddha ha un significato totalmente differente: non è solo un "uomo saggio", è molto più di questo. La saggezza è molto più vasta del sapere; la "buddhità" è lo stato supremo. Buddhità significa risveglio; il sapere è una conoscenza oggettiva: la conoscenza di ciò che sta al di fuori di te. Non può essere mai altro che informazione, poiché non hai la possibilità di vedere le cose nella loro interiorità: le puoi osservare solo dall'esterno, per cui rimarrai per sempre un estraneo. La scienza è questo tipo di sapere: il significato stesso della parola "scienza" è "sapere", cioè una conoscenza dall'esterno. Ciò che riesci a conoscere è un oggetto e tu ne sei separato. Conoscere l'altro significa sapere.

Puoi girare intorno all'oggetto, puoi osservarlo da ogni angolatura, lo puoi pesare e fare calcoli, dissezionarlo e analizzarlo; puoi arrivare a conclusioni logiche che saranno utili, ti serviranno, potranno renderti più efficiente, ma non ti renderanno saggio. La saggezza è una conoscenza soggettiva: non significa conoscere l'oggetto, ma conoscere colui che conosce; quella è la saggezza!

La buddhità è la trascendenza di entrambi: nella buddhità non c'è l'oggetto e non c'è il soggetto; sono scomparsi tutti i dualismi. Non c'è colui che conosce e non c'è l'oggetto conosciuto; non c'è colui che osserva e non c'è l'oggetto osservato. Esiste solo un'unità, che puoi chiamare in qualsiasi modo tu voglia: puoi chiamarla "il divino"; puoi chiamarla nirvana o *samadhi* o *satori*... puoi darle qualsiasi altro nome, ma rimane solo l'unità. Le due entità si sono fuse in una sola.

Nella lingua inglese non c'è una parola che possa esprimere questa trascendenza suprema. Di fatto, nelle lingue occidentali ci sono molte cose che non possono essere espresse, poiché l'approccio orientale alla realtà è fondamentalmente differente, tacitamente diverso. A volte accade che la stessa cosa possa essere vista in maniera occidentale e in maniera orientale; in questo caso, in superficie le conclusioni potranno sembrare le stesse, di fatto non possono esserlo. Se andrai un po' più in profondità, se scaverai più a fondo, scoprirai differenze enormi: non sono differenze di ordine comune, sono straordinarie.

Proprio l'altra sera leggevo il famoso haiku di Basho, il mistico e Maestro Zen: alla mentalità occidentale, o a una mente educata con i metodi occidentali, non sembra grande poesia. E al giorno d'oggi tutti i giovani del mondo sono educati con i metodi occidentali: per quanto riguarda l'educazione scolastica, l'Oriente e l'Occidente sono scomparsi. Ascolta l'haiku con estrema attenzione, poiché non è ciò che voi definite "grande poesia": è una grande intuizione, cosa ben più importante. Contiene una poesia immensa, ma per sentire la sua poesia, devi essere molto fine. Non puoi comprenderla con l'intelletto, puoi comprenderla solo con l'intuizione.

L'haiku è questo:

> *Quando osservo accuratamente,*
> *vedo la nazunia che sboccia*
> *sui bordi!*

Ebbene, non sembra esserci nulla di straordinario. Ma dobbiamo entrarci con maggior simpatia, poiché questa è una traduzione: nella lingua di Basho il testo aveva una trama e un profumo migliori.

La nazunia è un fiore molto comune, cresce spontaneamente sui bordi delle strade; è un fiore talmente comune che mai nessuno lo ammira. Non è una preziosa rosa, né un raro fiordiloto. È facile vedere la bellezza di un raro fiordiloto fluttuante su un lago, un fiordiloto blu: come potresti evitare di vederlo? È fatale che la sua bellezza ti catturi per un attimo! Oppure una splendida rosa che danza nel vento, al Sole... per un attimo ti cattura, ti stordisce! Ma la nazunia è un fiore comune, molto ordinario; non necessita di cure, né di un giardiniere e cresce spontaneamente ovunque. Per osservare accuratamente una nazunia devi essere un meditatore, devi essere qualcuno che abbia una consapevolezza delicatissima, altrimenti le passeresti accanto senza vederla. Non ha una bellezza appariscente, la sua bellezza è interiore, profonda. La sua è la bellezza delle cose comuni, ma ciò che è comune contiene lo straordinario: poiché ogni cosa è ricolma del divino, perfino la nazunia. Se non penetri in essa con un cuore colmo di simpatia, perdi l'opportunità di vederla.

Quando leggi Basho per la prima volta, pensi: "Qual è il motivo così importante che l'ha spinto a parlare della nazunia che sboccia sui bordi?".

Nel poema di Basho l'ultima sillaba – *kana* in giapponese – è tradotta con il punto esclamativo, poiché non abbiamo altro modo per tradurla. Ma *kana* significa: "Sono stupefatto! Sono meravigliato: questa nazunia è incredibilmente bella; non avrei mai pensato che una nazunia potesse essere tanto bella!". Cos'è accaduto? Questa nazunia è così bella da far scomparire dalla consapevolezza di Basho tutte le rose, tutti i fiordiloto, tutti i fiori più pregiati. Questa nazunia si è impossessata di lui.

Kana significa: "Sono stupefatto!". Da dove proviene tanta bellezza? Proviene dalla nazunia? È possibile che migliaia di persone siano passate e nessuna abbia visto quel fiorellino? Viceversa, la bellezza della nazunia si è impossessata di Basho e l'ha trasportato in un altro mondo. Cos'è accaduto? In verità non è stata la nazunia, altrimenti avrebbe catturato lo sguardo di tutti: è stata l'intuizione di Basho, l'apertura del suo cuore, la sua visione simpatetica, il suo essere meditativo. La meditazione è un'alchimia, è in grado di trasformare il metallo grezzo in oro puro, è capace di trasformare una nazunia in fiordiloto.

Quando osservo accuratamente...

L'avverbio *accuratamente*, significa "con attenzione, con consapevolezza, con tutto me stesso, in modo meditativo, con amore, con cura". Potresti guardare senza alcuna attenzione, allora perderesti ogni opportunità di vedere. Devi ricordare l'avverbio *accuratamente* in tutti i suoi significati; ma il suo significato radicale è: in modo meditativo. Cosa significa guardare qualcosa in modo meditativo? Significa non guardarla attraverso la mente; significa guardarla in assenza della mente; quando il cielo della tua consapevolezza è sgombro da ogni pensiero, da ogni ricordo, da ogni desiderio... niente di niente, il vuoto totale.

Quando guardi in un simile stato di assenza della mente, anche una nazunia viene trasportata in un altro mondo. Diventa un fiordiloto paradisiaco che non ha più niente di terreno e tu scopri lo straordinario nell'ordinario. Questa è la Via del Buddha: scoprire lo straordinario nell'ordinario, scoprire il Tutto nel momento presente, scoprire l'interezza in ciò che guardi. Il Buddha l'ha chiamato *tathata*.

L'haiku di Basho è l'haiku del *tathata*: *questa* nazunia, guardata con amore, con attenzione; attraverso il cuore e una consapevolezza senza nubi, in uno stato di assenza della mente... allora rimani stupefatto, stupito. In te sorge una grande meraviglia: com'è possibile? *Questa* nazunia... e se è possibile che accada con una nazunia, può accadere con qualsiasi cosa. Se una nazunia può essere tanto bella, Basho può essere un Buddha. Se una nazunia può avere una simile carica poetica, ogni pietra può diventare un sermone!

> *Quando osservo accuratamente,*
> *vedo la nazunia che sboccia*
> *sui bordi!*
> *...kana...*

"Sono stupefatto. Sono ammutolito. Non riesco a esprimere con le parole la sua bellezza; posso solo accennarla."

Un haiku accenna semplicemente. Il poema descrive, l'haiku indica solamente in maniera molto indiretta.

Troviamo una situazione simile nel famoso poema di Tennyson: ti sarà molto utile paragonarli tra loro. Basho rappresenta la persona intuitiva e Tennyson l'intellettuale. Basho rappresenta l'Oriente e Tennyson l'Occidente. Basho rappresenta la meditazione e Tennyson la mente.

Le due poetiche si assomigliano: a volte può sembrare

che nel poema di Tennyson ci sia più poesia, rispetto al poema di Basho, che è più diretto, più ovvio.

> *Fiore nella fenditura del muro,*
> *ti colgo dalla fenditura,*
> *ti tengo nella mano, radici e tutto.*
> *Fiorellino... ma se potessi comprendere*
> *cosa sei, radici e tutto, tutto nel tutto,*
> *comprenderei cos'è il divino, cos'è l'uomo.*

Una bella poetica, una nullità se paragonato a Basho. Vediamo dove Tennyson è totalmente diverso. Innanzitutto:

> *Fiore nella fenditura del muro,*
> *ti colgo dalla fenditura...*

Basho si limiterebbe a guardare il fiore, non lo coglierebbe mai. Basho è una consapevolezza passiva, mentre Tennyson è attivo, violento. Di fatto, se sei veramente colpito dalla bellezza del fiore, non puoi coglierlo; se il fiore ha raggiunto il tuo cuore, come potresti coglierlo? Coglierlo significherebbe distruggerlo, ucciderlo: sarebbe un assassinio! Invece nessuno ha visto un assassinio nel poema di Tennyson: è un assassinio! Come potresti distruggere una cosa così bella? Ma così funziona la nostra mente: è distruttiva. Vuole possedere, e può raggiungere il possesso solo distruggendo.

Ricorda: ogni volta che possiedi qualcosa o qualcuno, distruggi quel qualcosa o quel qualcuno. Possiedi una donna? La distruggi, distruggi la sua bellezza, la sua anima. Possiedi un uomo? Egli non è più un essere umano, l'hai ridotto a un oggetto, a una merce.

Basho guarda accuratamente, guarda semplicemente – non si concentra neppure nel fissare – guarda e basta, in modo femminile, come se avesse paura di ferire la nazunia. Tennyson coglie il fiorellino dalla fenditura e dice:

> *...ti tengo nella mano, radici e tutto.*
> *Fiorellino...*

Rimane separato: l'osservatore e l'osservato non si incontrano in nessun luogo; non si mischiano, né si mescolano l'uno all'altro. Non c'è un innamoramento. Tennyson attacca il fiore, lo coglie, radici e tutto; lo tiene in mano. La mente si sente sempre appagata ogni volta che riesce a possedere, a controllare, a tenere. Uno stato meditativo di consapevolezza non ha interesse nel possedere, nel tenere, poiché quelli sono tutti metodi della mente violenta.

Tennyson dice: *Fiorellino...* Il fiore rimane piccolo, lui resta su un alto piedistallo. Egli è un uomo, un grande intellettuale, un grande poeta che dimora nel proprio ego: *Fiorellino...*

Per Basho non è una questione di paragoni; non dice niente di sé, come se non esistesse. Non è colui che osserva: la bellezza è tale da portare con sé una trascendenza. La nazunia è là che fiorisce sui bordi... *kana...* e Basho è semplicemente stupefatto, è colpito fin nelle radici stesse del suo essere. La bellezza ha il sopravvento; invece di possedere il fiore, Basho ne è posseduto, si è arreso totalmente alla bellezza del fiore, alla bellezza del momento, alla benedizione del qui e ora.

> *Fiorellino... ma se potessi comprendere*
> *cosa sei...*

L'ossessione di comprendere... L'apprezzamento non è sufficiente, l'amore non è sufficiente: ha bisogno di comprendere, si deve generare sapere. Se non acquisisce sapere, Tennyson non può sentirsi a proprio agio. Il fiore è diventato un punto di domanda. Per Tennyson è un punto di domanda, per Basho è un punto esclamativo. Esiste una differenza enorme tra un punto di domanda e un punto esclamativo.

Per Basho, l'amore è sufficiente: l'amore è comprensione. Potrebbe esistere una comprensione maggiore dell'amore? Ma sembra che Tennyson non conosca niente dell'amore. La sua mente è presente, desiderosa di sapere:

> *...ma se potessi comprendere*
> *cosa sei, radici e tutto, tutto nel tutto...*

La mente è forzatamente perfezionista. Niente può rimanere sconosciuto alla mente; essa non permette che qualcosa rimanga sconosciuta e misteriosa; deve comprendere... *radici e tutto, tutto nel tutto...* Finché non conosce ogni cosa, la mente ha paura poiché il sapere dà potere. Se qualcosa resta un mistero, è inevitabile che tu abbia paura, poiché il mistero è incontrollabile; e chissà cosa potrebbe nascondersi nel mistero? Forse il nemico, forse un pericolo, forse l'insicurezza? Chissà cosa potrebbe farti? Prima che il mistero possa fare qualcosa, la mente deve comprenderlo: non può tollerare alcun mistero. Questo è uno dei problemi che il mondo moderno deve affrontare.

La scienza insiste nel dire che non dobbiamo tollerare che qualcosa rimanga sconosciuto e che non possiamo accettare che qualcosa rimanga inconoscibile per sempre. La scienza scinde l'esistenza in conosciuto e sconosciuto. Il conosciuto è ciò che un tempo era sconosciuto, e ora lo si conosce; lo sconosciuto è ciò che non si conosce oggi, ma che sarà conosciuto un giorno, domani o dopodomani. Tra il conosciuto e lo sconosciuto la differenza non è rilevante: sarà sufficiente qualche tentativo ulteriore, un po' più di ricerca e tutto lo sconosciuto diventerà conosciuto.

La scienza si sente tranquilla solo quando ogni cosa diventa conosciuta. In questo modo, però, scompare tutta la poesia e tutto l'amore; scompare tutto il mistero e tutta la meraviglia. Scompare l'anima, scompare il divino; scompaiono i canti e le celebrazioni. Tutto è conosciuto... a quel punto nulla ha più valore. Tutto è conosciuto... nulla è più degno di essere vissuto. Tutto è conosciuto... nella vita nulla ha più significato, né senso. Osserva il paradosso! All'inizio la mente dice: "Devi conoscere ogni cosa!" e, quando l'hai conosciuta, dice: "Nella vita nulla ha più significato!".

Tu hai distrutto il significato della vita e adesso aneli a un significato. La scienza distrugge l'intero significato della vita e, poiché insiste nel dire che è *possibile* conoscere ogni cosa, non riesce a tollerare l'esistenza di una terza categoria: l'inconoscibile, ciò che rimarrà inconoscibile in eterno. Ma il significato della vita dimora nell'inconoscibile!

Tutti i grandi valori: la bellezza, l'amore, il divino, la preghiera; tutto ciò che è veramente significativo, tutto ciò che rende la vita degna di essere vissuta, appartiene alla terza categoria: l'inconoscibile. L'inconoscibile è l'altro nome del divino, è l'altro nome di ciò che è misterioso e di ciò che è miracoloso. Senza l'inconoscibile nel tuo cuore non potrebbe esserci mai alcuna meraviglia e, senza la meraviglia, un cuore non sarebbe affatto un cuore; senza lo stupore, perderesti qualcosa di immensamente prezioso. I tuoi occhi sarebbero colmi di polvere e perderebbero ogni chiarezza. Gli uccelli continuerebbero a cantare, ma il loro canto ti lascerebbe indifferente, non ti commuoverebbe; il tuo cuore rimarrebbe immobile, poiché tu conosceresti già tutte le spiegazioni.

Gli alberi sarebbero verdi, ma la gamma dei loro verdi non ti trasformerebbe in un danzatore, né in un cantante. Né farebbe esplodere una poesia nel tuo essere, poiché conosceresti tutte le spiegazioni: il verde degli alberi è dovuto alla clorofilla... in te non ci sarebbe più spazio per la poesia. Quando conosci la spiegazione, la poesia scompare. Tutte le spiegazioni sono soltanto utili, non sono la verità suprema.

Se non avessi fiducia nell'inconoscibile, come potresti dire che la rosa è bella? Cos'è la bellezza? Non è un componente chimico della rosa: potresti sezionare la rosa e in essa non troveresti alcuna bellezza. Se non avessi fiducia nell'inconoscibile, potresti fare l'autopsia di un uomo, dopo la sua morte; ma in esso non troveresti l'anima. E potresti continuare a ricercare Dio: non lo troveresti in nessun luogo, poiché è in ogni luogo. La mente perde in continuazione l'opportunità di trovarlo, poiché lo cerca come se fosse un oggetto: Dio non è un oggetto, è una vibrazione. Se sei in sintonia con il suono senza suoni dell'esistenza, se sei in sintonia con il suono prodotto dal battito di una mano sola, se sei in sintonia con il suono che i mistici indiani hanno chiamato *anahad*, la musica suprema dell'esistenza, sei in sintonia con il mistero, e in quel caso conoscerai che solo il divino è, e non esiste nient'altro. In questo caso Dio diventerà sinonimo dell'esistenza.

Ma tutto ciò non è comprensibile mentalmente, tutto ciò non può essere ridotto a sapere: ecco dove Tennyson perde l'opportunità di conoscere, si lascia sfuggire completamente il senso della realtà. Egli ha scritto:

> *Fiorellino... ma se potessi comprendere*
> *cosa sei, radici e tutto, tutto nel tutto,*
> *comprenderei cos'è il divino, cos'è l'uomo.*

È tutto un susseguirsi di "ma" e di "se". Basho *conosce* il divino e conosce l'uomo in quel punto esclamativo, *kana*: "Sono stupefatto, sono sorpreso... *la nazunia che sboc-*

cia sui bordi!". Forse era una notte di Luna piena, o forse erano le prime ore del mattino: riesco a vedere realmente Basho in piedi sul bordo della strada, immobile, come se non respirasse. Nazunia... talmente bella? Tutto il passato è svanito, è scomparso ogni futuro. Nella sua mente non ci sono più domande: esiste solo pura meraviglia!

Basho è ridiventato un bambino: ha di nuovo gli occhi innocenti di un bambino che guarda la nazunia, accuratamente, amorevolmente. Nel suo amore, nella sua accuratezza, c'è una comprensione di tipo totalmente diverso: non è intellettuale, non è analitica.

Tennyson intellettualizza l'intero fenomeno e distrugge la sua bellezza. Basho rappresenta l'Oriente e Tennyson l'Occidente. Tennyson rappresenta la mente maschile, Basho la mente femminile. Tennyson rappresenta la mente, Basho l'assenza della mente.

Lasciate che tutto ciò diventi la base per la vostra comprensione: così potremo entrare nei sutra di Gautama il Buddha.

> *Non volere nulla.*
> *Quando è presente il desiderio,*
> *non dire nulla.*

L'affermazione è semplice, ma la sua importanza è enorme: *non volere nulla*. Questo è il modo in cui tutti i risvegliati hanno raggiunto la comprensione che l'infelicità è creata dai desideri. L'infelicità non è una realtà: è un derivato del desiderio. Nessuno vuole essere infelice, tutti vorrebbero distruggere l'infelicità, ma tutti continuano a essere preda dei desideri. E con i desideri ti creerai una infelicità sempre più grande.

Non puoi distruggere l'infelicità direttamente: devi reciderne le radici stesse. Devi vedere da dove nasce, da dove arriva questo fumo. Devi scavare il terreno in profondità, fino alle radici: il Buddha l'ha chiamato *thana*, il desiderare.

La mente continua a desiderare. La mente non smette mai, neppure per un istante, di desiderare; desidera giorno e notte; pensando, desidera; sognando, desidera. La mente è un processo costante di desiderio sempre crescente.

La mente è eternamente scontenta, niente la soddisfa, assolutamente nulla. Puoi ottenere qualsiasi cosa volevi ma, nell'istante in cui la ottieni, tutto finisce. Nell'istante stesso in cui la ottieni la tua mente perde ogni interesse in quell'aspirazione. Guarda, osserva la tua mente e i suoi trucchi! Puoi aver pensato per anni di acquistare una casa, una bellissima casa; hai lavorato duramente per anni, adesso è tua e all'improvviso ti trovi con le mani vuote: tutti quei sogni, tutte le fantasie su questa casa, sono volati via. Nell'arco di poche ore, al massimo di pochi giorni, ricomincerai a desiderarne un'altra. La stessa trappola, lo stesso percorso e tu continui a girare in un circolo vizioso.

Volevi avere questa donna, adesso è tua; volevi avere quest'uomo, adesso è tuo; che cosa ci hai guadagnato? Tutte quelle fantasie sono volate via... ti senti alquanto frustrato, sei frustrata!

La mente ha solo desideri; sa solo desiderare, di conseguenza non ti permette mai di essere appagato. Il tuo appagamento sarebbe la morte della mente; i tuoi desideri sono la sua vita.

Il Buddha dice:

Non volere nulla.

Ciò significa: sentiti appagato. Significa: qualsiasi cosa hai, supera i tuoi bisogni; qualsiasi cosa esiste, è già assolutamente profondo ed è bellissimo.... la nazunia sui bordi! State vivendo in un mondo immensamente bello, ricco di stelle, pianeti, con il Sole e la Luna... con i fiori e le montagne, con i fiumi e le rocce, con gli animali e gli uccelli e la gente... Questo è il mondo più perfetto che sia possibile; non può essere migliorato: godetene la bellezza! Gustate la celebrazione che accade intorno a voi! È una celebrazione continua.

Le stelle continuano a danzare, gli alberi ondeggiano estatici. Gli uccelli cantano; i pavoni danzano e i cuculi lanciano i loro richiami: tutto ciò accade di continuo e voi restate infelici, come foste determinati a rimanere infelici. Avete deciso, avete messo in gioco tutto ciò che avete al fine di restare infelici: se così non fosse, non avreste motivo per esserlo! L'essenza dell'esistenza è talmente bella, l'immanenza dell'esistenza è così incredibilmente bella... tutto ciò che vi occorre è rilassarvi, riposarvi, essere... lasciare che scompaia la separazione tra voi e il Tutto.

Questa separazione è causata dai desideri; desiderare

significa lamentarsi; desiderare significa che tutto non è come dovrebbe essere. Desiderare significa che pensi di essere più saggio del divino. Desiderare significa che tu avresti potuto fare un mondo migliore. Desiderare è stupidità; non desiderare è saggezza. Non desiderare significa vivere in uno stato di appagamento; vivere ogni istante in modo totale e appagato.

> *Non volere nulla.*
> *Quando è presente il desiderio,*
> *non dire nulla.*

Il Buddha non sta dicendo che, solo non volendo niente, i tuoi desideri scompariranno immediatamente. Ti sei abituato a desiderare, è una vecchia abitudine; hai continuato a desiderare per vite e vite, al punto che è diventato un automatismo. Anche senza la tua partecipazione, i desideri sorgono costantemente, vanno avanti per inerzia; pertanto, solo comprendendo che i desideri creano infelicità, che non hai necessità di desiderare, che puoi semplicemente essere e godere del vento, del Sole e della pioggia, solo comprendendo tutto questo, i tuoi desideri non si arresteranno così facilmente!

Perciò il Buddha dice:

> *Quando è presente il desiderio,*
> *non dire nulla.*

Se in te sorge il desiderio, osservalo semplicemente e non dire nulla. Non esprimerlo e non reprimerlo; non condannarlo e non lottare contro di esso. Non valutarlo, non giudicarlo.

Osserva semplicemente, accuratamente. La nazunia sui bordi... Guardala, senza pregiudizi, senza schierarti pro o contro.

Se, ascoltando un Buddha, ti schieri contro i desideri, non l'hai compreso: poiché l'anti-desiderio è ancora un desiderio. Se inizi a desiderare uno stato di assenza dei desideri, significa che sei rientrato nella stessa routine, dalla porta di servizio. Non puoi desiderare l'assenza di desideri, sarebbe una contraddizione in termini. Tutto ciò che puoi fare è *osservare* accuratamente i tuoi desideri. Grazie alla tua stessa osservazione, a poco a poco i desideri scompariranno spontaneamente.

Questa è l'esperienza esistenziale di tutti coloro che si sono risvegliati. Io posso testimoniarlo; non lo dico perché l'ha detto il Buddha, lo dico perché questa è anche una mia esperienza personale. Osservando accuratamente i desideri, a poco a poco muoiono di morte spontanea. Non uccidere i desideri, non lottare contro di essi, non condannarli perché, se li condanni, scivolano e affondano in profondità nel tuo inconscio; là si stabiliscono e da là ti controllano.

Se reprimi un desiderio, dovrai continuare a reprimerlo e dovrai stare costantemente in guardia. Durante il giorno, forse riuscirai a reprimerlo, ma riaffiorerà nei tuoi sogni. Ecco perché la psicoanalisi deve studiare i tuoi sogni: non può credere in te, mentre sei sveglio; non può avere fiducia in te, mentre sei sveglio; deve guardare nei tuoi sogni. Come mai? Perché i tuoi sogni mostreranno ciò che hai represso. E qualsiasi cosa sia stata repressa, diventa potente, poiché è entrata nelle sorgenti del tuo inconscio e agisce dietro le quinte. Il nemico che non puoi vedere diventa molto più potente; è naturale, è ovvio.

Il Buddha non sta dicendo di combattere i desideri, non sta dicendo di schierarti contro i desideri; sta constatando solo un fatto: i desideri sono frutti della stupidità, i desideri creano infelicità, i desideri non ti permetteranno mai di essere beato. Pertanto, osserva i desideri! Non esprimere opinioni su essi; osservali semplicemente, osservali e basta. Non erigerti a giudice.

> *Felicità o sofferenza,*
> *qualsiasi cosa ti accada,*
> *procedi*
> *distaccato, integro.*

Arriverà la felicità, arriverà la tristezza, poiché questi sono i semi che hai seminato in passato: dovrai mietere tutto ciò che hai seminato; perciò non lasciarti turbare! Se arriva la felicità, non sentirti sovreccitato; se arriva la tristezza, non sentirti troppo depresso. Prendi le cose con calma!

La felicità e la sofferenza sono separate da te, non identificarti in esse. Ecco cosa si intende con:

*...procedi
distaccato, integro.*

come se la felicità e la sofferenza non accadessero a te,
come se accadessero a qualcun altro. Prova questo semplice stratagemma, è una ricetta validissima: come se non accadessero a te, come se accadessero a qualcun altro, forse
a un personaggio di un racconto o di un film, come se fossi un semplice spettatore. Certo, esiste l'infelicità, esiste la
felicità: ma sono *là* e tu sei qui.

Non identificarti! Non dire: "*Io* sono infelice". Di' semplicemente: "Io sono colui che osserva. È presente l'infelicità, è presente la felicità e io sono solo colui che osserva!".

Sarà importantissimo se, un giorno nel futuro, comin-
ceremo a cambiare gli schemi dei nostri linguaggi; infatti,
i nostri linguaggi sono profondamente radicati nell'ignoranza. Quando senti fame, dici immediatamente: "Io ho
fame!". Questo crea un'identificazione e ti dà la sensazione
che *tu* sei affamato: non lo sei. Il linguaggio dovrebbe essere tale da non darti questa nozione errata: "Io ho fame!".
La realtà è questa: tu stai osservando che il tuo corpo è affamato; tu stai osservando che il tuo stomaco è vuoto e desidera il cibo... ma quello non sei tu. Tu sei solo colui che
osserva! Tu sei sempre colui che osserva! Non sei mai colui
che agisce. Tu continui a essere presente come testimone,
distaccato, remoto.

Diventa sempre più radicato nell'osservare, è ciò che il
Buddha ha chiamato *vipassana*, intuizione. Vedi semplicemente, con gli occhi interiori, qualsiasi cosa accada, e rimani distaccato, integro.

Un guerriero indiano grande e grosso come una montagna,
un eroe dei tempi che furono, all'epoca in cui nella prateria
l'uomo bianco ancora non dettava la sua legge, era rimasto
isolato ed era tornato al campo, a piedi, con le sue forze, dopo una marcia di giorni, con sette frecce Shoshone conficcate
nel petto e nelle gambe.
Esaminandolo, un medico commentò: "Che straordinaria capacità di resistenza! Non ti fanno male?".
L'indiano grugnì: "Solo quando rido!".

Di fatto, non avrebbero dovuto fargli male neppure in
quel caso; a un Buddha non farebbero male. Se trafiggi un
Buddha con una freccia, non è che tu non gli faccia male:

il dolore fisico esiste, e potrebbe anche essere maggiore del dolore che senti tu, poiché la sensibilità di un Buddha è acutissima, mentre tu sei insensibile, ottuso, parzialmente morto. Gli scienziati affermano che l'uomo permette che lo raggiungano solo il due per cento delle informazioni esterne; all'altro novantotto per cento egli vieta l'ingresso. I vostri sensi le respingono. Solo il due per cento del mondo vi raggiunge, all'altro novantotto per cento è vietato l'ingresso.

A un Buddha è accessibile il cento per cento del mondo esterno perciò, quando una freccia lo trafigge, il dolore fisico è al cento per cento; il tuo dolore fisico sarebbe solo al due per cento. Tuttavia, la differenza è enorme: un Buddha è un osservatore... esiste il dolore fisico, ma non è *suo*. Egli osserva, come se la ferita fosse di qualcun altro. Il Buddha sente compassione per il corpo; prova compassione, ha compassione per il proprio corpo. Fa' per lui qualsiasi cosa possibile, tuttavia sa di non essere il corpo.

Pertanto, da un lato il suo dolore fisico è maggiore del tuo e dall'altro, non lo sente affatto. Il Buddha rimane in disparte, noncurante. È uno stato paradossale: egli ha cura del corpo, tuttavia rimane indifferente, incurante delle conseguenze. Si prende ogni cura possibile del corpo, perché lo rispetta: è uno strumento validissimo, è un servo bellissimo, è un'ottima casa per viverci, gli presta ogni cura, ma rimane in disparte.

Anche mentre sta morendo, il Buddha osserva il corpo che sta morendo: la sua osservazione è costante fino all'ultimo istante. Il corpo muore e il Buddha osserva il corpo morto. Colui che riesce a osservare fino a quel punto, trascende la morte.

Non implorare per una famiglia, per il potere o la ricchezza, né per te, né per gli altri.
Può l'uomo saggio desiderare di elevarsi ingiustamente?

Le cose del mondo non sono importanti: la ricchezza, il potere, il prestigio non sono importanti. Un Buddha non può ricercarle, né per sé né per gli altri. Dovete ricordare questa distinzione. Di solito la gente pensa che un Buddha non chieda per sé, ma che possa chiedere per gli altri: no, egli non chiederà neppure per gli altri. Questo è il punto in cui la visione buddhista e la visione cristiana sono diametralmente opposte.

Si tramanda una storia:

> Una donna si recò dal Buddha, portando con sé il corpo morto del suo unico figlio: piangeva, gridava, si disperava. La gente le aveva detto che il Buddha era così compassionevole che, se fosse andata da lui, avrebbe di certo compiuto un miracolo. Il Buddha disse alla donna: "Devi fare una cosa: visita le case del villaggio e fatti dare qualche seme di senape, poi portameli; ma devi adempiere una condizione: quei semi di senape dovranno provenire da una casa nella quale non sia mai morto nessuno".
>
> La donna era felicissima: non era un problema, poiché in tutto il villaggio crescevano semi di senape e ogni casa ne era piena. Si mise a correre da una casa all'altra ma, eccitata dal pensiero che suo figlio potesse risorgere, aveva totalmente dimenticato che la condizione posta dal Buddha era impossibile, non avrebbe mai potuto soddisfarla.
>
> A sera, aveva bussato a tutte le porte e tutti le avevano detto: "Possiamo darti tutti i semi di senape che vuoi, ma non ti serviranno, poiché non potremmo mai soddisfare la condizione posta dal Buddha: nella nostra famiglia ci sono stati dei morti, non uno solo, ma tanti. È morto mio padre e mio nonno... e, prima di loro, sono morti migliaia di parenti!".
>
> A qualcuno era morta la moglie, a qualcuno la madre, a qualcun altro il fratello o la sorella; a qualcun altro il figlio... Non riuscì a trovare una sola famiglia, nella quale non fosse mai morto nessuno.
>
> A sera, quando tornò dal Buddha, era una donna del tutto diversa: arrivò sorridendo. Al mattino piangeva, gridava e si disperava, quasi impazzita dal dolore per la morte del suo unico figlio. Il Buddha le chiese: "Perché sorridi?".
>
> Gli rispose: "Adesso ho compreso, il tuo era un trucco, ti sei preso gioco di me; ma allora non riuscivo a vedere la realtà. Tutti dobbiamo morire, quindi il fatto che mio figlio sia morto non è un problema: un giorno o l'altro avrebbe dovuto morire. In un certo senso è un bene che sia morto prima di me: se fossi morta io prima di lui, avrebbe sofferto; è meglio che sia io a soffrire, piuttosto che lui. Quindi va bene così! Ora sono qui per ricevere la tua iniziazione; iniziami al sannyas poiché vorrei sapere: esiste qualcosa oltre la morte, oppure no? C'è qualcosa che sopravvive alla morte? Ormai non penso più a mio figlio".
>
> Il Buddha disse: "Questo era lo scopo: mandarti in giro per le case, affinché un giorno tu possa risvegliarti".

Ebbene, potete visualizzare una storia analoga, riferita a Gesù Cristo. Ciò che raccontano i cristiani... infatti, nessuno sa che uomo fosse veramente Gesù: sappiamo solo ciò che i cristiani dicono di lui, ed essi raccontano cose errate... Se fosse stato veramente un Buddha – e lo era – non si sarebbe interessato alla risurrezione dei morti. Non avrebbe risuscitato Lazzaro, a che scopo? Lazzaro era morto, deve essere morto qualche anno più tardi; anche risuscitato, sarebbe morto qualche anno più tardi. La morte accade comunque: al massimo puoi posticiparla.

Un Buddha non è interessato a posticipare! Tutti gli sforzi di un Buddha tendono a rendervi vigili e consapevoli che la morte arriverà. Un Buddha non ti protegge dalla morte, deve aiutarti a trascenderla. Gesù era un Buddha... e la *mia* comprensione di Gesù è totalmente diversa dall'interpretazione dei cristiani. Secondo me, quella era una parabola. Lazzaro risuscitato significa semplicemente che Lazzaro era rinato spiritualmente.

Il Buddha molte volte ha detto, e l'ha detto anche Gesù: "Se non nascerai una seconda volta, non entrerai nel regno di Dio!". Ma "nascere una seconda volta" non significa che il tuo corpo deve risuscitare; "nascere una seconda volta" significa entrare in un processo di risveglio spirituale. Gesù deve aver risvegliato Lazzaro dal suo sonno, dalla sua morte metafisica. Quando arrivate da me, voi siete morti in senso metafisico: siete come Lazzaro. La storia racconta che Gesù chiamò Lazzaro, che stava nella tomba: "Lazzaro, esci dalla tomba!". È ciò che tutti i Buddha hanno fatto nei secoli: chiamare i Lazzari, per farli uscire dalle loro tombe. Quando ti inizio al sannyas, che cosa sto facendo? Ti chiamo: "Lazzaro, esci dalla tomba! Nasci una seconda volta!".

Il sannyas è un processo di rinascita. Lazzaro deve aver ricevuto l'iniziazione ai profondi misteri della vita che trascende la morte. Ridurre questa splendida metafora in un evento storico significa distruggere tutta la sua poesia e tutto il suo significato.

Un Buddha non chiede il potere, né il prestigio, né il possesso, né per sé, né per la sua famiglia, né per chiunque altro, poiché sono cose del tutto inutili.

Può l'uomo saggio desiderare di elevarsi ingiustamente?

È impossibile! Ricorda: *uomo saggio* è una traduzione di *Buddha*.

Un illuminato non può fare niente che sia ingiusto: è impossibile; per la natura stessa delle cose non può accadere. L'illuminato può fare solo cose giuste, oneste. Chiedere il potere, il prestigio, il denaro, il possesso e la fama è segno di stupidità. L'uomo saggio non può chiederle, né per sé, né per chiunque altro.

Il Buddha sa che sta già accadendo tutto ciò che è giusto: non ha bisogno di chiederlo, non ha bisogno di desiderarlo. L'esistenza è giusta e imparziale. *Ais dhammo sanantano*, l'esistenza è giusta e imparziale: questa è la legge inesauribile, eterna. Tu devi solo restare naturale e l'esistenza continuerà a concederti mille e una benedizioni, senza che tu le debba chiedere.

Gesù ha detto la frase famosa: "Chiedi e ti sarà dato". Il Buddha invece diceva: "Non chiedere e ti sarà dato".

Gesù ha detto: "Bussa e la porta ti sarà aperta". Il Buddha invece diceva: "Non bussare perché la porta è già aperta". Osserva semplicemente... la nazunia e Basho che la guarda accuratamente.

> *Pochi attraversano il fiume.*
> *I più sono arenati su questa sponda.*
> *Corrono avanti e indietro sulla sponda.*

Il Buddha continuava a ripetere che gli uomini hanno tanta fretta, senza sapere dove stanno andando, e comunque si affrettano sempre da qualche parte. Tutti corrono avanti e indietro su *questa* sponda, sperando che, correndo, precipitandosi e tenendosi occupati, riusciranno a raggiungere l'altra.

Ho sentito raccontare che in Vaticano un giorno il papa ricevette una telefonata intercontinentale da New York. Era l'arcivescovo che parlava con estremo nervosismo e con un'eccitazione quasi febbrile: "Santità, ho bisogno di istruzioni immediate: un uomo, che assomiglia molto a Gesù, è entrato in chiesa e dichiara: 'Io sono Gesù Cristo!'. Che cosa dovrei fare?".

Il papa rifletté qualche istante e poi consigliò: "Fa' in modo da sembrare occupatissimo!".

Cos'altro potresti fare? Se arriva Gesù, almeno fa' in modo da sembrare occupato, fa' qualcosa! Dagli l'impressione che la sua gente è molto indaffarata: tieniti occupato. Anche se non hai un lavoro, non preoccuparti.

È ciò che fanno gli uomini: si tengono occupati, anche senza un impegno, sembrano indaffaratissimi. Tutto ciò che fanno è correre avanti e indietro su *questa* sponda; in questo modo non raggiungeranno mai l'altra!

> *Pochi attraversano il fiume.*
> *I più sono arenati su questa sponda.*

Cosa intende dire con "questa sponda"? "Questa sponda" rappresenta la morte, il tempo, l'esistenza temporanea. "Quella sponda" rappresenta l'immortale, l'assenza del tempo, l'eternità, il divino, il nirvana. Devi avere molto coraggio per attraversare il fiume, poiché l'altra sponda non è visibile. Di fatto, solo questa sponda è visibile, l'altra è invisibile. Questa sponda è grezza, l'altra è rarefatta. Questa sponda è materiale, l'altra è spirituale: non riesci a vederla e non puoi mostrarla agli altri. Anche coloro che hanno raggiunto l'altra sponda possono solo chiamarti, possono solo invitarti, ma non possono darti alcuna prova della sua esistenza. Io non posso darvi alcuna prova dell'esistenza del divino; il Buddha non ne ha data alcuna prova; Gesù non ne ha date: nessuno tra gli illuminati può darvi una prova dell'esistenza del divino. Il divino non può essere dimostrato: gli illuminati possono solo convincervi a raggiungere l'altra sponda per vedere in prima persona.

Il Buddha continuava a ripetere: *Ihi passiko!* Venite a vedere!

> *Ma l'uomo saggio, seguendo la Via,*
> *lo attraversa, fuori dalla portata della morte.*

In questo mondo l'unico sforzo di una persona intelligente, la prima e la più importante cosa da fare, dovrebbe essere la ricerca del modo per conoscere qualcosa che non possa essere distrutta dalla morte; visto che la morte può accadere da un momento all'altro, nel prossimo istante o domani. Poiché la morte può accadere in qualsiasi momento, lo sforzo primario di una persona intelligente dovrebbe essere la ricerca di come conoscere qualcosa che non possa essere distrutto dalla morte. Dovrebbe poi centrarsi su quel qualcosa che non può essere distrutto dalla morte; dovrebbe radicarsi in quel qualcosa: in quel caso il ricercatore stesso non sarà distrutto.

Ma l'uomo saggio, seguendo la Via,
lo attraversa, fuori dalla portata della morte.

La morte è il fenomeno più importante: molto più importante della nascita, poiché la nascita ti è già accaduta e adesso non puoi fare più niente in merito; viceversa la morte ti deve ancora accadere e puoi fare ancora qualcosa, puoi prepararti. Puoi prepararti a riceverla, puoi entrare in uno stato di accoglimento consapevole della morte.

Hai perso l'opportunità di fare qualcosa rispetto alla tua nascita; non perdere l'opportunità di fare qualcosa rispetto alla tua morte. Se riuscirai ad accogliere la morte in uno stato meditativo, riuscirai ad accogliere in modo consapevole la tua prossima nascita, che seguirà la morte. Se riuscirai a morire in modo consapevole, riuscirai a rinascere in modo consapevole e la tua prossima vita avrà un sapore totalmente diverso.

E colui che è morto in modo consapevole rinascerà una volta sola, avrà una sola vita ancora da vivere.

I cristiani, gli ebrei, i musulmani credono in una sola vita. La mia interpretazione è questa: per chi è morto in modo consapevole ed è rinato in modo consapevole *quella* è la vita reale, solo quella è la vita degna di essere vissuta. Tutte le altre, vissute in precedenza, non meritano alcuna considerazione; ecco perché queste tre tradizioni non le hanno considerate. Le conoscono benissimo – Gesù era perfettamente cosciente delle vite passate – ma non meritano di essere considerate. Eravate addormentati, in preda ai sogni, eravate inconsapevoli; quelle non erano *vite*: vi trascinavate in qualche modo nel sonno.

Il Buddha era solito ripetere ai suoi discepoli: "Considerate la vostra vita a partire dal momento in cui avete preso il sannyas".

Una volta accadde:

Bimbisar, un grande re dell'epoca, andò a fare visita al Buddha. Gli era seduto accanto, quando arrivò un vecchio che si prostrò di fronte al Buddha e gli toccò i piedi con devozione: era un vecchio sannyasin. Seguendo la sua abitudine, il Buddha chiese al vecchio: "Quanti anni hai?".

Il vecchio gli rispose: "Ho solo quattro anni, mio Signore".

Bimbisar non riusciva a credere ai propri occhi, né alle proprie orecchie: "Questo vecchio, che dimostra di avere ottant'anni o forse anche di più, dichiara di avere quattro anni?".

Chiese al vecchio: "Scusatemi, signore, potete ripetere quanti anni avete?".

Il vecchio confermò: "Quattro anni".

Il Buddha, ridendo, spiegò al re: "Tu non conosci il nostro modo di contare gli anni: quest'uomo è diventato sannyasin quattro anni orsono; da quel momento è stato iniziato in ciò che è eterno, è stato condotto nello stato di assenza del tempo. Sono passati solo quattro anni dal momento in cui ha abbandonato questa sponda e ha raggiunto l'altra. Egli aveva già vissuto ottant'anni, ma quegli anni non meritano di essere presi in considerazione: sono stati anni completamente sprecati".

Nessuno ha mai interpretato le religioni cristiana, ebraica e musulmana come faccio io. Tutte credono in un'unica vita e i cristiani, gli ebrei, i musulmani credono in un'unica vita. Non è così: tutti avete vissuto molte vite, tuttavia non sono meritevoli di considerazione. Un'unica vita è meritevole di considerazione: quella in cui nascerai in modo consapevole, e potrai nascere in modo consapevole solo se prima sarai morto con consapevolezza.

Dunque la cosa primaria, la più importante nella vita, è prepararsi per la morte. E qual è il modo per prepararti per la morte? È ciò che Buddha chiamava "seguire la Via". Meditate su questo aneddoto.

Nan-in, un grande Maestro Zen, ricevette la visita di Tenno che, avendo superato l'apprendistato, era diventato un insegnante. Quel giorno pioveva, perciò Tenno aveva indossato gli zoccoli di legno e si era munito di un ombrello.

Dopo averlo salutato, Nan-in gli chiese: "Penso che tu abbia lasciato gli zoccoli nel vestibolo; vorrei sapere se hai posato l'ombrello a sinistra o a destra degli zoccoli".

Tenno, confuso, non trovò subito la risposta. Si rese conto di essere incapace di praticare lo Zen in ogni istante; perciò diventò discepolo di Nan-in e studiò ancora per sei anni, per completare la sua pratica Zen minuto per minuto.

Questa è la Via. Devi essere vigile e consapevole di ogni e ciascuna azione. Tenno non aveva commesso un errore tanto grave, aveva semplicemente dimenticato dove aveva posato l'ombrello: a sinistra o a destra degli zoccoli? Penserete che Nan-in sia stato troppo severo, non è così: fece quella domanda spinto da compassione.

Quando Nan-in si era recato per la prima volta dal suo Maestro, questi gli aveva fatto una domanda simile. Per raggiungere il Maestro, Nan-in aveva camminato per più di duecento, trecento miglia attraverso le montagne. E sapete quale fu la prima domanda che il Maestro gli fece? Non molto filosofica, non molto metafisica... Nell'istante in cui Nan-in si inchinava di fronte al Maestro, questi gli chiese: "Quanto costa il riso nella tua città?". Il prezzo del riso?!

Nan-in rispose prontamente: "Non sono più là, io sono qui. Non guardo mai indietro e distruggo ogni ponte, dopo averlo attraversato. Perciò ho dimenticato il riso e il suo costo".

Il Maestro fu felicissimo. Abbracciò Nan-in, lo benedisse e gli spiegò: "Se tu mi avessi riferito il costo del riso nella tua città, ti avrei scacciato dal mio monastero, non ti avrei permesso di rimanere qui perché non ci interessano i mercanti di riso".

Ogni Maestro ha il proprio metodo per guardare nell'essere interiore di ciascun discepolo. Quella di Nan-in era una domanda semplice: "Vorrei sapere se hai posato l'ombrello a sinistra o a destra degli zoccoli". Nessuno riuscirebbe a pensare che Kant possa fare una domanda simile a qualcuno dei suoi discepoli. Nessuno riuscirebbe a immaginare che Hegel, o Heidegger, o Sartre, possa fare una domanda simile a qualcuno dei suoi studenti; sarebbe impossibile!

Solo Nan-in, un uomo che era diventato un Buddha, può fare una simile domanda: così ordinaria, ma con un'intuizione così straordinaria. Ha chiesto: "Mentre posavi il tuo ombrello, eri consapevole? Oppure il tuo è stato un gesto meccanico?".

Una volta, un altro uomo, un docente universitario, fece visita a Nan-in. Aveva gettato via le scarpe – doveva essere in collera o avere un diavolo per capello –, aveva sbattuto la porta ed era entrato. Nella stanza erano seduti almeno trenta discepoli; Nan-in guardò quel professore: era famosissimo e di certo si aspettava che Nan-in si alzasse per dargli il benvenuto. Invece Nan-in lo sgridò e gli disse di tornare indietro e chiedere scusa: "Ti sei comportato male con la porta, ti sei comportato male con le tue scarpe! Se non otterrai il loro perdono, se non vedrò che ti hanno perdonato, non ti permetterò di stare qui. Esci immediatamente!".

Impressionato, disorientato... tuttavia il professore comprese. Ma fece comunque un tentativo: "Che senso ha chiedere scusa alle mie scarpe e alla porta? Sono cose morte, come potrebbero perdonarmi?".

Nan-in replicò: "Se hai potuto sfogare la tua collera su quelle cose morte, se per te è giusto andare in collera con le cose, dovresti anche essere pronto a chiedere scusa: chiedi scusa!".

Per la prima volta nella sua vita, il professore si inchinò di fronte alle proprie scarpe. Nelle sue memorie ricorda: "Quello fu uno tra i momenti più preziosi nella mia vita; allorché mi inchinai di fronte alle mie scarpe, in me discese un silenzio assoluto! Per la prima volta, mi sono sentito liberato dall'ego e totalmente aperto. Il Maestro aveva usato un trucco. Quando tornai da lui, mi ricevette con una gioia immensa! 'Adesso sei pronto a sederti al mio fianco, sei pronto ad ascoltarmi. Adesso sei completo, altrimenti saresti stato incompleto. Non lasciare mai che qualcosa rimanga incompleta, altrimenti rimarrebbe in sospeso nel tuo essere: continuerebbe a vagolarti intorno! Se, dopo esserti comportato male con la porta, non avessi completato il processo, la collera sarebbe rimasta da qualche parte nel tuo essere'".

La consapevolezza momento per momento è la Via del Buddha. Se riesci a restare consapevole momento per momento, vedrai con chiarezza che in te c'è qualcosa che va oltre la morte, qualcosa che non può essere sepolto, qualcosa che non può essere distrutto, qualcosa che è indistruttibile. Riconoscere questa roccia di indistruttibilità nel tuo essere è l'inizio di una vita nuova.

*Egli abbandona la via delle tenebre,
per camminare sulla Via della luce.*

Vivere nell'inconsapevolezza è chiamato dal Buddha la via delle tenebre. Vivere nella consapevolezza, con attenzione, momento per momento, immettendo consapevolezza in ogni azione, anche nel gesto più piccolo, in ogni minimo dettaglio, è chiamato dal Buddha la Via della luce.

Egli abbandona la propria casa, per cercare
la felicità su strade impervie.

"La propria casa" significa: l'attaccamento alla sicurezza, alla salvezza, a ciò che è familiare, a ciò che è conosciuto. "Abbandonare la propria casa" non significa abbandonare la famiglia, i bambini, la moglie, il marito: questa è stata l'interpretazione data dai buddhisti nei secoli. Questa non è la mia interpretazione. Quella non è la vera casa; la vera casa è qualcosa all'interno della tua mente: il calcolo, l'intelletto, la logica, l'armatura che hai creato intorno a te per difenderti dal mondo intero, questa è "la tua casa". "Abbandonare la propria casa" significa abbandonare ogni sicurezza per entrare nell'insicurezza; significa abbandonare ciò che conosci, per andare verso l'ignoto; significa abbandonare le comodità della sponda, per gettarti nelle acque turbolente, nel mare inesplorato. Questa è la Via ardua ma solo attraverso le difficoltà di questa Via potrai raggiungere l'altra sponda.

I pigri, coloro che sono sempre in cerca di scorciatoie, coloro che vogliono incontrare il divino spendendo poco, coloro che non sono pronti a pagare un prezzo pur di arrivare alla verità suprema, tutti costoro stanno prendendo in giro se stessi e sciupano il loro tempo. Dobbiamo pagare con la vita, dobbiamo pagare con tutto ciò che abbiamo, dobbiamo arrenderci totalmente, dobbiamo impegnarci intensamente e interamente. Questa è la Via ardua ma, solo superando le difficoltà di questa Via, potrai attraversare il fiume dell'esistenza e raggiungere l'altra sponda, l'immortalità, l'eternità.

> *Liberato dal desiderio,*
> *liberato dalla possessività,*
> *liberato dalle zone oscure del cuore.*

Se sei pronto ad abbandonare la tua armatura, fatta di sicurezza e di comodità, se sei pronto ad abbandonare la tua mente calcolatrice, la tua mente astuta, la tua mente scaltra, se sei pronto ad abbandonare la tua mente in quanto tale, scompariranno tutte le zone oscure del tuo cuore. Il tuo cuore si colmerà di luce; tutti i desideri scompariranno, "desiderio" significa il futuro; non avrai più alcun attaccamento al possesso, "possesso" significa il passato.

Quando non avrai più desideri, né attaccamento al possesso, ti sarai liberato dal passato e dal futuro. Essere libero dal passato e dal futuro significa essere libero nel presente. La libertà nel presente porta con sé la verità, il divino, la liberazione; è il solo stato che porta con sé la saggezza, la buddhità, l'illuminazione.

> *Liberato dagli attaccamenti e dagli appetiti,*
> *segue le sette luci del risveglio*
> *e gioisce immensamente della propria libertà.*
> *In questo mondo, l'uomo saggio*
> *diventa egli stesso una luce,*
> *pura, brillante, libera.*

Immergendoti sempre di più nel presente, incontrerai nella tua interiorità sette luci: quelle che gli hindu chiamano i sette chakra. Lo yoga buddhista le definisce come sette luci, sette lampade. Diventando sempre più distaccato dal corpo, sempre più distaccato dal possesso, sempre meno interessato ai desideri, la tua energia comincerà a elevarsi. La stessa energia contenuta nel primo centro, il centro della sessualità... attualmente, solo nel centro della sessualità, a volte, hai esperienze di luce: ciò che chiami orgasmo, ma accade molto raramente perfino lì. Rarissimamente, pochissime persone hanno conosciuto quel tipo di rapporto fisico: arriva un momento in cui gli amanti sono ricolmi di luce. In questo caso l'orgasmo non è più solo un'esperienza fisica: contiene anche una certa spiritualità.

Il tantra cerca di creare lo spazio e il contesto in cui il centro della sessualità comincia a irradiare la luce. Quando due amanti non stanno sfruttando l'uno il corpo dell'altro, ma venerano davvero reciprocamente i propri corpi; quando uno vede nell'altro un dio, o una dea, e il loro rapporto sessuale è simile a una preghiera, a una meditazione – entrambi entrano nel rapporto sessuale con profondo rispetto – accade che si incontrino i due centri, l'energia maschile e l'energia femminile; allora nel tuo essere comincerà a scorrere una luce immensa.

La stessa cosa può accadere negli altri sei centri situati più in alto: più il centro è elevato e più la luce sarà vasta e splendente. Il settimo centro è il *sahasrar*, il fiordiloto dai mille petali: in quel centro la luce sarà immensa, tanto da far dire a Kabir: "È come se fossero sorti improvvisamente mille Soli!". Non uno, ma mille Soli.

> *Liberato dagli attaccamenti e dagli appetiti,*
> *segue le sette luci del risveglio*
> *e gioisce immensamente della propria libertà.*
> *In questo mondo, l'uomo saggio*
> *diventa egli stesso una luce,*
> *pura, brillante, libera.*

Il saggio diventa una luce a se stesso e diventa una luce anche per gli altri. Sii un Buddha! La tua vita sarà insignificante, se non lo diventerai. Sii un Buddha! Solo così ti sentirai appagato. Sii un Buddha! Solo così sarai sbocciato. Sii un Buddha! Solo così conoscerai il divino che è in te.

Quarto discorso

Io sono un ubriacone!

La gelosia, l'attaccamento, il desiderio, la passione devono andarsene: rimarrà qualcosa dell'amore?

Che cosa intendeva dire Gesù insegnando: "Siate astuti come serpenti e innocenti come colombe"?

Perché l'uomo ha i peli sul torace?

Potresti spiegarmi la differenza tra l'idea di Ron Hubbard secondo cui si deve chiarire la mente e la tua idea che si deve lasciar perdere la mente?

Perché sembra che i giornalisti non ti comprendano mai?

Come riesci a parlare un anno dopo l'altro, rimanendo tuttavia sempre fresco?

La prima domanda

Amato Osho,
se io lasciassi cadere le gelosie, la possessività, l'attaccamento, i bisogni, le aspettative, i desideri e tutte le illusioni, rimarrebbe qualcosa del mio amore? Tutta la mia poesia e la mia passione sono state menzogne? Le mie pene d'amore hanno avuto a che fare più con il dolore che con l'amore? Imparerò mai ad amare? Oppure l'amore non è un apprendimento, ma un dono, una conseguenza di qualcos'altro? È una grazia che discende su di noi?

Satya, non puoi apprendere l'amore, non puoi coltivarlo. L'amore coltivato non sarebbe affatto amore. Non sarebbe una rosa vera, sarebbe un fiore di plastica. Quando impari qualcosa, ti viene dall'esterno, non è il frutto di una tua crescita interiore; e per essere autentico e vero, l'amore deve essere il frutto della tua crescita interiore.

L'amore non è un apprendimento, è una crescita. Da parte tua, non occorre che impari i modi per amare, ma che disimpari i modi per non amare. Devi rimuovere gli impedimenti, devi distruggere gli ostacoli; allora l'amore sarà il tuo modo di essere, naturale e spontaneo. Quando avrai rimosso gli ostacoli, quando avrai gettato via le tue durezze, l'amore inizierà a fluire. È già presente, è nascosto dietro quell'infinità di durezze, ma la primavera è già in te: è il tuo stesso essere.

È un dono, ma non è qualcosa che ti accadrà in futuro: è un dono che è già accaduto con la tua nascita. Essere significa amare. Essere in grado di respirare è sufficiente per essere in grado di amare. Amare è come respirare: l'amore è per il tuo essere spirituale ciò che il respiro è per il tuo corpo. Se non respiri, il tuo corpo muore; se non ami, muore la tua anima.

Dunque, questa la prima cosa che devi ricordare: l'amore non è qualcosa che puoi imparare. Se lo imparassi, te ne sfuggirebbe il senso: in nome dell'amore impareresti un'altra cosa. Sarebbe un amore finto, falso; e una moneta falsa potrebbe anche sembrare vera; se non conosci la moneta vera, quella falsa potrebbe continuare a illuderti. Solo conoscendo ciò che è reale, sarai in grado di distinguere il vero dal falso.

Gli ostacoli sono proprio questi: *le gelosie, la possessività, l'attaccamento, i bisogni, le aspettative, i desideri...* Satya, la tua paura è giustificata: *se io lasciassi cadere tutto ciò... rimarrebbe qualcosa del mio amore?*

No, del tuo amore non rimarrebbe niente. L'amore rimarrebbe... ma l'amore non ha niente a che fare con l'"'io" o con il "tu". Quando saranno scomparse le gelosie, la possessività, l'attaccamento, i bisogni, le aspettative, i desideri, di fatto non scomparirà l'amore: sarai scomparso tu, sarà scomparso l'ego. Quelle sono tutte ombre dell'ego.

Non è l'amore a essere geloso. Guarda, osserva, contempla: quando ti senti geloso, non è *l'amore* che si sente geloso; l'amore non ha mai conosciuto la gelosia. Così come il Sole non ha mai conosciuto le tenebre, l'amore non ha mai conosciuto la gelosia.

È il tuo ego che si sente ferito, che si sente competitivo, che vive in una lotta continua. È il tuo ego ambizioso, che vuole essere superiore agli altri, che vuole essere qualcuno di speciale. È il tuo ego che si sente geloso e possessivo, poiché l'ego può esistere solo tramite il possesso. Più sei possessivo e più il tuo ego si rafforza; l'ego non potrebbe esistere senza la possessività. Si appoggia alla possessività e ne dipende. Pertanto, se hai più denaro, più potere, più prestigio, se hai una bella donna, o un bell'uomo o figli bellissimi, il tuo ego si sentirà immensamente nutrito. Quando scomparirà da te ogni possessività, quando non possiederai più niente, non troverai più alcun ego: in te non ci sarà più nessuno che potrà dire "io".

Se pensi che il tuo amore sia *questo*, di certo anche il tuo amore scomparirà. Il tuo non è amore vero: è un insieme di gelosia, di possessività, di astio, di collera, di violenza; è mille e una cosa, tranne amore. È mascherato da amore. Tutti questi sentimenti sono così orribili che non potrebbero esistere senza celarsi dietro una maschera.

Una parabola antica.

Dio stava creando il mondo e ogni giorno mandava nel mondo cose nuove. Un giorno mandò nel mondo la Bellezza e la Bruttezza. Dal paradiso alla Terra il viaggio è lungo; ed esse arrivarono nelle prime ore del mattino, mentre stava sorgendo il Sole. Atterrarono entrambe accanto a un lago e decisero di fare un bel bagno, poiché i loro corpi e le loro vesti erano impolverati. Non conoscendo le leggi del mondo, che erano appena state create, si spogliarono e si tuffarono nelle fresche acque del lago, completamente nude. Stava sorgendo il Sole e la gente cominciava ad arrivare.

La Bruttezza giocò un tiro birbone alla Bellezza: mentre questa nuotava al largo, tornò a riva, indossò gli abiti sfarzosi e ricchi di ornamenti della Bellezza, poi fuggì. Quando la Bellezza si rese conto che "la gente sta arrivando e io sono nuda", si guardò intorno... ma i suoi abiti erano spariti. La Bruttezza era fuggita e la Bellezza era in piedi, nuda, accarezzata dal Sole e la folla si stava avvicinando. Non trovando altra soluzione, indossò gli abiti della Bruttezza e andò alla sua ricerca, per fare uno scambio degli abiti.

La storia racconta che la Bellezza sta ancora cercando di trovare la Bruttezza... che è subdola e continua a sfuggirle. La Bruttezza è tuttora rivestita con gli abiti della Bellezza; è mascherata da Bellezza; mentre la Bellezza va in giro indossando gli abiti della Bruttezza.

È una parabola bellissima.

Tutti quei sentimenti sono talmente brutti che, se vedessi la realtà, non potresti convivere con loro neppure per un istante. Pertanto essi non ti permettono di vedere la realtà: la gelosia pretende di essere amore, la possessività si cela dietro la maschera dell'amore... in questo modo, ti senti a tuo agio.

Satya, non stai illudendo gli altri, illudi solo te stessa!

Mulla Nasruddin stava passando accanto a un cimitero. Vide una tomba con questa iscrizione: "Non sono morto, sono solo profondamente addormentato".
Il Mulla scoppiò in una risata fragorosa e commentò: "Non stai illudendo gli altri, hai illuso solo te stesso!".

Satya, questi sentimenti non sono amore. Ciò che pensi sia amore, ciò che finora hai pensato fosse amore, scomparirà. In esso non c'è neppure l'ombra della poesia. Certo, c'è la passione; ma la passione è uno stato febbrile, è uno stato inconscio. La passione non è poesia. Solo i Buddha conoscono la poesia: la poesia della vita, la poesia dell'esistenza.

L'eccitazione, lo stato febbrile non sono l'estasi. Possono averne l'apparenza, questo è il problema. Nella vita, molte cose appaiono simili ad altre e distinguerle è un compito molto delicato, raffinato, sottile. L'eccitazione può avere l'apparenza dell'estasi: ma non lo è, poiché l'estasi è fondamentalmente fresca. La passione è calda, l'amore è fresco: non è freddo, ma fresco. L'odio è freddo; la passione e la lussuria sono caldi; l'amore sta esattamente nel mezzo: è fresco, non è freddo e non è caldo. È uno stato di grande tranquillità, di calma, di serenità, di silenzio; e da quel silenzio scaturisce la poesia, da quel silenzio scaturisce il canto, da quel silenzio scaturisce una danza di tutto il tuo essere.

Ciò che tu chiami poesia e passione non sono altro che menzogne, nascoste dietro una bella facciata. Su cento dei vostri poeti, novantanove non sono poeti veri: sono solo persone travolte dall'agitazione, dalle emozioni, dalla passione, dai bollori, dalla lussuria, dalla sessualità, dalla sensualità. Solo uno su cento dei vostri poeti è un poeta vero.

Il poeta vero non compone mai alcun poema, poiché tutto il suo essere è poesia. La sua andatura, il suo modo di sedersi, il suo modo di mangiare, il suo modo di dormire: tutto in lui è poesia; egli esiste in quanto poesia. Può creare poemi oppure può non crearne, è irrilevante.

Ma ciò che tu chiami poesia non è altro che il frutto della tua febbre, del tuo stato surriscaldato di consapevolezza: è uno stato di follia. La passione è folle, cieca, inconscia ed è una menzogna. È una menzogna, poiché ti dà la sensazione che sia amore.

L'amore diventa possibile solo dopo che ti sia accaduta la meditazione. Se non conosci il modo per rimanere centrato nel tuo essere, se non conosci il modo per riposare e per rilassarti nel tuo essere, se non conosci il modo per essere totalmente solo e beato, non saprai mai cos'è l'amore.

L'amore appare come un rapporto, ma inizia in profonda solitudine. L'amore si esprime come un rapporto, ma la sorgente dell'amore non è il rapporto con l'altro: la sorgente dell'amore è la meditazione. Quando sei assolutamente felice nella tua solitudine, quando non hai affatto bisogno dell'altro, quando l'altro non è una necessità, allora diventi capace di amare. Se l'altro è per te una necessità, un bisogno, puoi solo sfruttarlo, manipolarlo, dominarlo; ma non puoi amarlo.

Poiché sei dipendente dall'altro, in te nasce la possessività; scaturisce dalla paura: "Chissà? L'altro oggi è con me, domani potrebbe non esserlo più!". Chi conosce il futuro? La tua donna potrebbe averti lasciato; i tuoi figli, cresciuti, potrebbero essersene andati; tuo marito potrebbe averti abbandonata. Chi conosce il futuro? Dalla tua paura del futuro scaturisce in te una grande possessività e tu crei una recinzione intorno alla persona che pensi di amare.

Ma l'amore non può creare una prigione e se l'amore crea una prigione, l'odio non avrà più niente da fare. L'amore è portatore di libertà, dà libertà. L'amore è assenza di possessività; diventa possibile solo se hai conosciuto una qualità del tutto diversa dell'amore: la condivisione con l'altro e non la necessità dell'altro.

L'amore è la condivisione di una gioia straripante. Sei ricolmo di un eccesso di gioia, al punto da non riuscire a contenerla: devi condividerla! In questo caso nel tuo amore c'è poesia, c'è una bellezza preziosa che non appartiene a questo mondo: è qualcosa che proviene dall'aldilà.

Questo amore non può essere appreso, tuttavia puoi rimuovere gli ostacoli.

Molte volte dico che dovete imparare l'arte di amare, ma ciò che intendo è: imparate a rimuovere tutto ciò che vi impedisce di amare. È un processo in negativo, è come scavare un pozzo: continui a togliere uno strato di terra dopo l'altro, le pietre, i pezzi di roccia e, alla fine, improvvisamente ti appare l'acqua. L'acqua era lì da sempre, ma scorreva sottoterra; dopo avere rimosso tutti gli ostacoli, sarà a tua disposizione. Così accade all'amore: è un flusso all'interno del tuo essere, è un flusso ostruito da molte rocce e da molti strati di terra, che tu devi rimuovere.

Questo intendo, quando dico: "Imparate l'arte di amare". In realtà non significa imparare ad amare, ma "disimparare" i modi per non amare. Nel momento in cui sei centrato nel tuo essere, sei radicato nel tuo essere, diventi ricolmo di grazia, come se il divino fosse penetrato in te. Sei vuoto e il divino comincia a discendere in te; può penetrarti solo quando non ci sei: la tua assenza diventa la sua presenza.

Dio non è una persona, è una presenza. Due spade non possono coesistere nella stessa custodia: o ci stai tu, o ci sta Dio. Tu devi scomparire, evaporare. Il sannyas non è altro che la tua assenza.

Il sannyas è il processo per diventare sempre più assente, affinché un giorno la tua interiorità possa essere solo uno spazio vuoto e nient'altro. In quel vuoto, ogni volta che sarà totale, sentirai istantaneamente il divino. Sentirai il divino come una presenza: Dio è un altro nome dell'amore. Conoscere Dio significa conoscere la poesia; conoscere Dio significa conoscere la celebrazione; conoscere Dio significa conoscere la beatitudine: *satchitananda*.

I mistici orientali hanno dato questa definizione del divino: *sat* significa verità, *chit* significa consapevolezza, *ananda* significa beatitudine. Se sarai completamente vuoto, conoscerai queste tre realtà. Per la prima volta avrai un assaggio della verità, avrai un'esperienza della consapevolezza e sentirai il gusto della beatitudine.

Satya, sebbene adesso ti ferirà poiché è annientante... ciò che sto dicendo ti scuoterà profondamente. Hai creduto nella tua poesia, nella tua passione; hai creduto nelle tue illusioni, nei tuoi sogni e, grazie a loro, ti sei sentita grande. Invece io ti dico: sono tutte assurdità – sebbene la maggioranza dell'umanità viva in simili illusioni – sono tutti miraggi. Se vuoi incontrare veramente la vita, devi prepararti a ricevere molti shock, devi prepararti a essere frantumata in mille pezzi.

La funzione del Maestro è distruggerti... poiché solo dopo che sarai stata distrutta in te si creerà il contesto nel quale potrai sentire il divino. La tua morte sarà l'inizio di un'esistenza divina.

Muori! Muori rispetto al tuo ego, muori al tuo passato, allora risorgerai. Quella risurrezione ti condurrà oltre la morte, oltre il tempo, oltre l'infelicità, oltre il mondo: è ciò che il Buddha ha definito: "oltre questa sponda".

La seconda domanda

> *Amato Osho,*
> *perché Gesù ha detto ai suoi discepoli: "Siate astuti come serpenti e innocenti come colombe"?*

Anand Jayesh, il serpente è il simbolo della saggezza. Il serpente è l'unico simbolo presente in tutte le antiche culture del mondo: quella ebraica, quella hindu e quella cinese.

Dicendo "astuto", Gesù non intendeva dare il significato che date voi a quell'aggettivo. In aramaico antico, la lingua parlata da Gesù, c'è un solo vocabolo che ha entrambi i significati: "saggezza" e "astuzia"; da qui un'errata traduzione. Ma perché i cristiani hanno scelto di tradurre con "astuti" e non con "saggi"? Perché nella storia raccontata dalla Bibbia, fu il serpente che sedusse e corruppe la mente di Eva, persuadendola a trasgredire il comandamento di Dio e a mangiare il frutto dell'albero della conoscenza. A causa di questa storia raccontata nella Bibbia, il serpente è diventato la sorgente originale del peccato. Fu il serpente che persuase Eva, in seguito Eva persuase Adamo... e l'umanità perse la grazia divina. Adamo ed Eva furono scacciati dal paradiso terrestre, di conseguenza il serpente divenne un fenomeno da condannare.

In realtà, la parabola ha un significato del tutto diverso. I cristiani non lo accetteranno; e qual è il significato che attribuisco a questa parabola di estremo valore? Si tratta di significati plurimi; questo è il bello delle antiche parabole: hanno ricchezze multidimensionali. Non hanno un'unica dimensione, sono multidimensionali. Possono essere interpretate in mille e un modo: è la loro ricchezza. Hanno molte sfaccettature; sono simili a un diamante: più sfaccettature ha, più ha valore.

Il Kohinoor, al suo ritrovamento, era una grossa pietra: era il diamante più grande mai visto al mondo. Attualmente, il suo peso è ridotto a un terzo del peso originale poiché, nei secoli, i tagliatori l'hanno lavorato e rifinito, dandogli delle sfaccettature nuove; tuttavia, pur ridotto a un terzo del peso originale, il suo valore è aumentato milioni di volte. Le antiche parabole sono così: sono dei Kohinoor!

Il problema delle cosiddette religioni è questo: sposano un solo significato e temono gli altri, hanno paura delle altre possibilità.

Nella parabola, il serpente non è astuto, ma saggio; grazie alla sua saggezza è nata l'umanità. Se non ci fosse stato alcun serpente, voi non sareste qui. Non ci sarebbe stato neppure Gesù, né il Buddha: il mondo sarebbe stato privato dell'umanità. Il serpente e la sua saggezza hanno creato il grande viaggio dell'umanità: il suo valore è stato immenso.

Diversamente, ci sarebbero stati gli alberi, gli animali e gli uccelli, ma non sarebbero nati né Lao Tzu, né Zarathustra, né Krishna, né il Buddha, né Allah, né Gesù, né Kabir, né Nanak. Certo, ci sarebbero stati gli alberi, gli animali e gli uccelli; tuttavia l'esistenza sarebbe stata privata di una parte estremamente importante: non avrebbe avuto l'umanità; non avrebbe avuto la consapevolezza, che è il livello supremo di crescita raggiunto finora. Il merito è del serpente e della sua saggezza! Il serpente era molto più saggio di Adamo e di Eva, poiché insegnò loro la ribellione.

La saggezza è sempre ribelle. In realtà, se lo chiedessi a me, ti direi che Dio aveva dato ad Adamo e a Eva l'opportunità di ribellarsi, ecco perché creò il comandamento: "È vietato mangiare i frutti dell'albero della conoscenza". Era uno stratagemma psicologico. Il giardino era così vasto che Adamo ed Eva, abbandonati a se stessi, non avrebbero mai scoperto l'albero della conoscenza: era un unico albero, circondato da milioni di altri.

Invece Dio aveva indicato loro quell'albero, decretando: "Non mangiate i frutti di *questo* albero!". Con quella proibizione, li aveva provocati. Di fatto, il primo seduttore fu

Dio, il serpente fu il secondo: era solo un agente di Dio. E Dio deve avere atteso a lungo che ciò che aveva proibito... Adamo ed Eva erano destinati a mangiare i frutti della conoscenza.

Puoi fare una prova. Proibisci qualcosa ai tuoi figli: "Non mangiate il gelato. Non avvicinatevi al frigorifero". A questo punto è fatale che i figli lo facciano! Avrebbero potuto non aprire il frigorifero, se tu non avessi detto loro di *non* farlo. La proibizione diventa un invito. Hai lanciato una sfida, li hai sfidati ad affermare se stessi.

Dio aveva sfidato Adamo ed Eva e poi deve aver atteso a lungo. La sfida non aveva funzionato: Adamo ed Eva dovevano essere persone molto obbedienti. Erano i primi esseri umani sulla Terra e perciò non avevano ancora provato il gusto della ribellione, né la gioia di ribellarsi; non conoscevano ancora la crescita che la ribellione porta con sé. Non conoscevano ancora l'agonia e l'estasi della ribellione; ecco perché il serpente servì da messaggero, il serpente fu scelto come messaggero di Dio.

Il serpente è il simbolo della saggezza: grazie al serpente voi tutti siete qui. In realtà il serpente è il padre, il padre dell'umanità. Il significato dell'affermazione originale di Gesù è questo: *"Siate saggi come serpenti e innocenti come colombe"*.

Ma anche l'aggettivo "astuto" è bello. Gurdjieff era solito dire: "A meno che non siate astuti, non riuscirete a liberarvi dalle costrizioni del mondo. Quelle costrizioni sono così complicate, che siete costretti a diventare molto scaltri". Gurdjieff era solito dire che, se vuoi imparare da un Maestro, devi essere davvero scaltro, astuto. Così egli aveva imparato. Per vent'anni aveva peregrinato da un Maestro all'altro, ma i Maestri hanno i propri tempi, non hanno fretta; non vivono nel tempo, vivono nell'eternità, perciò non hanno fretta. Ma Gurdjieff aveva fretta e – invece di aspettare che il Maestro sentisse che era arrivato il momento giusto per impartirgli il proprio insegnamento, per impartirgli la propria saggezza – egli cominciò a rubare ai Maestri la loro saggezza.

Gurdjieff diceva che aveva imparato rubando, diventando astuto. Riferendosi alla spiritualità, può sembrare strano l'uso di parole come "scaltro" e "astuto", ma Gurdjieff era un uomo raro. Comprendendolo nel modo giusto, intendeva dire semplicemente: "Sii acuto, sii intelligente, sii totalmente vigile, sii saggio".

In Oriente il serpente è diventato il simbolo dell'energia che dorme nell'uomo. Nello yoga chiamiamo *kundalini* quell'energia: il potere del serpente. È addormentata nel centro della sessualità, è simile a un serpente arrotolato, è profondamente addormentata, al punto da russare. La tua energia è addormentata nel centro più basso del tuo essere: occorre risvegliarla; allorché il serpente avrà cominciato a risalire in te, rimarrai sorpreso nello scoprire che non sei piccolo come puoi sembrare dall'esterno. La tua interiorità è vasta come il cielo e neppure il cielo la limita.

Il serpente è un simbolo bellissimo; non ha le gambe, tuttavia si muove velocemente, la sua velocità è un miracolo. La gente dello Zen dice: "Non puoi spiegare Dio, non puoi definire la verità. Definirla sarebbe come mettere le gambe a un serpente: il serpente cammina senza avere le gambe, non ne ha bisogno. Se mettessi le gambe a un serpente, bloccheresti ogni suo movimento; non riuscirebbe più a muoversi".

Così è per la saggezza: si muove senza le gambe. Si muove senza informazioni, senza cultura; per muoversi non segue l'intelletto, segue l'intuito.

Il serpente danza, ascoltando la musica. All'inizio, gli scienziati erano perplessi poiché il serpente non ha orecchie e non può udire; ma come potevano negare l'evidenza? Tutti sanno che il serpente viene assolutamente ipnotizzato dalla musica: ondeggia, danza. Com'è possibile, visto che non ha orecchie? Dopo ricerche approfondite, gli scienziati hanno scoperto che il serpente sente con ogni cellula del proprio corpo. Tutta la sua pelle funziona da organo dell'udito, è come se fosse tutto orecchie.

Così deve essere un discepolo: tutto orecchie. Non deve ascoltare solo con le orecchie, ma dalla testa ai piedi; deve ascoltare con ogni cellula del suo essere, affinché ogni fibra cominci a pulsare ed entri in sintonia con il Maestro.

Il serpente ha un profondo significato. Gesù ha ragione. Jayesh, tu sei perplesso a causa della parola "astuti"; ma il suo significato è semplicemente "saggi".

Lo sceicco Mustafà aveva bisogno di un altro cavallo, prima di mettersi in viaggio nel deserto. Dal villaggio confinante gli portarono due corsieri, ma i proprietari non volevano rinunciare ai loro animali e insistevano nel definirli dei ronzini immeritevoli, che avevano perso la loro velocità, essendo vecchi e azzoppati.

Lo sceicco disse: "È molto semplice da stabilire: indirò una gara e prenderò il cavallo più veloce".

Un consigliere si fece avanti e gli sussurrò all'orecchio: "Altezza, non funzionerà. Nessuno dei due permetterà al proprio cavallo di correre velocemente".

Mustafà precisò: "Lo faranno! Ciascuno dei due dovrà cavalcare il cavallo dell'altro".

Puoi definirla astuzia, puoi definirla saggezza. Quello sceicco è stato saggio, astuto, scaltro. "Ciascuno dei due dovrà cavalcare il cavallo dell'altro." In questo modo non avrebbe avuto alcuna difficoltà a stabilire quale dei due fosse il vincitore, poiché ciascun contendente avrebbe fatto il possibile per fare arrivare primo il cavallo che stava cavalcando, visto che apparteneva all'altro.

Gesù ha detto: siate saggi, siate astuti, siate scaltri, poiché la vita è complessa, molto complessa e le costrizioni del mondo sono antiche; ormai siete abituati alla vostra schiavitù. A meno che non vi comportiate con estrema intelligenza, non avrete alcuna possibilità di liberarvi dalla vostra prigionia. Dovrete focalizzare tutta la vostra energia su un unico scopo: come ottenere la libertà.

È ciò che accade a un prigioniero: se vuole liberarsi dalla sua condizione di prigionia, deve essere davvero astuto, saggio e scaltro. Deve osservare da che punto potrà fuggire; deve osservare continuamente quale lato del carcere è meno sorvegliato. Deve osservare con molta accuratezza quale tra i guardiani può essere corrotto. Deve stabilire dei contatti con qualcuno all'esterno; ci riuscirà solo se riuscirà ad avere qualche aiuto dall'esterno: una corda, una scala, delle informazioni. Deve scoprire qual è il momento della notte più propizio alla fuga, a che ora c'è il cambio della guardia; a che ora il guardiano si addormenta; in che modo far arrivare una corda o una scala... Se si comportasse in modo sciocco, sarebbe colto sul fatto e si troverebbe in una situazione ancora più pericolosa. Se un carcerato non è abbastanza intelligente, è meglio che non tenti la fuga.

Ecco perché ogni Maestro affina la tua intelligenza. Se constati che la tua intelligenza si ottunde, fuggi da quel luogo il più velocemente possibile.

Ed è ciò che accade in quasi tutti i cosiddetti luoghi spirituali, nei cosiddetti ashram, nei templi, nelle moschee, nelle chiese: ti rendono ottuso, ti consolano. Ti dicono che sei già libero, che non devi andare in nessun altro posto. Ti dicono che non esiste alcuna prigione: quella è la tua casa. Ti dicono che il guardiano non è un tuo nemico, è un amico. Non è di guardia per impedirti di fuggire, niente affatto; è di guardia per impedire a chiunque di entrare e di farti del male. Ti consigliano di decorare la tua prigione, ti danno consigli e suggerimenti di ogni genere sul modo per decorarla, per renderla più bella, e in questo modo ti consolano.

Più ti senti consolato e più sprofondi nel sonno e diminuiscono sempre di più le tue possibilità di diventare un Buddha, di risvegliarti, di diventare un essere veramente libero.

I vostri cosiddetti santi continuano a cantare, a salmodiare: vi aiutano a dormire meglio. Rimarrete sorpresi nell'apprendere che i cosiddetti mantra non sono altro che metodi per cadere in un sonno profondo. La meditazione trascendentale di Maharishi Mahesh Yogi non è altro che questo. Se continui a ripetere una parola qualsiasi... non ha importanza quale sia: Rama, Rama; o Krishna, Krishna; o Cristo, Cristo; o Coca-Cola, Coca-Cola; *qualsiasi* parola servirà allo scopo. La ripetizione continua di una certa parola ti aiuterà a cadere in un sonno profondo, poiché la tua mente sarà sommersa dalla noia. Quando la mente è sommersa dalla noia, diventa ottusa e si addormenta. Quando è sommersa dalla noia, la mente ha un solo modo per sfuggirle: addormentarsi.

Le mamme lo sanno da secoli: la meditazione trascendentale è usata da sempre, da tutte le mamme nel mondo. Ogni volta che il figlioletto non si addormenta, cominciano a ripetere un'unica strofa, una ninna nanna. Qualsiasi frase può servire: è sufficiente continuare a ripeterla e il figlioletto comincerà a cedere al sonno.

L'ipnosi funziona nello stesso modo: ogni ripetizione può servire, non è necessario che sia un mantra, *qualunque* ripetizione può servire. Puoi disegnare un punto su un muro e fissarlo, fissarlo restando immobile, e nell'arco di qualche minuto ti addormenti profondamente. Accade, perché la consapevolezza ha bisogno di un flusso, qualcosa che la mantenga attenta e viva, ha bisogno di movimento: la consapevolezza è un flusso.

In realtà, è per questo che la Meditazione Trascendentale del Maharishi Mahesh Yogi – qualcosa che non è trascendentale e che non è meditazione – ha acquistato tanto rilievo 'in America. Quella è l'unica nazione che soffre enormemente di insonnia, è l'unica nazione in cui si riesce a dormire solo usando tranquillanti, e perfino questi stentano a funzionare; è l'unica nazione diventata così inquieta da aver praticamente perso il sonno. Sono necessari metodi nuovi, metodi più sottili per riuscire a dormire, tuttavia addormentarsi non è meditazione: è una consolazione. Ti darà un breve riposo, domani ti troverai un po' più fresco. È una buona cosa, non sono contrario: è un tranquillante senza essere un farmaco; se fai uso di tranquillanti, puoi utilizzare la Meditazione Trascendentale, è di gran lunga migliore. Quanto meno non ti riempi di sostanze chimiche che possono avere effetti collaterali; non ti danneggerà, ma non è affatto meditazione, poiché la meditazione è qualcosa che acuisce la tua intelligenza. Meditare significa diventare più vigile, più acceso, più brillante, più luminoso; significa diventare più saggio.

Gesù aveva ragione dicendo: *"Siate astuti come serpenti..."*.

Hai mai osservato un serpente: com'è vigile, com'è guardingo? Un lieve fruscio, è sufficiente una foglia portata dal vento, e il serpente fugge. Tu cammini, i tuoi passi sono sufficienti... un piccolo rumore e il serpente è fuggito, veloce come il vento. È assolutamente vigile e guardingo: impara la sua attenzione e la sua osservazione continua. Impara il suo modo sinuoso di muoversi, la sua flessibilità; si muove come se fosse un fluido.

E sii anche innocente come una colomba. Gesù ha evidenziato i due poli opposti: sii saggio e intelligente, ma non ricolmo di sapere; e sii innocente. Potresti fraintendere, scambiando il sapere per saggezza, per cui ha aggiunto: *"...siate innocenti come colombe"*. Se sarai innocente e saggio, non potrai riempirti di nozioni, sarai intelligente, ma non ti colmerai di sapere. Non continuerai a riempirti di nozioni, non diventerai un'Enciclopedia Britannica ambulante. Le persone di questo tipo sono quasi sempre stupide.

Ho incontrato un uomo che era davvero un'Enciclopedia Britannica ambulante: era la sua unica lettura. L'Enciclopedia Britannica non è un libro di lettura, è un testo da consultare ogni tanto, ma quell'uomo continuava a leggerla. Potevi fargli qualsiasi domanda e, se esisteva un riferimento nell'Enciclopedia Britannica, era in grado di recitarti il testo per intero! Quell'uomo rimase con me per qualche giorno, non avevo mai incontrato nessuno così stupido: molto colto e molto stupido!

Accadeva perché la cultura non aveva aumentato la sua consapevolezza, la cultura lo aveva solo colmato di informazioni. Le informazioni si accumulano nella parte del cervello che racchiude la memoria. La memoria non è consapevolezza: la consapevolezza è un fenomeno del tutto diverso. La consapevolezza è il testimone che c'è in te e che può essere il testimone della tua memoria.

A volte, vedi una persona, te ne ricordi, ma non ricordi il suo nome. Dici di avere il suo nome sulla punta della lingua, sai che è proprio lì, tuttavia non riesci a dirlo. Cosa ti accade? La tua consapevolezza dice che il nome è nella tua memoria, ma in qualche modo la tua memoria è bloccata, in qualche modo è incapace di consegnarti ciò che ti occorre. Può esserci un impedimento, forse hai tanta fretta che essa è entrata in tensione. Tenti di ricordare con tutte le tue forze, ma più tentativi fai e più diventa difficile. Alla fine, ti senti frustrato e abbandoni ogni tentativo. Esci in giardino, ti siedi sotto un albero, fumi una sigaretta... e all'improvviso quel nome emerge, affiora in superficie.

La consapevolezza è un fenomeno del tutto diverso. La tua consapevolezza diceva che il nome era nella tua memoria, ma in qualche modo non sei riuscito a trovarlo. In seguito, seduto sotto un albero, fumando una sigaretta, ti sei rilassato e quel nome è affiorato in superficie. Ebbene, la tua consapevolezza l'ha osservato mentre affiorava, e ora te lo trovi davanti. L'hai visto emergere: tu sei colui che vede, non sei mai ciò che è visto. Non sei mai il contenuto della consapevolezza, sei la consapevolezza.

La persona colta accumula contenuti, la persona meditativa acuisce la propria consapevolezza. La persona meditativa diventa saggia, chi è colto rimane semplicemente istruito; ma, allorché si trova in una situazione in cui non può applicare il proprio sapere, si comporta in modo assolutamente stolto. Non sa più cosa fare, si sente perduto. Se la risposta è contenuta in un'enciclopedia, è pronto a ripeterla, come fosse un disco; se non lo è, ammutolisce e non riesce a dare alcuna risposta spontanea.

La saggezza è una risposta spontanea, il sapere dipende dal passato. Il sapere è meccanico: può essere fornito da un computer; e prima o poi lo fornirà, poiché la memorizzazione delle nozioni è uno spreco di tempo, uno spreco di tempo inutile. Un piccolo computer portatile potrà fare tutto, potrà memorizzare l'intera Enciclopedia Britannica: tu potrai tenerlo in tasca e otterrai qualsiasi informazione, solo premendo un pulsante.

Nel Ventunesimo secolo l'intero sistema educativo subirà un cambiamento, una trasformazione, grazie al computer. L'insegnamento della storia e della geografia diventerà una stupidaggine, una fatica inutile. Le materie potranno essere introdotte nel computer e il ragazzo se lo porterà appresso.

E io ho osservato che meno dipendi dalla tua memoria e più diventi intelligente. Ecco perché accade di non trovare molte persone intelligenti nelle università. I docenti, i rettori, i vicerettori... ne ho incontrati molti, ma era davvero difficile trovare tra loro persone intelligenti. Puoi trovare più persone intelligenti tra gli agricoltori, tra i giardinieri, tra gli abitanti dei paesini. Il motivo è chiaro: essi non sono colti e non possono dipendere dalla loro memoria. Devono affrontare la realtà, devono rispondere alle sfide, devono fare in modo che la loro consapevolezza risponda: perciò si acuisce. L'agricoltore, l'abitante di un paesino è molto più saggio di un docente universitario. Il docente può pescare nella sua memoria, l'agricoltore non può dipendere dalla propria memoria.

Ho sentito raccontare...

Una signora aveva comperato della frutta in scatola; la scatola era di un tipo nuovo e lei non sapeva come fare per aprirla, perciò disse alla cuoca: "Aspetta, voglio leggere le istruzioni annesse alla scatola. Lasciami il tempo di dare un occhio: dev'esserci scritto come aprirla".
Andò a leggerle e mezz'ora dopo tornò in cucina. Stupita, vide che la cuoca l'aveva già aperta. Le chiese: "Come hai fatto? Io ho trovato difficile perfino decifrare quelle istruzioni! Come hai fatto ad aprirla?".
La cuoca rispose: "Poiché non so leggere, devo dipendere dalla mia intelligenza. Lei sa leggere e non ha bisogno di usare la sua intelligenza".

Sii saggio, e questo significa: sii più consapevole. E sii innocente, che significa: sii più simile a un bambino, colmo di meraviglia e di stupore. Se avrai in te queste due qualità: la meraviglia e lo stupore, l'intelligenza e la saggezza, non potrai mancare l'incontro con il divino; ti sarà impossibile mancare l'incontro con Dio.

In questo caso non mi chiederai: "Dov'è il divino?". Mi chiederai invece: "Dove non è?". Dio è in ogni luogo: fuori di te e dentro di te.

La terza domanda

Amato Osho,
perché gli uomini hanno i peli sul torace?

Ebbene, Sahajanand, non possono avere tutto!

La quarta domanda

Amato Osho,
il lavoro di Ron Hubbard è focalizzato sul chiarimento della mente, tu invece ci insegni ad abbandonare la mente. Per favore, potresti spiegare la differenza?

Il lavoro di Ron Hubbard è psicologico, non è spirituale. Chiarire la mente è un lavoro psicologico, lasciar perdere la mente è una rivoluzione spirituale. Se chiarisci la mente, vi rimani attaccato; e per quanto tu la chiarisca, la mente rimane presente in te. Anche se una parete di vetro fosse assolutamente trasparente, al punto da vedere in modo chiarissimo ciò che sta all'esterno, come se tu stesso fossi all'esterno, comunque tu non lo saresti; la parete di vetro, chiarissima, assolutamente trasparente ti terrebbe comunque imprigionato. Riesci a vedere le farfalle che svolazzano al Sole; riesci a vedere i fiori e gli uccelli che volano nel cielo; riesci a vedere la Luna e le nubi e le stelle...

Finché non tenterai di uscire, potrai avere l'illusione di essere all'aperto; ma se tenterai di uscire, avrai un'incredibile sorpresa: una parete trasparente te lo impedirà. Tu sei comunque imprigionato.

La tua mente potrebbe essere chiarita al massimo, ma

rimarrebbe presente; anzi, più è chiara e più ti illudi, poiché diventa sempre più trasparente. In questo caso non ti sentirai imprigionato nella mente, ma ti identificherai con essa. Una mente limpida ti darà grandi intuizioni e grandi visioni – della luce, dell'amore e dell'aldilà – al punto che puoi pensare di vivere grandi esperienze spirituali.

Nessuna esperienza è mai stata spirituale, *tutte* le esperienze sono psicologiche. Quando dico: "Lascia perdere la mente", intendo dire: "Va' oltre la tua psicologia".

Il lavoro di Ron Hubbard è banale: dovrebbe rientrare nella letteratura psicologica. Ma in Occidente la gente ha dimenticato totalmente che cosa sia la spiritualità, quindi è molto facile illuderla. Non sto dicendo che Hubbard illuda gli altri, è possibile che egli stesso si illuda. Ha una mente lucidissima e i suoi percorsi sono buoni, rispetto alla chiarezza della mente, ma il suo non è un lavoro spirituale. Non è in grado di condurre gli altri all'eterno, non è in grado di renderli consapevoli della loro essenza più intima. Vi mantiene identificati con la mente ma, più la mente diventa chiara e splendente, più vi attaccate a essa, poiché vi sembra ancora più preziosa. E quando comincerà a darvi visioni ed esperienze spirituali, vi sarà assolutamente impossibile liberarvene. È più facile lasciar perdere una mente non chiara, confusa; è difficile lasciar perdere una mente chiarissima.

Pertanto io non sono affatto interessato a chiarire la vostra mente. Tutti i miei sforzi tendono a rendervi consapevoli della vostra mente *confusa*, della vostra mente *malata*, a rendervi consapevoli delle vostre follie e della vostra schizofrenia, a rendervi consapevoli del vostro stato patologico, affinché diventi inevitabile abbandonarlo, affinché non vi ci aggrappiate più.

Nel momento in cui abbandonerai la mente, nel momento in cui diventerai consapevole che tu non sei la mente, in te inizierà una trasformazione; sarai trasportato in un altro mondo, entrerai nel mondo della consapevolezza.

L'uomo ha il corpo. Alcuni psicologi lavorano sul corpo, poiché pensano che sia tutto; non credono neppure nella mente. Pensano che sia un fenomeno aggiunto, un semplice sottoprodotto del corpo, che non sia altro che un suo meccanismo. Altri psicologi pensano che l'uomo sia qualcos'altro oltre il corpo, che sia anche psicologia e mente, che non sia solo corpo. Pensano però che la mente dell'uomo morirà con il suo corpo; forse è separata, ma non può avere un'esistenza propria.

Gli psicologi non sono andati più lontano dei medici: di fatto, gli psicologi e i medici sono due facce della stessa moneta. L'uomo non è né il corpo né la mente: è l'insieme di entrambi, è corpomente, è psicosoma. Il corpo influenza la mente, la mente influenza il corpo, di conseguenza non sono separati. Bevi una bevanda alcolica, essa scende nel tuo corpo, tuttavia influenza la tua mente. Puoi assumere l'LSD o la marijuana: queste sostanze scendono nel tuo corpo e ne cambiano la chimica, ma anche lo stato della tua mente si trasforma immediatamente.

Perfino un uomo come Huxley si è lasciato illudere dall'LSD. Ha pensato che, sotto l'impatto dell'LSD, le sue esperienze fossero identiche alle esperienze mistiche vissute da Kabir; si è illuso di poter vivere nello stesso mondo mistico. Un uomo come Huxley, un uomo con una mente molto più chiara di quella di Hubbard, si è lasciato ingannare. Pensava: "Abbiamo scoperto la scorciatoia che conduce alle esperienze spirituali: è sufficiente assumere l'LSD. Non occorre digiunare per anni, non occorre stare a testa in giù per anni, non occorre torturare il corpo, non occorre seguire tutte le antiche pratiche ascetiche, sono tutte cose obsolete. Quelli sono metodi paragonabili ai viaggi su carri trainati da buoi; ora siamo nell'era dei viaggi sui jet e abbiamo scoperto la scorciatoia spirituale: l'LSD". Si lasciò ingannare, poiché pensava che la mente fosse tutto e l'LSD può farti vivere una grande esperienza mentale, può cambiare la tua mente.

Cambi il corpo e la tua mente cambia. Cambi la mente e il tuo corpo cambia.

Così lavora l'ipnosi. Se sei sotto ipnosi e l'ipnoterapista ti dice che domani avrai una fortissima febbre e continua a ripetertelo più volte, tu rimani preda di quel condizionamento e, il giorno dopo, al tuo risveglio, ti ritroverai in preda a una forte febbre... l'ipnoterapista non ha fatto niente al tuo corpo, ha solo condizionato la tua mente: "Domani mattina, sarai in preda a una forte febbre". Potresti anche morire.

Nel 1952 alcune nazioni promulgarono leggi contro l'ipnosi, veniva chiarito che solo ipnoterapisti autorizzati avrebbero potuto praticarla; infatti, in un'università americana era accaduto un gravissimo incidente. Quattro studenti della facoltà di Psicologia stavano studiando l'ipnosi e la sua storia; l'argomento li entusiasmò e vollero fare un esperimento. Ipnotizzarono un loro amico, che doveva essere un tipo molto vulnerabile.

Il trentatré per cento dell'umanità è molto vulnerabile, una persona su tre è pronta a cadere sotto ipnosi. Questo trentatré per cento è un problema nel mondo, lo è sempre stato poiché chiunque può ipnotizzare quelle persone: Hitler dipendeva da loro e così Mao Tse-tung; tutte le guerre e tutte le crociate con il loro fanatismo sono sempre dipese da questo trentatré per cento; un terzo della popolazione mondiale è succube, è pronto a lasciarsi ipnotizzare.

Per coincidenza, quel ragazzo doveva appartenere a questo terzo della popolazione e quei tre studenti di psicologia riuscirono a ipnotizzarlo. Lo fecero e si sentirono bravissimi, poiché l'ipnotizzato faceva tutto ciò che gli dicevano. Gli dissero di danzare e l'ipnotizzato danzò. Offrendogli dell'acqua ghiacciata, gli dissero: "Quest'acqua è caldissima!". L'ipnotizzato non riuscì a berla, protestando: "È troppo calda, mi scotterei la bocca". Gli studenti rimasero molto sorpresi quando – avendo messo un sassolino sul palmo della mano dell'ipnotizzato e avendogli detto: "Questo è fuoco" – videro che rimaneva scottato, immediatamente scottato, veramente scottato... da un sassolino freddo! Gli studenti erano sempre più incuriositi dai fenomeni che vedevano verificarsi.

Tentarono l'ultimo esperimento. Dissero all'ipnotizzato di distendersi, poi gli dissero: "Sei morto!". E lui morì; fecero di tutto per risvegliarlo, ma era troppo tardi. A causa di quell'incidente, molte nazioni promulgarono leggi contro l'ipnosi: solo ipnoterapisti autorizzati avrebbero potuto praticarla, poiché può rappresentare un pericolo. L'ipnosi riesce a influenzare la tua mente e, attraverso la mente, influenza il tuo corpo.

La mente e il corpo non sono separati, ma l'uomo è una terza entità. Tu sei nel corpo, sei nella mente, ma non sei identificato né con il corpo né con la mente. Tu sei la consapevolezza che osserva.

Il mio lavoro differisce totalmente dal lavoro di Hubbard: il suo è un lavoro psicologico, il mio è un lavoro spirituale. I miei sforzi non sono tesi a darvi una mente chiara; sono tesi a mettervi in uno stato di assenza della mente, poiché soltanto in assenza della mente sarete in grado di vedere la realtà: sia la realtà esterna, sia la realtà della vostra interiorità. L'assenza della mente è la porta, è l'unica porta.

La quinta domanda

> *Amato Osho,*
> *perché sembra che i giornalisti non ti comprendano mai?*

Non dipende da me. Non hanno mai compreso né Gesù, né Socrate, né il Buddha, né Kabir. Non possono comprendermi: sarebbe contrario ai loro interessi.

Il giornalista vive sul sensazionale: una notizia è tale solo se è sensazionale. Il giornalista vive sulle dicerie, sulle dicerie rese piccanti. Ai giornalisti non interessa la verità, poiché non fa mai notizia: è così antica, è la stessa da sempre. Io sto condividendo la stessa verità trasmessa dal Buddha, da Cristo e da tutti gli illuminati. Nella verità non c'è niente di nuovo, che cosa potrebbe esserci?

I giornalisti sono alla ricerca di notizie, devono inventarle ed è interessante osservare fino a che punto può arrivare la loro inventiva.

Pochi giorni fa leggevo su una rivista del Punjab un articolo su questa Comune. Il giornalista ha scritto di aver soggiornato qui per quindici giorni e che quanto raccontava era basato sulla sua esperienza personale. Questa era l'introduzione al suo articolo, perciò mi attirava: volevo sapere che cosa aveva visto. L'ho letto interamente; di solito non leggo tutto ciò che i giornalisti scrivono su di noi, sarebbe impossibile. Abbiamo un ufficio stampa poderoso che lo fa: almeno trenta persone leggono e chiosano ciò che i giornalisti scrivono in tutto il mondo, in tutte le lingue. Gli articoli pubblicati sono tanti: mi sarebbe impossibile seguirli tutti. Ma quel giornalista diceva di avere soggiornato per quindici giorni nella nostra Comune, perciò ho letto tutto l'articolo: sono rimasto stupefatto!

Ha scritto che l'ashram ha un'estensione di quindici miglia quadrate! Ebbene, penso che neppure la città di Puna sia così grande. Ha scritto che, varcando il cancello, la prima cosa che si vede è una grande statua in marmo bianco, raffigurante una donna nuda. Poiché raramente arrivo fino al cancello d'ingresso, ho chiesto a Laxmi: "Dov'è mai questa statua?". Ha scritto che c'è un lago artificiale, alcune cascate artificiali e che migliaia di sannyasin nuotano nudi nel lago. Inoltre, nei sotterranei ci sono molte sale ad aria condizionata, nelle quali i sannyasin possono stare insieme. Non solo: io ogni mattina tengo un discorso in una sala sotterranea ad aria condizionata e voi mi ascoltate, seduti in quella sala. E non si ferma qui: ha scritto anche che tutti i miei discepoli devono stare seduti assolutamente nudi! Guardatevi e, se vi sentite vestiti, sappiate che è un'illusione: voi tutti siete completamente nudi!

Questi giornalisti investono moltissimo nel creare dicerie; ecco perché le riviste e i giornali vendono. I giornalisti non hanno niente a che fare con la verità. E quell'uomo non è mai stato nella mia Comune!

I giornalisti non possono comprendere per due motivi. Il primo: se capissero, non riuscirebbero più a scrivere niente. È accaduto ad alcuni giornalisti. Coloro che hanno compreso, sono diventati sannyasin e hanno dimenticato del tutto il giornalismo. Erano venuti per scrivere degli articoli, adesso hanno deciso di non tornare più a casa e di rimanere qui.

Non solo i giornalisti... Qui ci sono degli investigatori provenienti da diverse nazioni; alcuni hanno deciso di diventare sannyasin! Mi hanno confessato che erano venuti per spiare e che, in seguito, avendo compreso cosa sta accadendo qui, hanno voluto entrare a far parte della Comune.

Se un giornalista tornasse in redazione e riportasse esattamente ciò che ha visto, nessuno gli crederebbe. È accaduto a Satyananda: è arrivato, inviato da una famosa rivista tedesca, "Stern", per fare un servizio: in seguito è diventato sannyasin; questo gli ha creato molti guai. Le stesse persone con le quali aveva lavorato per anni – il direttore di "Stern", i redattori e tutti gli altri – hanno pensato che fosse stato ipnotizzato. Per diversi mesi, Satyananda ha tentato di convincerli che non era stato ipnotizzato, ma nessuno lo ascoltava. Non vollero neppure pubblicare l'articolo che aveva scritto, dicendogli: "Sei troppo influenzato, non sei più in grado di vedere le cose con buon senso". Anche quando, dopo mesi di discussioni, acconsentirono a pubblicarlo, ne avevano tagliato metà e in modo tale da privarlo dell'intero contesto, facendogli perdere il suo senso globale e rendendolo molto frammentario.

In primo luogo, il giornalista vive sulle dicerie. Non è qui per comprendere me, è qui per *fraintendermi*: è questo il suo interesse. In secondo luogo, coloro che diventano giornalisti – non tutti, ma quanto meno il novantanove per cento – sono persone per nulla creative. Infatti le persone creative, creano; coloro che non riescono a creare, criticano. Le persone per nulla creative diventano grandi critici.

È facile criticare un poema, è difficile scriverlo. È facilissimo criticare un quadro; puoi criticare Picasso, ma non potrai dipingere come lui. È facile criticare ogni cosa!

Čechov ha scritto un racconto: *L'idiota*.

In una città viveva un uomo, tutti ritenevano che fosse il più grande idiota della regione. Quell'uomo era molto preoccupato poiché, ovunque andasse, la gente lo derideva e trovava risibile qualsiasi cosa dicesse. Anche quando diceva cose giuste, tutti lo deridevano, poiché nessuno riusciva a credere che quell'idiota potesse dire una cosa giusta. Ormai tutti presumevano che fosse un perfetto idiota.

Un mistico Sufi visitò il villaggio e l'idiota andò da lui, confidandogli: "La mia vita è completamente rovinata: tutti pensano che io sia un idiota! Potresti aiutarmi?".

Il mistico rispose: "È facilissimo! Devi solo metterti a criticare e fra sette giorni torna da me. Io rimarrò qui per una settimana, solo per te: in sette giorni, tutto cambierà. Ma tu devi criticare! Se qualcuno citerà Shakespeare, replicherai immediatamente: 'Cosa sarà mai? Sono tutte assurdità senza senso, è tutta immondizia!'. Se qualcuno dirà: 'La Luna è bellissima, guardala!' replicherai: 'Che cosa sarà mai? Non vedo alcuna bellezza: dimostrami che nella Luna c'è bellezza!'. Nessuno riuscirà a dimostrarlo, poiché non si può dimostrare la bellezza. Se qualcuno dirà: 'Che bel mattino!' lo sommergerai immediatamente di critiche. Per sette giorni non dovrai fare altro che andare in giro per la città, criticando tutto e tutti".

Dopo sette giorni l'idiota tornò dal mistico. Non era solo, aveva un seguito di centinaia di persone, che dissero al mistico: "Hai fatto un miracolo! Il più grande idiota della regione si è trasformato nel più grande saggio. Nessuno riesce a tenergli testa nelle discussioni!".

È più facile criticare, è facilissimo: è difficilissimo creare.

Ciò che sto creando qui è invisibile. A meno che tu non abbia uno sguardo davvero comprensivo, sarai incapace di vedere. A meno che non entri in sintonia con me, sarai incapace di comprendere.

I giornalisti vivono su cose assolutamente stupide: tutto il loro investimento è sbagliato, le loro priorità sono sbagliate. Per questo sanno a perfezione come parlare degli uomini politici, poiché quello è il loro business: si capiscono a vicenda poiché parlano la stessa lingua. Ma quando si imbattono in una persona come me, la distanza è incolmabile: loro parlano una lingua, io una del tutto diversa. Non possono capire che cosa sto dicendo: continuano a fraintendermi, non fanno che rifilarmi le loro interpretazioni delle mie parole.

E pensano di essere molto astuti, credono di essere molto colti, si ritengono intellettuali raffinati! Si ritiene che siano parte dell'intellighenzia, ma è un malinteso: non è affatto così!

L'intelligenza è sempre creativa; solo l'assenza di intelligenza è critica. E criticare non ha un gran valore, per questo non presto molta attenzione a ciò che i media dicono di me. Né voi dovete preoccuparvi per loro: lasciateli perdere!

L'ultima domanda

Come riesci a parlare un anno dopo l'altro, rimanendo tuttavia sempre fresco come i raggi del Sole all'alba?

Suryananda, io sono un ubriacone! Non so che cosa ho detto ieri... e in realtà non so neppure che cosa ho detto oggi. Inoltre, piano piano, anche coloro che mi ascoltano diventano ebbri, e continuano a dimenticarsi. Ecco perché tutto sembra fresco e nuovo: né io né voi ci ricordiamo alcunché! Né è necessario ricordarlo...

Il prete novello, alla sua prima Messa, era talmente spaventato da non riuscire quasi a parlare. La settimana successiva, prima di tenere la sua seconda predica, chiese a un sacerdote più anziano un consiglio per rilassarsi. Il prete anziano suggerì: "Prima di salire sul pulpito, domenica prossima, potrebbe esserti utile versare un Martini nell'ampolla dell'acqua. Dopo qualche sorso, tutto andrà liscio".

La domenica seguente, il giovane prete mise in pratica il consiglio del suo collega anziano e parlò veramente a raffica. Dopo il sermone, chiese al prete anziano se gli fosse piaciuto, questi rispose: "Ci sono alcune cose che dovresti annotarti, prima di predicare di nuovo...

"Primo: la prossima domenica dovrai sorseggiare il tuo Martini, non berlo tutto d'un fiato.

"Secondo: i discepoli erano dodici e non dieci.

"Terzo: i comandamenti sono dieci e non dodici.

"Quarto: Davide ammazzò Golia con un sasso e una fionda, e non lo massacrò di botte fino a ridurlo a una poltiglia.

"Quinto: noi non ci riferiamo al nostro salvatore Gesù Cristo, come a 'G.C. e i suoi ragazzi'.

"Sesto: noi non ci riferiamo alla Croce come alla 'grande T'.

"Settimo: noi non ci riferiamo al Padre, al Figlio e allo Spirito Santo come a 'il grande vecchio, Junior e lo Spettro'.

"Ottava e ultima cosa, ma non per questo la meno importante, noi diciamo: 'La Vergine Maria' e non 'Quel gran tocco di Maria'".

Quinto discorso

La libertà contiene ogni cosa

Alla fine della Via
il Maestro scopre la libertà
dal desiderio e dalla sofferenza;
libertà senza confini.

Coloro che si sono illuminati
non rimangono mai nello stesso luogo.
Come cigni, si levano in volo
e abbandonano il lago.

Si levano nell'aria
e volano lungo una pista invisibile,
senza accumulare nulla, senza ammassare nulla.
Il loro cibo è il sapere.
Vivono di vuoto.
Hanno compreso il modo per liberarsi.

Chi potrebbe seguirli?
Solo il Maestro.
Tale è la sua purezza!

Come un uccello,
egli si leva nell'aria sconfinata
e vola lungo una pista invisibile.
Non desidera niente.
Il suo cibo è il sapere.

Egli vive di vuoto.
Egli si è liberato.

La ricerca del Buddha non era rivolta a Dio, non poteva esserlo. Se non lo conosci già, come potresti cercarlo? Se la tua ricerca dipendesse dal credere nell'esistenza di Dio, sarebbe falsificata fin dal principio.

Una vera ricerca non deve basarsi né sulla credenza né sulla miscredenza. Se sei un credente, proietterai la tua fede e, assecondandola, ti autoipnotizzerai. E il pericolo è proprio questo: di certo troverai la cosa in cui credi, ne creerai un'illusione.

Una fede profonda può creare uno spazio in cui sono possibili le allucinazioni. Ecco perché i cristiani possono vedere Cristo e gli hindu possono vedere Krishna; a un hindu non accadrà mai di vedere Cristo e a un cristiano non accadrà mai di vedere Krishna. Come mai? Perché tu vedi solo ciò in cui credi: non che siano apparizioni reali, sono immagini che tu proietti sulla realtà. La realtà funziona come uno schermo sul quale tu proietti continuamente i tuoi pregiudizi. Se sei un miscredente, naturalmente non c'è alcuna possibilità che ti appaiano: fin dall'inizio, la tua mente è chiusa.

Dunque, la ricerca del Buddha non era rivolta a Dio. Noi non sappiamo se esiste oppure no, non possiamo avere alcun punto di vista in proposito; e senza un presupposto, non abbiamo alcuna possibilità di ricerca nella sua realtà.

Questa è la differenza fondamentale tra l'approccio del Buddha e quello delle altre religioni. L'approccio del Buddha è di gran lunga superiore. Le altre religioni sono antropocentriche: la loro idea di Dio è solo l'idea che esse hanno dell'uomo; proiettata, ingrandita, ornata e abbellita il più possibile, ma si tratta soltanto dell'uomo proiettato in cielo.

Ecco perché i neri hanno un Dio che rispecchia la loro idea dell'uomo: un Dio che ha le labbra turgide e i capelli crespi; i cinesi ne hanno un'altra e gli indiani un'altra ancora. Sulla Terra ci sono trecento religioni, e non esistono trecento tipi di Dio. Come mai tante religioni? Queste trecento religioni sono suddivise in almeno tremila sette: in tutte ci sono differenze su Dio e sul concetto di Dio.

Il divino è uno, perché la realtà è una. Se il divino è sinonimo di realtà, se corrisponde alla realtà, non ci sono molte esistenze: ce n'è una sola che non può presentarsi con tante immagini diverse. Di fatto, nessuna immagine può rappresentare il divino, ogni immagine sarà inevitabilmente parziale. Proclamare che l'intera verità sta in una parte, è un peccato: un peccato contro te stesso, contro l'umanità, contro la verità.

Nell'istante in cui cominci a pensare al divino in termini antropocentrici, produci un'immagine; questa immagine non è altro che un giocattolo con il quale puoi giocare. Puoi adorarlo, puoi pregarlo, puoi inchinarti davanti a esso; comunque ti stai comportando solo in modo stupido. Ti stai inchinando davanti al tuo stesso giocattolo, stai adorando la tua stessa creazione! Le vostre chiese, i vostri templi, le vostre moschee sono solo questo: manufatti dell'uomo, costruzioni della mente umana.

Il divino non può essere costruito, non può essere parte della creazione umana; al contrario, l'uomo è una creazione divina. La Bibbia dice: "Dio creò l'uomo a propria immagine". Ma sulla Terra è accaduto l'esatto opposto: l'uomo ha creato Dio a propria immagine; ed essendoci naturalmente molti tipi di uomini, ci sono molti tipi di dei e ci sono forti dispute perenni, per stabilire chi sia nel giusto. Il problema non è *quale* concetto di Dio sia giusto, il problema fondamentale è: *di chi è* il concetto giusto di Dio.

Dio è diventato una pretesa dell'ego: i cristiani lottano contro i musulmani, i musulmani lottano contro gli hindu, gli hindu lottano contro i giainisti. E questo spiacevole rodeo continua... A causa di queste cosiddette persone religiose l'intera storia dell'umanità è stata imbruttita; quella gente ha dimostrato di essere quanto di più irreligioso si possa immaginare. Ha dimostrato di essere fanatica della peggior specie, del tutto cieca e piena di pregiudizi profondi; totalmente chiusa e restia ad ascoltare qualsiasi cosa fosse contraria alle sue idee, o che differisse anche minimamente dalle sue idee.

Le religioni hanno reso ciechi e sordi gli uomini; li hanno reso sciocchi, hanno tolto loro qualsiasi intelligenza.

Il mondo del Buddha è totalmente diverso, egli ci ha dato una visione del tutto differente. La prima cosa che dovete ricordare: il Buddha non nutriva interesse verso Dio... e il miracolo è che ha trovato il divino. La sua ricerca non era orientata verso Dio, tuttavia è giunto, è atterrato nel divino. La sua ricerca era iniziata da un'angolatura totalmente diversa, ed è quella l'angolatura giusta per iniziare. Se inizi da dove ha iniziato Buddha, è inevitabile trovare il divino.

H.G. Wells ha ragione quando afferma che Gautama il Buddha è l'uomo più divino mai esistito sulla Terra e tuttavia il meno dotato di divinità. Certo, il Buddha è un paradosso: nega Dio, afferma che Dio non esiste; dice che non devi venerarlo, non devi credere. Ricerca, non credere! Investiga e ricerca, senza alcun pregiudizio pro o contro. Inizia con una mente del tutto pura e aperta. Inizia come fossi un bambino, completamente innocente, che non abbia mai sentito parlare di Dio.

E non ti assicura che, iniziando in questo modo, troverai il divino, poiché conosce la scaltrezza della mente umana. Se il Buddha dicesse: "Iniziando in questo modo, troverai Dio", la tua mente direbbe: "Se è *questo* il modo per trovare Dio, inizia da qui!". Ma nella profondità del tuo essere rimane il desiderio di Dio; quel desiderio è frutto della tua psicologia: non è una ricerca spirituale.

Freud ha ragione quando afferma che Dio non è altro che la ricerca della figura paterna o materna. Il Buddha sarebbe stato d'accordo con Freud e l'avrebbe benedetto; in questo Freud ha avuto una intuizione adamantina. Non andò lontano, però aveva iniziato nel modo giusto; poi si è arenato a metà strada, poiché non era consapevole del Buddha, né di Lao Tzu. È rimasto fondamentalmente nella tradizione giudaico-cristiana, che non è molto evoluta, che non è ancora metafisica nel vero senso del termine.

Il cristianesimo e il giudaismo sono religioni molto terrene, più radicate nella psicologia umana che nella capacità spirituale di comprensione dell'uomo. Poiché la psicologia umana è un caos, qualsiasi cosa sia radicata nella psicologia umana è destinata a rimanere un caos.

L'uomo ha bisogno di una figura paterna, di qualcuno da cui possa dipendere. Nel nome di Dio gli uomini non cercano Dio, cercano solo pretesti per appagare il loro bisogno di dipendenza; cercano pretesti bellissimi, che non facciano sembrare la dipendenza una schiavitù. In questo modo anche la dipendenza inizia ad avere un sapore di religiosità, di spiritualità; ma il fatto che chiamiate Dio "il Padre" dimostra che cosa stavate cercando.

Ci sono religioni che chiamano Dio "la Madre": è la stessa cosa, è sempre lo stesso gioco, o Padre o Madre. Se la società è matriarcale, Dio diventa "la Madre"; se è patriarcale, Dio diventa "il Padre".

La Germania si definisce "padrepatria"; l'India si definisce "madrepatria": è solo una differenza nei nomi. Comunque chiami la tua patria, le cose non cambiano: comunque crei lo stesso stereotipo con tutti i guai che esso porta con sé. Le etichette sono diverse, ma la politica è la stessa; le etichette sono diverse, ma l'approccio infantile alla realtà è il medesimo.

Come mai cerchi Dio? Sei spinto dalla paura? Sì, in te *c'è* paura, perché è *presente* la morte. Se cerchi Dio spinto dalla paura, non lo troverai mai. È possibile trovarlo solo attraverso l'amore, mai tramite la paura.

In tutte le lingue del mondo esiste l'espressione "il timore di Dio", la persona religiosa è definita "timorata di Dio". È un'assurdità assoluta! La persona religiosa non è mai "timorata di Dio", è "amante del divino". La sua preghiera non scaturisce dalla paura, ma dalla gratitudine e da un amore immenso. La sua preghiera è un ringraziamento, non è una pretesa. Non chiede la sicurezza, poiché sa già di essere al sicuro. Non chiede la salvezza, non chiede protezione, poiché sa già che l'esistenza la protegge; l'esistenza è la nostra casa: noi apparteniamo all'esistenza e l'esistenza appartiene a noi. Perché l'uomo religioso dovrebbe chiedere cose simili? Cose che sono già a sua disposizione, che gli sono già state date, che sono intrinseche alla nostra stessa esistenza.

Ma il cosiddetto religioso continua a chiedere: forse ha perso il padre, forse ha perso la madre... ciascuno di noi li perde, un giorno o l'altro. Non che tuo padre muoia davvero, in quel caso lo perderesti; ma, nel momento in cui entri nella maturità e cominci a camminare con le tue gambe, perdi tuo padre, perdi tua madre e perdi tutte le tue illusioni infantili. È a quel punto che sorge in te una paura profonda: fino a quel momento tuo padre ti ha protetto, tua madre si è presa cura di te; adesso chi ti proteggerà e chi si prenderà cura di te? Il cielo ti sembra freddo e indifferente. L'esistenza ti sembra totalmente distaccata: non si prende cura di te in alcun modo, non le importa che tu viva o che tu muoia. Di fronte a tanto incommensurabile, sorge nel tuo essere una paura agghiacciante, un tremito inconsulto.

Soren Kierkegaard l'ha chiamato proprio un "tremore":

pensava che da quel tremore fosse nata la religione. Certo, la religione è nata da quel tremore; ma quella è una pseudoreligione, non è la vera religione.

La religione nasce in te quando sei centrato, radicato e non sei tremebondo. La religione nasce da un'enorme capacità di comprendere, non dalla paura. La religione nasce in te quando cominci a sentire che l'esistenza ti risponde con amore, che non è indifferente nei tuoi confronti, non è fredda; ti dà tepore e accoglienza. L'esistenza è la nostra stessa vita, come potrebbe essere indifferente nei nostri confronti?

Ma i cosiddetti religiosi continuano a implorare la protezione divina: di conseguenza Dio è chiamato "il grande Protettore". I cosiddetti religiosi continuano a implorare da Dio la vita eterna, poiché sono tremebondi, sono terrorizzati dalla morte... e con il passare dei giorni la morte si avvicina sempre di più. Tra breve ti circonderà e ti sprofonderà nelle tenebre; prima che accada, devi trovare una base sicura, una casa: tutto ciò stimola la tua ricerca di Dio.

Al Buddha non interessa una simile ricerca. Egli afferma che, anziché ascoltare la tua mente malata, patologica; anziché seguirla nella ricerca del divino, è meglio abbandonarla. È meglio lasciar perdere tutta questa patologia e liberarsi da quella mente, poiché in quella liberazione, è implicita la visione; in quella liberazione vi è la conoscenza.

Libero dalla mente diventerai qualcuno che ha conosciuto; sarai assolutamente certo dell'immortalità, dell'assenza di tempo, dell'assenza della morte, al punto da non aver bisogno della protezione di un Dio: ti sentirai già protetto. Con quella protezione ti inchinerai all'esistenza con gratitudine. Con quella protezione, con quelle cure, con quell'amore che dall'universo fluiscono su di te continuamente, in modo invisibile... ti nutrono in ogni istante. Tu inspiri ed espiri l'universo, nel tuo sangue scorre l'universo, nelle tue ossa, nella tua stessa carne dimora l'universo; nell'istante in cui questa diventa la tua esperienza, sei diventato religioso.

A quel punto sai che il divino esiste, ma è un divino totalmente diverso. Non è una figura paterna, non è affatto una figura. Non è una persona: è una presenza, è una presenza che trabocca da tutto il cosmo. Non è una persona che ti controlla, non è un dittatore che impone i suoi diktat. Non è il Dio dell'Antico Testamento che proclamava: "Io sono molto geloso!".

Il Buddha chiede: "Dio geloso?!". In questo caso chi trascenderà la gelosia? Il Buddha afferma che anche l'uomo deve trascendere la gelosia, solo così potrà conoscere il divino. Ma se devi abbandonare la tua gelosia per poter conoscere il divino, come potresti poi conoscere un Dio geloso? Abbandonare la tua gelosia per poter conoscere il divino, come potrebbe essere la condizione per conoscere un Dio geloso? Sarebbe del tutto illogico! Nell'Antico Testamento Dio proclamava: "Io sono geloso! Io sono collerico! Coloro che non mi ascoltano, saranno condannati in eterno".

Bertrand Russell ha scritto un libro: *Perché non sono cristiano*. In esso tratta molte tesi, una in particolare merita la nostra considerazione. Egli dice che il Dio degli ebrei e dei cristiani gli sembra molto ingiusto e poco imparziale, poiché ebrei e cristiani credono in una sola vita. Russell spiega: "Per quanto mi riguarda, tutti i peccati che ho commesso riceverebbero una condanna non superiore ai due anni, anche dal giudice più severo. E includendo anche i peccati che non ho commesso, ma che ho solo immaginato di commettere, arriveremmo al massimo a una condanna di otto, dieci anni".

In una vita di settant'anni quanti peccati potresti commettere? In una vita di settant'anni passi un terzo della vita dormendo, l'altro terzo lo impieghi per guadagnarti il pane; quanto tempo ti rimarrebbe per commettere peccati e quanti potresti commetterne? E il Dio degli ebrei e dei cristiani ti condannerà per l'eternità? È poco imparziale! A un uomo che ha vissuto settant'anni potrebbe anche dare una condanna di settant'anni: se vivere in sé è peccato, se respirare è peccato, ebbene potrebbe condannarlo all'inferno per settant'anni... ma mandarlo all'inferno per l'eternità, lasciarlo all'inferno per sempre... Russell dice che è un'ingiustizia: se questa è la vostra idea di Dio, che idea avete del demonio? Può Dio essere più satanico del demonio? Questo è un concetto davvero malvagio!

Ma poiché le cosiddette religioni sono fondate sulla paura, simili idee creano un vero terrore nella gente. E i preti sfruttano la vostra paura, dicendovi che sarete condannati, puniti: hanno creato dipinti e quadri dell'inferno, del fuoco infernale e di tutte le torture inventate da loro per rendere l'inferno quanto più reale possibile.

Questi preti non possono essere santi. Bisogna avere una mentalità assolutamente crudele per immaginare che qualcuno dovrà bruciare nel fuoco infernale per sempre; anche solo per pensarlo, per descriverlo nei libri.

Il Buddha afferma che la ricerca, la vera ricerca, non è orientata verso Dio, non può esserlo, poiché Dio è il bisogno di una mente patologica. Lascia che questo concetto penetri in profondità nel tuo essere, altrimenti non riuscirai a comprendere questa visione assai più elevata della religione.

In secondo luogo, il Buddha afferma anche che la religione non è una ricerca della verità poiché, nell'istante in cui cominci a indagare sulla verità, diventi un intellettuale. Tutta la tua ricerca diventa filosofica, intellettuale, razionale: la verità diventa un concetto razionale. Quindi, cominci a pensare che devi attraversare molti processi logici; devi discutere, dibattere, argomentare e solo così, alla fine, arriverai alla conclusione. Come se la verità fosse la conclusione di un processo logico, come se fosse un sottoprodotto dei tuoi sillogismi!

La verità non è intellettuale: l'intelletto cosa può pensare della verità? È tutta immaginazione, è tutta deduzione; al massimo potrebbe arrivare a una particolare ipotesi, un'ipotesi su cui lavorare, qualcosa di utile, ma non arriverebbe mai alla verità.

Ecco perché la filosofia non raggiunge mai la verità e continua semplicemente a girare in tondo, in un circolo vizioso. Neppure la scienza raggiunge mai la verità, al massimo può imbattersi in un'ipotesi, che oggi accetta ma che domani respingerà, poiché avrà scoperto un'ipotesi migliore, più funzionale che annulla quella precedente.

Newton è stato superato da Einstein, Einstein, prima o poi, sarà superato da qualcun altro. La scienza non raggiunge mai la verità, la verità suprema. Ogni cosa è utile e, se funziona, è degna di essere usata, ma il problema non è la verità. Il problema è l'utilità.

Il Buddha dice che la verità può essere solo esistenziale, non può essere intellettuale. Nella ricerca della verità l'intelletto farà la sua parte, l'emotività farà la sua e anche il corpo parteciperà: al centro vi sarà la vostra consapevolezza che osserva. Sarà un fenomeno totale: non solo intellettuale e non solo emotivo.

Esistono due tipi di religioni: le religioni intellettuali e le religioni emotive. La religione intellettuale filosofeggia, la religione emotiva venera, prega: entrambe sono parziali. E la verità non è solo la somma finale delle sue parti, è molto più della somma totale delle sue parti.

Ecco perché il Buddha afferma che è necessario un approccio esistenziale, non solo intellettuale e non solo emotivo. È qualcosa che il filosofo non scoprirà mai, né potrà farlo il devoto!

In terzo luogo, il Buddha afferma: "La mia non è neppure la ricerca della beatitudine..." poiché tu non puoi neppure concepire cosa sia la beatitudine. Qualsiasi tuo concetto di beatitudine sarà inevitabilmente colorato dalla tua idea di felicità. La tua idea di felicità non è granché simile alla beatitudine, non le si avvicina affatto. La tua idea di felicità si avvicina di più all'infelicità. La tua idea di felicità non è altro che l'opposto dell'infelicità: entrambe sono unite, sono due aspetti della stessa energia. Sono unite come il giorno è unito alla notte: il giorno segue la notte, poi la notte segue il giorno e via di seguito. Per un momento sei felice, il momento successivo sei infelice; poi di nuovo sei felice e il momento successivo sei infelice... in questo modo sciupi tutta la tua vita.

Quando senti la parola beatitudine che immagine sorge nella tua mente? Uno stato di felicità, di felicità eterna, uno stato in cui non conoscerai mai più l'infelicità; ma se sparisse da te l'infelicità, non potrebbe rimanervi la felicità. Se le tenebre scomparissero completamente, non esisterebbe più la luce. Sono interdipendenti: appaiono contraddittorie, invece sono complementari.

Pertanto, qualsiasi tuo concetto di beatitudine sarebbe errato fin dall'inizio. Sarebbe la ricerca di un nuovo edonismo, forse spirituale, forse metafisico; forse non cercheresti la felicità su questa sponda; ma la cercheresti sull'altra.

È ciò di cui parlano le religioni. In nome del cielo, in nome del paradiso, proiettano altrove le opportunità che hanno perso nella vita. Se analizzi le idee che i diversi popoli hanno del paradiso, comprendi immediatamente quali opportunità hanno perso nella vita. Non apprendi niente del paradiso ma, dal concetto che ogni popolo ne ha, comprendi di certo quali opportunità quella gente ha perso nella vita.

Per esempio, il paradiso islamico si prende cura degli omosessuali. È strano! D'altra parte, allorché fece i primi passi, l'islamismo si trovò di fronte a una pratica omosessuale largamente diffusa, e ancor oggi in quei Paesi è predominante... e quello è l'unico paradiso possibile, per quella gente. Pertanto, se qualche omosessuale mi ascolta, dovrebbe ricordarsi una cosa: quando morirà, allorché gli verrà chiesto dove vuole andare, deve rispondere immediatamente: "Nel paradiso islamico", di certo vi troverà ottimi club per omosessuali! Ma non deve andare in un paradiso hindu: lì non ce ne sono! In India è qualcosa di inimmaginabile, quello è sempre stato un peccato mortale.

Se andassi nel paradiso degli antichi greci, troveresti che l'omosessualità è molto apprezzata. Di fatto, nella cultura greca è sempre esistita l'opinione che la bellezza del corpo maschile superi di gran lunga quella del corpo femminile; di conseguenza, la scultura greca si è concentrata sul corpo maschile. Anche nelle scuole filosofiche di Platone e di Aristotele, l'omosessualità era una regola, non un'eccezione. L'idea greca del paradiso combacia inevitabilmente con la mentalità greca.

Nel paradiso hindu troveresti donne bellissime, ferme all'età di sedici anni per secoli e secoli, poiché la ragazza sedicenne è l'ideale di bellezza per gli hindu: sono escluse perfino le diciottenni, non parliamo poi delle ventunenni! Gli hindu pensano che il corpo della donna raggiunga la perfezione a sedici anni, dopo di che inizia il deterioramento. Poiché i cosiddetti santoni hindu si privano da sempre di ogni rapporto con la donna e con l'energia femminile, le loro menti sono fortemente ossessionate dalle donne; naturalmente devono trovare altrove qualche consolazione: la consolazione è il loro paradiso.

Nel loro paradiso le donne hanno corpi dorati, occhi di diamante. Che donne saranno mai? Completamente morte! Non penso che i santoni hindu permetterebbero che nelle loro vene scorra sangue, sarebbe meglio il latte di mucca, sarebbe più puro e più santo! Queste ragazze continueranno a danzare e a cantare intorno ai saggi; gli stessi saggi che sulla Terra avevano rinunciato a vivere in famiglia. Per loro sarà una vera e propria scampagnata! Nel loro paradiso trovano tutto ciò che hanno perso sulla Terra.

Analizza il paradiso di qualsiasi razza, di ogni nazione, di ogni religione e scoprirai tutto ciò che quei popoli hanno perso sulla Terra. Il paradiso hindu è ricchissimo: gli hindu sono poveri. Nel paradiso hindu scorrono fiumi di latte: nella loro terra non c'è l'acqua. Nel mondo reale gli hindu non riescono neppure a trovare l'acqua pura nei loro fiumi.

Da almeno quindici anni non ho mai assaggiato l'acqua: ho dovuto dipendere dall'acqua minerale! Trovi ogni sorta di impurità nei fiumi indiani, nell'acqua indiana, poiché il sistema di scarico delle acque nere le fa riversare nei fiumi; inoltre tutti fanno il bagno nei fiumi: le mucche, i bufali e gli indiani. Sembra che i fiumi indiani siano i più inquinati... e quella è l'unica acqua potabile! Ma nel loro paradiso raggiungono la perfezione, poiché hanno lasciato perdere del tutto l'acqua... nei fiumi scorre il latte e la cagliata!

Inoltre ci sono alberi che appagano i desideri; ti siedi semplicemente sotto un albero e non hai alcun bisogno di lavorare: gli indiani sono stanchi di lavorare, sono arrivati al limite dell'esaurimento! Ti siedi semplicemente sotto l'albero che appaga i desideri e ti sarà dato immediatamente tutto ciò che desideri, all'istante: come il caffè istantaneo. Ma anche per preparare il caffè istantaneo occorre un po' di tempo; viceversa se, stando sotto l'albero che appaga i desideri, sorge in te il desiderio di "una donna", la donna appare. Del "cibo", il cibo appare. Di una "Coca-Cola", la Coca-Cola appare. In India da secoli la gente muore di fame: l'albero che appaga i desideri rivela semplicemente la moria per fame nella nazione, la povertà della nazione.

Quando queste sacre scritture furono redatte, nel mondo molte cose ancora non c'erano, perciò non vi sono citate; altrimenti in paradiso ci sarebbero anche le Rolls Royce d'oro massiccio per i grandi saggi, per i mahatma, per i santi. Per loro, in paradiso ci sono troni dorati, perciò le Rolls Royce d'oro massiccio non sarebbero una stonatura. In India dovete spostarvi su automobili di nessun valore e anche queste sono difficilmente reperibili. L'India produce le automobili di qualità peggiore nel mondo intero!

Ho sentito raccontare che il proprietario della fabbrica di Ambassador – l'ho conosciuto, era mio amico, perciò credo che la storia sia vera – quando morì fu accolto immediatamente in paradiso. Era molto perplesso perché non si aspettava tanto! Pensava che avrebbe potuto ottenere una buona sistemazione all'inferno, ed era pronto ad accontentarsi. Questo onore era troppo per lui! Era perplesso e, quando si aprì la porta del paradiso, chiese al guardiano: "Non c'è un errore?

Pensavo che sarei stato gettato all'inferno: non ho mai fatto niente di buono! Perché mi accogliete in paradiso?".

Il guardiano rispose: "Hai costruito l'Ambassador e, grazie a questa automobile, molte persone si rammentavano di Dio a ogni istante. È stata più utile di qualsiasi altra cosa: chiunque viaggiasse sull'Ambassador esclamava continuamente: 'Dio, Dio mio!'. Tu hai reso religiose un'infinità di persone! Perfino gli atei quando viaggiavano sull'Ambassador nominavano Dio continuamente: erano costretti a farlo! Ecco perché ti sei meritato questa concessione speciale: ti è stata riservata una sistemazione speciale in paradiso!".

Se oggi qualcuno scrivesse le sacre scritture, vi includerebbe anche le Rolls Royce d'oro massiccio e tutto ciò che manca sulla Terra ai popoli moderni.

Il Buddha ha affermato: "La mia non è la ricerca della beatitudine... poiché, nel momento in cui parlassi di beatitudine, la gente comincerebbe a pensare ai piaceri. La gente semplicemente fraintenderebbe".

Ma allora, che funzione avrebbe per lui la beatitudine? Il Buddha ha scelto una parola mai usata prima; egli ha detto: "La mia è ricerca di libertà!". Questa parola è immensamente importante: libertà dall'ego, libertà dalla mente, libertà dai desideri, libertà da tutte le limitazioni. In un certo senso, il Buddha è stato estremamente scientifico nel suo viaggio interiore. Egli ha affermato che, se riesci a creare nel tuo essere uno spazio in cui la consapevolezza sia totalmente libera, potrai raggiungere tutto: raggiungerai il divino, raggiungerai la verità, la bellezza e la beatitudine; ma ciascuna di queste realizzazioni è possibile solo nella libertà.

Da qui questi sutra:

> Alla fine della Via
> il Maestro scopre la libertà
> dal desiderio e dalla sofferenza;
> libertà senza confini.

Non Dio, non la verità, non la beatitudine, ma la libertà. "Libertà" è la parola nella quale il Buddha include tutto: Dio, la beatitudine, la verità e la bellezza. E la libertà evita qualsiasi altro inciampo, ma ha bisogno di coraggio: non puoi ottenere la libertà se sei preda della paura. La libertà richiede che tu abbandoni ogni identificazione con la mente e con il corpo, altrimenti rimarresti limitato, non potresti essere libero.

Libertà significa che sei uscito da questa mente che desidera in continuazione. Il paradiso è creato dalla mente che desidera in continuazione; se abbandonassi i desideri, come potresti parlare di paradiso? Se abbandonassi i desideri, la tua sofferenza sparirebbe automaticamente, poiché la sofferenza è l'ombra del desiderio. Più desideri hai e più ti senti frustrato, poiché nessun desiderio è mai appagato. Il desiderio è inappagabile per sua stessa natura; non è che *tu* sia incapace di appagare i tuoi desideri: il desiderio per sua stessa natura è inappagabile e si ingrandisce sempre più. All'inizio desideri avere diecimila euro; quando li ottieni, il tuo desiderio ti ha già sorpassato e ne chiede centomila.

È come la linea dell'orizzonte che circonda la Terra: sembra sia vicinissima... invece, più avanzi e più si allontana. La distanza tra te e la linea dell'orizzonte rimane sempre la stessa. Di fatto, non esiste un punto in cui la Terra incontra il cielo: la linea dell'orizzonte non esiste; è un miraggio che appare soltanto ma che non è una realtà.

Così è l'appagamento: un semplice miraggio; appare soltanto, sembra vicinissimo, allettante, incantevole, invitante. E tu continui a inseguirlo e sprechi tutta la vita, e allorché starai per morire, non ti sarai mosso neppure di un passo per raggiungere un appagamento. Le persone muoiono nello stesso punto in cui sono nate; muoiono nella stessa stupida condizione in cui sono nate.

Ho sentito raccontare:

Sir Henry, annoiato dal ritmo quotidiano della campagna inglese, si recò in Francia e andò in una casa di tolleranza rinomatissima.

In risposta alla sua richiesta di qualcosa di insolito, la maîtresse suggerì: "Potrei darle Hot Tung, una prelibatissima ragazza cinese".

"No," rispose il lord, "l'ho già gustata una volta."

La maîtresse gli chiese: "Forse vorrebbe scegliere nel nostro gruppo di negre africane?".

"No," rispose il lord, "ho già gustato anche una di quelle. In realtà, l'unica emozione che non ho ancora provato sarebbe avere una bambina acerba di otto anni."

"Ma questo è atroce!" strillò la maîtresse inorridita. "L'idea in sé è criminale! Chiamerò un poliziotto!"

"Non lo faccia!" esclamò l'inglese. "Ho già provato anche con un poliziotto."

Puoi avere tutto, tuttavia non avrai niente. Potresti avere tutte le ricchezze del mondo, eppure rimarresti povero. Potresti avere tutto ciò che il mondo ti offre, eppure la tua insoddisfazione sarebbe sempre più profonda; infatti, prima c'erano speranze, adesso non esistono più neppure quelle.

Alla fine della Via
il Maestro scopre la libertà.

La meta è trovare la libertà; ma prima devi diventare padrone di te stesso, Maestro della tua consapevolezza; è quello l'inizio, il primo passo. Adesso non sei Maestro della tua consapevolezza; sei lo schiavo di mille e un desiderio, di mille e un pensiero, di mille e una immaginazione che ti tirano in direzioni opposte. Tu non sai chi sei, né che cosa stai facendo; non sai perché esisti, non conosci lo scopo della tua vita, non hai il minimo senso di orientamento. Come potresti essere padrone di te stesso?

Per diventare padrone di te stesso, come prima cosa devi diventare più consapevole delle tue azioni e dei tuoi pensieri. L'inconsapevolezza è una schiavitù, la consapevolezza è la padronanza di se stessi.

Io chiamo *swami* i miei sannyasin; in hindi *swami* significa "il Maestro". Indica colui che sta tentando di centrarsi nel proprio essere, di radicarsi nella propria consapevolezza e di non essere più preda involontaria dei desideri. I desideri sono molto scaltri e l'ego gioca certi tiri mancini... per cui, a meno che non vigili costantemente, rimani uno schiavo.

Rabinowitz viveva a Berlino con la moglie in una mansarda la cui entrata era stata occultata, perché i nazisti non la trovassero. Un giorno decise di uscire a prendere una boccata d'aria. Mentre passeggiava, si trovò faccia a faccia con Hitler.
Il capo dei nazisti estrasse una pistola, la puntò su un mucchio di sterco equino che giaceva sulla strada e urlò: "Bene, ebreo, o lo mangi o io ti ucciderò!". Tutto tremante, Rabinowitz eseguì l'ordine ricevuto.
Hitler cominciò a ridere a crepapelle, al punto da lasciar cadere a terra la pistola; prontamente Rabinowitz la raccolse e

gli intimò: "Adesso, o finisci di mangiare questo sterco o io ti ucciderò!". Il Führer si chinò, appoggiò le mani per terra e iniziò a mangiare.

Mentre Hitler era occupato in quel rituale, Rabinowitz schizzò via, volò lungo un vialetto, scavalcò una siepe e fece d'un fiato le scale che conducevano al suo nascondiglio. Entrò in casa, richiuse la porta e girò la chiave nella serratura di sicurezza. Poi urlò alla moglie: "Bessie! Bessie! Indovina con chi ho pranzato oggi!".

L'ego è molto astuto: riesce a scoprire un'opportunità anche dove non esiste; riesce a rendere possibile anche l'impossibile. E devi essere attentissimo, poiché la mente continua a razionalizzare; può continuare a razionalizzare qualsiasi cosa e può farlo in modo egregio, al punto da rendertela attraente: tu sei illuso dalla tua stessa mente!

Se non ti impegni realmente, con tutto te stesso, al conseguimento della libertà, ti riuscirà impossibile essere libero. È rarissimo che un uomo riesca a essere libero, è molto raro: un Gesù, un Mosè, un Maometto, sono rarissimi e remoti nel tempo; tuttavia ogni uomo ha la capacità, tutti hanno in sé il seme, il potenziale per esserlo. Tu puoi diventare un Gesù, un Buddha, un Confucio, un Socrate.

Hai in te tutto ciò che è necessario, hai tutti i requisiti; ti manca soltanto una cosa: non hai ancora preso una decisione, sei tuttora indeciso; non hai ancora deciso di diventare padrone del tuo stesso essere. E di conseguenza accumuli un'infinità di delusioni, provocate da cose sciocche, che riesci comunque a razionalizzare.

Pochi sanno che Sherlock Holmes aveva un vizio segreto che non è mai stato rivelato nei suoi romanzi. Un pomeriggio il dottor Watson arrivò al 221/B di Baker Street, ma la governante gli comunicò che Holmes aveva una visita: una studentessa.

Watson si sedette in attesa, poi udì provenire dallo studio dei suoni soffocati. Temendo che la studentessa fosse un'assassina travestita, spalancò la porta dello studio... e si trovò di fronte uno spettacolo a dir poco sconvolgente: il grande investigatore e una ragazzina, giovanissima, stavano facendo un gioco a dir poco disgustoso.

"Buon Dio, Holmes" esclamò il dottore con tono insolente. "Che studentessa è mai questa?"

Al che Holmes sogghignò: "Elementare, mio caro Watson, elementare!".

Riuscirai sempre a trovare i mezzi e i modi per proteggerti, per illudere gli altri e te stesso, a meno che tu non prenda una decisione definitiva e consapevole: questa decisione io la chiamo "sannyas".

Il sannyas non è altro che una decisione, la tua decisione definitiva, il tuo impegno, il tuo coinvolgimento: "Da questo momento in poi, convoglierò tutta la mia energia in un'unica direzione: verso la mia libertà. Ho deciso che sarò libero, libero da ogni desiderio, libero da ogni sofferenza; la mia meta è una libertà senza confini".

E la potrai raggiungere: nel momento in cui la decisione è presente e tu vi riversi ogni tua energia, nutrendola, nessuno potrà impedirti di conseguirla. È un tuo diritto di nascita.

> *Coloro che si sono illuminati*
> *non rimangono mai nello stesso luogo.*
> *Come cigni, si levano in volo*
> *e abbandonano il lago.*

Il Buddha dice: se comincerai a risvegliarti, rimarrai sorpreso nel vedere che sei rimasto bloccato nello stesso luogo per tutta la vita e che, in realtà, non stavi avanzando di un passo. Il tuo procedere era vuoto, era impotente. Non avanzavi affatto, poiché non raggiungevi nessun luogo; andavi avanti e indietro sulla stessa sponda e pensavi che, correndo su e giù, avresti raggiunto l'altra sponda. Invece essa è più lontana che mai: stai sprecando inutilmente il tuo fiato.

> *Coloro che si sono illuminati...*

Coloro che si dedicano al raggiungimento della libertà, coloro che hanno preso la decisione: "Da questo momento in poi mi libererò da tutte le tenebre che esistono dentro di me, da tutte le immaginazioni per il mio futuro, da tutto ciò che rappresenta il mio passato; mi libererò da ogni cosa. Io sarò libertà pura, così da poter avere le ali e volare in alto, fino alle altezze più elevate dell'essere e dell'esistenza". Se non decidi di operare in questo senso... ma per deciderlo ci vuole coraggio!

Molte persone arrivano sulla soglia della meditazione e poi esitano per mesi e mesi: sono indecise se fare il salto oppure no e non pensano mai, neppure per un istante, che perderanno tutto ciò che hanno; non si rendono conto, neppure per un istante, che il tempo sta sfuggendo dalle loro mani... e il domani potrebbe non arrivare mai! Se devi fare qualcosa, devi farla immediatamente.

D'altra parte, l'uomo è strano nei suoi comportamenti! È pronto a fare immediatamente le cose inutili, viceversa rimanda ciò che ha un valore immenso. Continua a dire: "Domani" e il domani non arriverà mai, arriverà invece la morte.

È qualcosa che è già accaduto molte volte. Questa non è la tua prima vita sulla Terra, hai già vissuto milioni di vite e, in ogni vita, questo tuo rimandare ha sempre causato la tua infelicità.

Non rimandare più: usa questa opportunità, usa il contesto che io sto creando. Questo è un Buddhafield, un campo di energia spirituale! Se sarai pronto a fare un salto in questo contesto, non sarai mai più la stessa persona! Ma il tuo salto dovrà essere totale. Non dovrai aggrapparti a questa sponda, dovrai abbandonarla assolutamente! E proprio nel tuo lasciarla, proprio in quella rinuncia, si scatena la trasformazione e tu inizi a essere libero.

Non sono le catene che ti tengono prigioniero, tu stesso ti tieni incatenato, tu stesso ti aggrappi a quelle catene. È una situazione veramente assurda! Non è una prigione che ti impedisce di uscire; tu stesso hai paura di uscire e continui a credere che non esista una via d'uscita; pensi: "Che cosa ci sarà mai da scoprire? Coloro che sono usciti, non sono mai più tornati. Chissà? Là fuori potrebbero esserci animali feroci e pericoli... qui sono al sicuro e vivo comodamente".

Non pensare in funzione delle comodità, pensa in termini di libertà. Non pensare in funzione della sicurezza, pensa in termini di maggior vitalità. E l'unico modo per essere più vitale è vivere pericolosamente, rischiare e lanciarsi nell'avventura; e la più grande avventura per l'uomo non è andare sulla Luna, bensì raggiungere il centro del proprio essere.

Coloro che si sono illuminati
non rimangono mai nello stesso luogo.

Non restare immobile come l'acqua di uno stagno, non restare fisso nello stesso punto della tua interiorità: muoviti! Il movimento è vita: devi diventare un fiume. Non restare immobile come l'acqua di uno stagno, diventeresti maleodorante!

Ecco perché milioni di persone puzzano: la loro vita sembra non essere un dono né una benedizione. La loro vita non è pervasa da un'aura di bellezza, non irradia alcuna luce. Tutte queste persone sembrano immerse nelle tenebre e nella disperazione, sono assolutamente depresse, vivono nascoste nelle loro caverne; sembrano incapaci di vivere alla luce del Sole e della Luna, esposte alla pioggia e ai venti; non hanno il coraggio sufficiente per sbocciare come i fiori, né per esporsi ai rischi, o per volare con le loro ali.

Coloro che si sono illuminati
non rimangono mai nello stesso luogo.

Questo significa crescere: continua a crescere! Il divino non è qualcosa che puoi incontrare per strada, Dio è la tua crescita suprema. Non puoi trovare Dio da qualche parte: tu stesso devi *diventare* divino. Di fatto tu *sei* divino: devi soltanto scoprire la tua realtà!

L'essere umano autentico è colui che continua a crescere. Ogni mattino, il Sole non lo troverà mai nello stesso luogo in cui l'aveva lasciato la sera precedente; e ogni sera il Sole lo troverà da qualche altra parte, mai nello stesso luogo in cui l'aveva lasciato al mattino. L'essere umano autentico è movimento, è rivoluzione: continua ad avanzare, senza mai guardarsi alle spalle; egli non ripercorre mai le vecchie strade che ha percorso in passato; scopre in continuazione la propria strada.

Come cigni, si levano in volo
e abbandonano il lago.

Avete mai visto i cigni quando, dal lago, si levano in volo? Mi rammentano Ramakrishna. A soli tredici anni gli accadde il primo *samadhi*, ebbe il primo baluginio del divino, della verità, della beatitudine! Era il figlio di un agricoltore e stava tornando a casa dai campi. La strada costeggiava un lago e stava per arrivare la pioggia, i monsoni erano imminenti. Il cielo si stava coprendo di nubi, nubi nerissime; nell'aria scoppiavano lampi e tuoni. Ramakrishna si mise a correre, poiché sentiva che la pioggia sarebbe caduta a scrosci. Correva sulla strada che costeggiava il lago del villaggio, nel quale vivevano dei cigni, e questi, disturbati dal suo passaggio, si levarono in volo tutti insieme.

Il cigno è uno degli uccelli più belli, il più candido; è il simbolo della purezza, dell'innocenza. Un nutrito stormo di cigni si levò in volo all'improvviso e saliva in cielo, sullo sfondo cupo delle nubi nere... Ramakrishna si sentì trasportare in un altro mondo. La visione era talmente bella e gli trasmetteva un messaggio così forte, da farlo stramazzare sulla riva del lago, rapito dall'estasi. La sua gioia era tale che non riuscì a contenerla e perse i sensi!

Altri agricoltori stavano tornando dai campi alle loro case e tutti correvano, poiché le nubi erano sempre più fitte; tutti volevano arrivare a casa prima che la pioggia cominciasse a scrosciare, ma scoprirono Ramakrishna per terra, svenuto, in riva al lago... il suo viso esprimeva una tale gioia e il suo corpo era così radioso, che tutti caddero in ginocchio. Era un'esperienza straordinaria! Si trovavano di fronte a qualcosa che non apparteneva a questo mondo!

Sollevarono Ramakrishna, lo portarono a casa sua e si prostrarono, venerandolo! Quando il ragazzo riprese i sensi, gli chiesero: "Che cosa ti è accaduto?".

Egli rispose: "Ho ricevuto un messaggio dall'aldilà: 'Ramakrishna, diventa un cigno! Spalanca le tue ali, tutto il cielo ti appartiene! Non rimanere intrappolato nel lago, con le sue comodità, la sua sicurezza e le sue garanzie!'. Io non sono più la stessa persona: ho ricevuto una chiamata. Dio mi ha chiamato!".

Da quel giorno, Ramakrishna non fu più la stessa persona: i cigni levatisi in volo nel cielo avevano fatto esplodere qualcosa nel suo essere.

Il Buddha dice:

> *Come cigni, si levano in volo*
> *e abbandonano il lago.*

È come se stesse predicendo qualcosa su Ramakrishna! La distanza temporale tra di loro è enorme: venticinque secoli li separano, ma la previsione era esatta. La previsione non si riferiva solo a Ramakrishna, ma anche a tutti coloro che si sarebbero risvegliati in futuro: si riferisce a tutti i Buddha.

In Oriente, il cigno è diventato il simbolo di tutti gli illuminati; perciò ogni illuminato è chiamato *paramahansa*, che significa *grande cigno*.

> *Si levano nell'aria*
> *e volano lungo una pista invisibile,*
> *senza accumulare nulla, senza ammassare nulla.*
> *Il loro cibo è il sapere.*
> *Vivono di vuoto.*
> *Hanno compreso il modo per liberarsi.*

Questo sutra ha un'importanza immensa. Assorbilo lentamente, lascia che penetri nel tuo cuore!

> *Si levano nell'aria...*

Il mondo spirituale è un mondo sottile, è più simile all'aria che non alla terra: puoi sentirlo, ma non riesci a vederlo. Puoi respirarlo, viverci, ma non riesci a chiuderlo in un pugno, poiché è invisibile.

> *Si levano nell'aria*
> *e volano lungo una pista invisibile...*

Il percorso di un Buddha, di un risvegliato, è invisibile. Di conseguenza, nessuno riesce a seguirlo: egli non lascia orma alcuna. È simile al cigno che vola nel cielo senza lasciare traccia; non assomiglia a un uomo che cammina sulla sabbia.

Il Buddha ripeteva continuamente: "Io sono simile a un cigno, a un uccello che vola nel cielo, non lascio traccia alcuna. Pertanto non potete imitarmi, non è necessario che vi preoccupiate di imitarmi; vi sarà utile comprendermi". Ascolta, senti, assorbi lo spirito del Buddha; questo è tutto. Lasciati nutrire dalla sua presenza, sii elettrizzato dal suo essere; non tentare di imitarlo, di diventarne la fotocopia: il divino ama solo chi è originale e respinge qualsiasi copia.

> *Si levano nell'aria*
> *e volano lungo una pista invisibile,*
> *senza accumulare nulla, senza ammassare nulla.*

L'illuminato non accumula nulla, non immagazzina niente: rimane del tutto vuoto interiormente. *Senza accumulare nulla, senza ammassare nulla,* significa che, in ogni istante, muore al passato. Tu accumuli il passato e lo immagazzini, poiché pensi che abbia valore: è solo un ammasso di cianfrusaglie! Perfino le esperienze più incredibili fatte in passato non sono altro che pattume: quando formavano il tuo presente, erano cose eccezionali ma ora che sono il tuo passato, sono del tutto inutili. Gettale via! Dimentica il passato, in questo modo potrai restare limpido, puro e aperto a ciò che è nuovo. Se sei troppo ingombrato dal passato, come potresti essere aperto a ciò che è nuovo? E il nuovo preme in continuazione verso di te! Mantieniti spazioso, crea sempre più spazio dentro di te e l'unico modo per farlo è non ammassare nulla.

Il passato immagazzinato in te diventa il tuo ego, crea il tuo ego e questo ti riempie al punto da non lasciare spazio affinché il divino, o la verità, possa entrare in te; non permette che la beatitudine fluisca in te, non lascia che la bellezza penetri in te.

La luce del Sole arriva a bussare alla tua porta, ma la tua porta è chiusa. La luce della Luna arriva e aspetta davanti alla tua porta, ma tu non apri, poiché sei stracolmo di te stesso. L'unica barriera tra il divino e te, sei tu stesso: devi scomparire.

Ricorda che l'ego troverà sempre nuove strade per rientrare in te. Se lo scacci dalla porta principale, rientrerà da quella di servizio. Indosserà nuove maschere; potrà diventare sapere, studio, austerità; potrà fingere di essere qualsiasi cosa. Comunque, ricorda che il passato accumulato in te, culminerà inevitabilmente in un ego. E l'ego fa continuamente dei confronti, pensa sempre in termini di superiorità e di inferiorità. A causa di quei paragoni, di quelle idee di superiorità o di inferiorità, tu continui a soffrire e vivi nella sofferenza.

Nessuno è superiore e nessuno è inferiore, poiché ogni

paragone è falso; i paragoni in sé non hanno valore. Non puoi paragonare due persone tra loro, perché ciascun essere umano è unico; nessun essere umano è simile a un altro. Potresti paragonare tra loro due automobili Ford, ma non due esseri umani; che cosa potresti dire degli esseri umani? Non puoi paragonare tra loro due piante di rose, né due rocce; non puoi paragonare tra loro due ciottoli sulla spiaggia, poiché ciascuno è unico. Nessun altro ciottolo gli assomiglia, non solo sulla Terra, ma neppure su qualsiasi altro pianeta esistente.

Gli scienziati affermano che esistono almeno cinquantamila pianeti sui quali c'è la vita e milioni e milioni di pianeti morti. Su ciascuno di quei pianeti devono esserci milioni di ciottoli; ebbene, non troveresti mai due ciottoli uguali. Come potresti paragonare tra loro due cose dissimili?

Fare paragoni è il metodo dell'ego. Evita di fare paragoni, altrimenti soffrirai sempre, in due modi. A volte l'ego ti farà sentire superiore a qualcuno, allora ti darai delle arie, quel senso di superiorità invaderà la tua mente e ti renderà teso; non camminerai più sulla Terra, ti sentirai ebbro, drogato. Altre volte l'ego ti farà sentire inferiore a qualcuno, allora ti sentirai mortificato, a pezzi e di nuovo sarai invaso dall'angoscia, dal dolore...

Tutto ciò ti accadrà continuamente poiché, mentre in qualcosa potrai sembrare superiore a qualcuno, in qualche altra potrai sembrare inferiore a qualcun altro. Qualcuno è più alto di te, qualcun altro è più basso di te. Qualcuno è più bello di te, sebbene tu sia più alto di lui. Qualcuno è più colto di te, sebbene tu sia più bello. Qualcuno è più forte di te, è più muscoloso, è più atletico: di fronte a lui, sembri un esemplare impoverito. Qualcuno è talmente brutto da farti sentire meraviglioso, al confronto; qualcun altro è così bello, da farti sentire bruttissimo. In queste dinamiche verrai sempre tirato da una parte o spinto dall'altra e ti ritroverai frantumato tra queste due rocce.

Harlemite Huckley guidava la sua Cadillac blu per le strade del Mississippi. Si fermò di fronte a un distributore di benzina e suonò il clacson.
"Cosa vuoi ragazzo?" gli chiese il benzinaio.
"Dammi dieci galloni di benzina" rispose Huckley. "Controlla l'olio e pulisci il parabrezza. Guarda che ho fretta!"
Il benzinaio estrasse immediatamente una grossa pistola cali-

bro 38, raccolse una latta di benzina vuota ed esclamò: "Devi essere uno di quei furbetti che vengono dal Nord. Ebbene, ragazzo mio, noi ci aspettiamo che tipi come te si comportino bene, da queste parti".

Lanciò in aria la latta e le sparò al volo, vuotando il caricatore. Quando la latta ricadde sul terreno, aveva cinque fori. Il benzinaio l'agitò contro Huckley dicendogli: "Guardala bene, e rifletti su ciò che hai visto!".

Huckley guardò, poi scese dalla Cadillac e prese una mela che si trovava sul sedile dell'auto. La lanciò in aria, estrasse un coltello e, mentre la mela ricadeva, fece alcune mosse con il coltello. La mela atterrò ai piedi del benzinaio: era sbucciata, privata del torsolo e tagliata in quattro pezzi.

Il benzinaio chiese con estrema gentilezza: "Quanti galloni di benzina desidera, signore?".

Tutto ciò accade ogni giorno, in ogni momento. Esistono milioni di individui e ogni individuo è unico: lascia perdere l'assurdità di fare paragoni; ma non lo potrai fare se, prima, non avrai abbandonato il passato: il passato *vive* di paragoni, l'ego *si nutre* di paragoni.

Il Buddha dice:

...senza accumulare nulla, senza ammassare nulla.
Il loro cibo è il sapere.

"Il sapere" non è la traduzione esatta di ciò che il Buddha intendeva dire. Sarebbe stato più vero tradurre con "la conoscenza" e non con "il sapere". Può sembrare non esserci molta differenza tra queste due parole, invece la differenza è enorme, immensa. È importantissimo comprendere la differenza tra "la conoscenza" e "il sapere".

Il sapere appartiene sempre al passato, è un fenomeno concluso, giunto al termine. La conoscenza è un processo che si svolge sempre nel presente. La conoscenza è viva, il sapere è morto. Un Buddha non è un uomo di sapere, ma di conoscenza. Uno studioso è un uomo di sapere, un pandit lo è, ma costoro non sono uomini di conoscenza. La conoscenza è simile a un fiume, fluisce continuamente.

Per quanto concerne il Buddha, è importantissimo ricordare che egli non credeva nei nomi, credeva nei verbi. Diceva che i nomi sono solo una convenzione; di fatto non esistono, esistono solo i verbi. Quando dici: "Questo è un albero", la tua frase è grammaticalmente giusta, ma non è accettabile dal punto di vista esistenziale. Infatti, nel momento in cui dici: "Questo è un albero", l'albero non è più lo stesso: ha perduto una foglia e una foglia nuova sta spuntando, un bocciolo si è dischiuso. L'uccello che stava su quell'albero e cantava, ora non canta più. Il Sole che lo illuminava, ora non splende più; è nascosto dietro una nuvola nera. Questo non è più lo stesso albero, perché sta crescendo continuamente.

Per essere vero, dovresti parlare di un "alberante", non di un albero. Dovresti parlare di un "fiumante", non di un fiume. Ogni cosa è in crescita, è in movimento; ogni cosa è un flusso. I verbi sono veri, i nomi sono falsi.

Se un giorno creeremo un linguaggio esistenziale, non dovrà contenere nomi: sarà formato solo da verbi. Tu non sei la stessa persona che è arrivata questa mattina per ascoltare il mio discorso. Quando te ne andrai, sarai una persona del tutto diversa: un'infinità d'acqua sarà fluita nel Gange e tantissime cose saranno cambiate. Potresti essere arrivato tristissimo e potresti andartene ridendo; potresti essere arrivato serissimo e potresti andartene sentendoti allegro e festante. Questi cambiamenti sono importantissimi. Ecco perché tradurrò: *Il loro cibo,* il cibo degli illuminati, *è la conoscenza.* "Il sapere" non è la traduzione esatta. Gli illuminati vivono in uno stato di consapevolezza costante, sono sempre coscienti e apprendono e comprendono di continuo. Non dicono mai: "Ho conosciuto". Dicono soltanto: "Sono disponibile, sono aperto alla conoscenza. Sono sempre più disponibile e sempre più aperto alla conoscenza". Questa loro conoscenza non ha mai fine, è un processo che non si ferma mai.

La vita è un processo; non è una cosa, non è una merce. È un fiume infinito, che non ha un inizio e non ha una fine, è inesauribile: *ais dhammo sanantano*, questa è la legge della vita, ogni cosa cambia continuamente. Il Buddha ha detto: "Eccetto il cambiamento, tutto cambia". Eraclito si sarebbe trovato d'accordo con lui e il Buddha si sarebbe trovato d'accordo con Eraclito: si sarebbero abbracciati. Erano contemporanei, quasi contemporanei.

Da sempre nel mondo accade che, ogniqualvolta qualcuno ha un'intuizione in un luogo qualsiasi della Terra, l'eco di quella intuizione si diffonde in tutto il mondo, in molti altri luoghi, in altre lingue, attraverso persone differenti; è come se qualcosa, stimolato da qualche parte, riesca a contagiare altre anime sensibili, in modo invisibile, dovunque.

Quando in India viveva il Buddha, la Grecia era arricchita da Eraclito, da Socrate, da Pitagora. La Cina era arricchita da Lao Tzu, da Confucio, da Chuang Tzu, da Lieh Tzu. Tutte queste persone avevano qualcosa in comune, sebbene parlassero lingue diverse. Eraclito ha detto: "Non puoi bagnarti due volte nella stessa acqua del fiume". Il Buddha si sarebbe trovato assolutamente d'accordo con lui; infatti ha detto: "Non puoi bagnarti neppure una volta nella stessa acqua del fiume", poiché l'acqua del fiume scorre in continuazione. E non solo l'acqua del fiume scorre in continuazione, anche tu fluisci costantemente.

Un uomo arrivò di fronte al Buddha e gli lanciò pesanti insulti; il Buddha lo ascoltò in silenzio. Il giorno successivo, l'uomo pentito tornò da lui per chiedergli scusa e il Buddha gli disse: "Dimentica quella storia, io non sono più lo stesso uomo che hai insultato e tu non sei più lo stesso uomo di ieri. Pertanto, chi chiede scusa a chi? E che cosa potrei fare, adesso? Colui che mi ha insultato è sparito per sempre! Tu non mi rivedrai mai più com'ero ieri, perciò non preoccuparti; e tu come potresti essere la stessa persona?".

Il discepolo Ananda, che era seduto accanto al Buddha, esclamò: "Signore, questo è troppo! Questo è lo stesso uomo e io non potrò mai perdonarlo! Ti ha lanciato pesanti insulti; ti ha detto parolacce irripetibili, ti ha offeso nel peggiore dei modi! Tutto ciò ferisce ancora il mio cuore. Ieri non ho potuto dire niente, poiché tu non me l'avresti permesso. Ho dovuto ingoiare tutto, altrimenti gli avrei dato ciò che si meritava!".

Il Buddha obiettò: "Ananda, non riesci a vedere che non è più lo stesso uomo? L'uomo arrivato davanti a me ieri, mi insultava, mi offendeva; quest'uomo mi chiede scusa. Come potrebbe essere la stessa persona? Pensi forse che insultare e chiedere scusa siano la stessa cosa? L'uomo che ho di fronte è un altro; guarda solo i suoi occhi colmi di lacrime. Ricordi l'uomo di ieri? Aveva il fuoco negli occhi! Avrebbe voluto uccidermi e ora quest'uomo tocca i miei piedi con venerazione! Eppure tu insisti nel dire che è lo stesso uomo?".

Nessuno rimane sempre lo stesso: vedere questa realtà significa conoscere; esserne costantemente consapevole significa conoscere.

Il loro cibo è la conoscenza.
Vivono di vuoto.

Poiché vivono scardinando il passato, rimangono sempre vuoti interiormente: il loro vuoto interiore ha una purezza sua propria. In loro c'è uno spazio immenso, simile a un cielo privo di nubi.

Vivono di vuoto.
Hanno compreso il modo per liberarsi.

Questa è la Via! *Hanno compreso il modo per liberarsi.* Abbandona il sapere e diventa colui che conosce, colui che è consapevole, colui che è attento e presente, che vigila e osserva; diventa un testimone e ricorda che questi sono tutti verbi. Dimentica il passato e resta aperto al presente; non proiettarti nel futuro e rimarrai vuoto; rimanere interiormente vuoto è la Via dell'uomo libero.

La libertà è vuoto assoluto; ma in quel vuoto assoluto scenderà qualcosa dall'aldilà, qualcosa che il Buddha ha lasciato inespresso e che non ha descritto, poiché è inesplicabile. Non l'ha chiamato verità, né Dio, né beatitudine: non l'ha definito con nessun nome. Il Buddha è rimasto semplicemente calmo e silenzioso rispetto a quel qualcosa. Ha detto: "Vieni e vedrai!".

Chi potrebbe seguirli?
Solo il Maestro.
Tale è la sua purezza!

Se non diventerai tu stesso un Maestro, padrone del tuo essere interiore, padrone della tua consapevolezza, se non diventerai tu stesso vuoto, non potrai unirti ai Buddha, non potrai volare alto con i cigni.

Come un uccello,
egli si leva nell'aria sconfinata
e vola lungo una pista invisibile.
Non desidera niente.
Il suo cibo è la conoscenza.

Egli vive di vuoto.
Egli si è liberato.

Se riuscirai a restare accanto a un Buddha, anche tu sarai libero. Anche tu volerai con le tue ali nel vento: inizierai anche tu il volo della solitudine verso la solitudine; anche tu inizierai a muoverti verso l'assoluto.

Il Buddha ha chiamato questa libertà suprema *nirvana*: la cessazione dell'ego, la cessazione della personalità. Libertà significa che ti sei liberato dalla tua personalità; in questo caso, ciò che rimarrà sarà il divino, la verità, la beatitudine.

Sesto discorso
L'evoluzione non esiste

Il processo dell'evoluzione materiale ha una meta suprema?

Come mai conosci tante barzellette?

Hai detto che essere sannyasin significa vivere una vita isolata.

Che cosa pensi del nuovo governo indiano guidato dal primo ministro Chowdry Charan Singh?

Che cosa puoi dirmi delle due polarità sessualità e morte, per aiutarmi a trascenderle?

Potrei diventare un sannyasin per gradi?

La prima domanda

> *Amato Osho,*
> *il processo dell'evoluzione materiale ha una meta suprema?*

Digvijay, una meta della vita non esiste: la vita stessa è la meta. La vita non è tesa verso un bersaglio, è nel qui-e-ora, non ha futuro. La vita è sempre nel presente, ma la mente umana non riesce a vivere nel presente; nel presente, la mente muore. Di conseguenza, nel corso dei secoli, i mistici hanno inventato degli stratagemmi per portare la mente nel presente. Nell'istante in cui arriva nel presente, la mente si scioglie come neve al Sole, evapora, scompare.

E la scomparsa della mente è l'esperienza più grande

che possa accadere agli esseri umani, poiché in quella scomparsa accade la comparsa del divino.

La mente vive nel futuro, il futuro è il suo territorio, il suo regno e il futuro diventano possibili solo se sei orientato verso una meta. Pertanto la mente trasforma ogni cosa in una meta: la tua vita deve avere una meta e non solo, deve avere una meta suprema! In questo caso la mente è felicissima poiché riesce a proteggersi: "Come fare per raggiungere quella meta? Come fare per raggiungere la meta suprema?".

Nell'istante in cui ti chiedi: "Come posso fare per...?" la mente è del tutto a suo agio. È molto astuta, è scaltra; è bravissima nell'inventare metodi e mezzi per raggiungere qualcosa, di qualsiasi cosa si tratti, purché sia proiettato nel futuro. La mente vive creando delle mete: politiche, sociali, evolutive, spirituali e via di seguito; comunque, per esistere, la mente ha bisogno di una meta qualsiasi e si nutre di essa.

In verità, tutto è, nulla accadrà mai. Il domani non arriverà mai. È sempre qui-e-ora.

L'approccio del mistico è diverso da quello della mente, orientato verso una meta. Il mistico dice: "Vivi il momento presente nella sua totalità, ama il momento presente nella sua totalità, immergiti fino ad annegare in questa esistenza straripante, così ti avvicinerai sempre di più a Dio. E dicendo 'Dio', non mi riferisco a una persona, mi riferisco semplicemente al nucleo essenziale dell'esistenza, al centro del ciclone.

"L'universo è la circonferenza e Dio è il suo centro. Se ti immergi in profondità nel qui-e-ora, incontrerai inevitabilmente il centro. E il miracolo è che il centro del Tutto è anche il centro del tuo essere. Se ne diventerai consapevole, se vivrai nel centro del tuo essere, se vivrai partendo da quel centro in piena consapevolezza, diventerai un Buddha, un illuminato.

"Ma ricorda che la buddhità non è la meta suprema, non è qualcosa che dovrai raggiungere poiché si trova altrove. La buddhità è a tua disposizione in questo preciso istante, è disponibile immediatamente: non è una meta definitiva. Ricorda queste due parole: l'immediato e il definitivo. Il definitivo ha le sue basi nella mente e l'immediato aiuta la mente a scomparire".

Secondo me, l'immediato è l'assoluto. Non esiste alcuna meta, né fisica, né psicologica, né spirituale. Tutto è come deve essere... tutto è già come deve essere! Lascia perdere le tue tensioni, le tue ansie per il futuro e per ciò che potrà accaderti: tutto è già accaduto! Vivilo! Non essere ambizioso: le mete ti rendono ambizioso e ti condurranno alla follia. Più si è orientati verso una meta e più si diventa folli, poiché l'ambizione non è altro che l'ego. Puoi continuare a inventarti mete nuove, oltre di esse ci sarà sempre un orizzonte; e con queste nuove mete il tuo ego farà viaggi sempre nuovi.

Il mistico, e il mondo del mistico, hanno una dimensione totalmente diversa. Ciò che sto dicendo non ha niente a che fare con l'orientamento verso una meta: quello è il percorso della mente. Io vi sto insegnando il percorso verso l'assenza della mente.

Digvijay, conosco il tuo grande interessamento per i processi evolutivi; sono perfettamente consapevole che hai dedicato tutta la tua vita a quella ricerca. So che rimarrai sconvolto, sentendomi affermare che hai sprecato la tua vita: l'hai sprecata poiché hai sacrificato il momento presente per il futuro; e se non lascerai perdere questa idea della meta suprema, non riuscirai a tornare con i piedi per terra, nel momento presente. Se non lo farai, non avrai alcuno spazio meditativo e, senza la meditazione, non incontrerai il divino.

L'immediato è l'assoluto: io insegno l'immediato, insegno a vivere momento per momento, senza portare il peso del passato. Il Buddha dice: "Non ammassare, non accumulare alcun passato!". Io vorrei aggiungere: "Non proiettarti neppure nel futuro!". Se da te scompariranno il passato e il futuro, che cosa rimarrà? Un grande silenzio, una presenza del tutto sconosciuta. Sarai sopraffatto dal mistero, da un mistero immediato. Non lo definisco "il mistero supremo", poiché "supremo" significherebbe che potresti rimandarlo a domani. L'immediato invece ti sconvolge e ti fa precipitare d'acchito nella consapevolezza.

Una meta diventa possibile solo se dividessimo la vita in mezzi e fini. È ciò che l'umanità ha fatto per secoli; ma la vita è una e non può essere divisa. È inscindibile, è un intero, è un'unità organica: nulla è un mezzo, niente è un fine. La vita è una e non puoi dividerla in categorie, in mezzi e fini. Nell'istante in cui pensi all'evoluzione, alla meta, devi dividere la vita: qualcosa diventa un mezzo e qualcos'altro diventa il fine. Hitler credeva nell'evoluzione, perciò riuscì a convincere gli intellettuali tedeschi, una delle intellighenzie più sofisticate del mondo... nel nome dell'evoluzione, riuscì a predicare la filosofia nazista: la meta era il Superuomo e l'uomo comune doveva essere sacrificato in funzione di quello. La sua teoria risultò attraente e sembrò logica.

Chi era il Superuomo? Chi sarebbe diventato il Superuomo? Un nordico, naturalmente un tedesco; questo accrebbe a dismisura l'ego tedesco: "Anche se dovessimo distruggere l'intera umanità, varrebbe la pena farlo, poiché il Superuomo sta per apparire in tutta la sua magnificenza. Gli dobbiamo sacrificare ogni cosa!". Fu così che Hitler riuscì a convincere la sua nazione a trascinare in guerra il mondo intero.

Anche Sri Aurobindo parla la stessa lingua: il linguaggio dell'evoluzione. Secondo lui, la meta non è il Superuomo, bensì la Supermente; e voi dovreste sacrificare il vostro presente in favore della Supermente: si ripropone di nuovo l'idea del sacrificio. L'uomo è dominato da sempre dall'idea del sacrificio. Sacrificati! Sacrificati! Sacrificati! Diventa un martire! È l'unico modo per creare un futuro dorato per l'umanità.

I miei sforzi sono tesi esattamente in senso opposto: evita gli Hitler, evita gli Aurobindo! Non sacrificarti! Non tentare di diventare un martire! Non esiste altra meta oltre il momento presente e l'esistenza, così com'è, è al massimo della perfezione. L'esistenza non potrebbe essere più perfetta di come è attualmente: l'esistenza è la perfezione stessa.

Invece, spinti dell'idea della meta, noi cominciamo a fare paragoni e stabiliamo che l'uomo è a un livello superiore rispetto alle scimmie; stabiliamo che le scimmie sono a un livello superiore rispetto ai cani e via di seguito. Ma chi è in grado di decidere? Hai mai interrogato le scimmie? Per quanto ne so, le scimmie stanno ancora deridendo Darwin, poiché non riescono a credere che quel pover'uomo si sentisse più evoluto di loro. Hai mai lottato con una scimmia? Prova a lottare, a mani nude, contro una scimmia e saprai chi è più forte! Riesci a saltare da un albero all'altro, come le scimmie? Prova e saprai chi ha il corpo più atletico: le scimmie vivono sugli alberi e voi vivete per terra. Voi siete scimmie decadute! Ma Darwin non interrogò mai le scimmie!

L'uomo continua a decidere per conto proprio. Pertanto, se sono i tedeschi a parlare, diranno che la razza germanica è la più elevata, ovviamente; se lo dicono gli indiani, diranno che essi soltanto sono i veri ariani, gli ariani purosangue; se lo dicono gli ebrei, diranno che solo il loro popolo è "l'eletto da Dio"... ma chi mai potrà stabilirlo? Chi mai potrà decidere che l'uomo è a un livello più elevato, rispetto agli animali?

Di fatto, nessuno è superiore e nessuno è inferiore. Tutte queste categorie sono mere stupidaggini. Non esiste alcuna gerarchia: l'esistenza è assolutamente comunista, esiste una perfetta uguaglianza, noi tutti partecipiamo alla stessa vita, respiriamo la stessa aria, ci scaldiamo ai raggi dello stesso Sole e danziamo sotto lo stesso cielo. Perfino gli alberi non sono inferiori a voi e neppure le rocce. L'espressione inferiore/superiore in sé è totalmente errata; ma è la parola evoluzione che introduce questo tipo di espressione, dando sostanza a quella realtà illusoria. Di conseguenza siete costretti a stabilire una gerarchia: voi siete superiori agli animali e siete inferiori agli angeli. Ed ecco che prende vita il vostro viaggio: come fare per elevarvi sempre di più? Non c'è un soffitto, non c'è un tetto; potrete continuare a proiettarvi all'infinito.

D'altra parte, se interrogaste le api, vi risponderebbero che non pensano di essere inferiori a voi. La classe intellettuale delle api deve aver osservato mille e una stupidaggine negli esseri umani, poiché esse sono, tra gli esseri viventi, le meglio organizzate. L'umanità, confrontata alla società delle api, sembra immersa nel caos; nella loro società tutto è talmente ben organizzato che perfino Hitler si sarebbe sentito inferiore. Ed esiste una volontà individuale, una disponibilità a irreggimentarsi collettivamente: le api non sono costrette, non vivono in un campo di concentramento. Volontariamente, gioiosamente, fanno parte di un'organizzazione che le coinvolge tutte così profondamente da far perdere a ciascuna di loro la propria individualità; esse vivono come parti organiche dell'insieme, non sono separate fra loro. E potete anche osservare la società delle formiche, è ancora più organizzata, sistematica, qui vige un ordine incredibile.

Ebbene, come farete a decidere chi è superiore? Questa

società umana caotica! In tremila anni gli uomini hanno combattuto cinquemila guerre, uccidendosi continuamente tra di loro, assassinando e massacrando in nome della politica, della religione... e voi pensate che un simile uomo sia l'essere superiore a tutti quelli viventi sulla Terra? Ci sono persone, come Arthur Koestler, che pensano che fin dall'inizio nella mente umana qualcosa non abbia funzionato... qualche rotellina del cervello è andata perduta, perciò l'uomo è nato pazzo!

Se osservi l'uomo, sembra che sia proprio così. Sembra che dedichi tutta la sua vita alla violenza, alla lotta, alla distruzione. Nessun altro animale è distruttivo come l'uomo. Nessun altro animale uccide i membri della sua stessa specie: nessuna tigre uccide un'altra tigre, nessun cane uccide un altro cane. Anche quando lottano, le loro lotte sono finte e servono a decidere chi è il più forte. Una volta che l'hanno stabilito, smettono di lottare poiché attaccare il più debole non solo è sbagliato, ma è anche totalmente distruttivo e stupido.

Due cani lottano tra loro: digrignano i denti, abbaiano, saltano uno addosso all'altro; ma stanno solo osservando chi tra di loro è il più forte. Una volta stabilito, il cane più debole smette di abbaiare, si mette la coda tra le gambe e la lotta finisce. Lancia un segnale: "Io sono più debole di te e tu sei più forte di me". Non si vergogna, non si vergogna affatto: cosa può farci se è il più debole e l'altro è più forte di lui? Come potrebbe sentirsi responsabile di questa evidenza? Un albero è più alto, l'altro è più basso. Pensi forse che l'albero più basso si vergogni poiché gli alberi di mango, del nim e di altre specie, svettano alti nel cielo? I roseti non se ne preoccupano minimamente: "E allora? Voi siete alti e noi siamo bassi: quello è il vostro modo di essere e questo è il nostro!".

Osserva l'assennatezza: fatta eccezione per l'essere umano, nessuno è così folle da lottare contro chi è più debole di lui. Una volta stabilito... e voi non avete la stessa consapevolezza dei cani e delle tigri nel vedere chi è il più forte. Se la cosa risulta evidente, che scopo avrebbe la lotta? Il gioco è finito: il più forte è il vincitore. Di conseguenza non si hanno distruzioni né si uccide. Inoltre, fatta eccezione per l'essere umano, gli animali non uccidono altri animali se non per fame. Solo l'uomo va a caccia.

Digvijay è un ex principe, deve conoscere la caccia. Nel

palazzo in cui abitava, devono esserci parecchie teste di animali uccisi, trofei di caccia. Più leoni e più tigri uccidevi e più eri grande! A che scopo quelle uccisioni? Solo per esibizionismo. Ogni volta che sono stato ospite in un palazzo reale, ho provato dispiacere per quel re. Mentre mi mostrava le teste e i corpi impagliati, o le pelli degli animali uccisi, pensava di dimostrarmi il suo potere e la sua forza; in realtà esibiva soltanto la sua totale stupidità e la sua mancanza di umanità.

Gli animali uccidono solo quando sono affamati, perciò possiamo perdonarli. Se non è affamato, nessun animale uccide; nessun animale uccide per divertimento. Uccidere per divertimento... riuscite a credere che un cacciatore sia l'essere più evoluto tra quelli viventi? Distruggere una vita per puro divertimento è un divertimento ingiusto: il cacciatore è in cima a un albero e l'animale è sul terreno; il cacciatore spara dall'alto sull'animale, che non è in grado di raggiungerlo. L'animale non ha armi per difendersi e il cacciatore pensa di essere coraggioso? Dimostra solo di essere un codardo!

Se lo osserviamo, l'uomo non ci appare l'essere più evoluto sulla Terra, anzi sembra l'esatto opposto. Eccettuato l'essere umano, nessun altro animale impazzisce. Certo, alcuni animali perdono l'uso della ragione, ma solo quando sono prigionieri in uno zoo, mai allo stato selvatico. E gli zoo sono costruiti dagli uomini.

Prova a pensare... se gli elefanti costruissero uno zoo e vi rinchiudessero gli uomini, per quanto tempo questi reclusi rimarrebbero ragionevoli? È impossibile che rimangano sani di mente; naturalmente impazzirebbero.

Gli animali non diventano omosessuali, a meno che non siano rinchiusi in uno zoo; qui diventano omosessuali, è inevitabile, poiché non riescono ad avere le loro femmine. In uno zoo gli animali sono tenuti in spazi molto esigui, e quelle costrizioni scatenano inevitabilmente la pazzia.

Hai certamente visto le tigri camminare avanti e indietro nelle loro gabbie: erano abituate a vivere correndo per chilometri. L'immensa vastità del mondo selvaggio era il loro territorio, adesso hanno solo una gabbia angusta e sono circondate da turisti, da visitatori e da spettatori stupidi che vanno a vederle. Prova a pensare a te stesso, rinchiuso in uno zoo, costruito dagli elefanti, dalle tigri o dalle scimmie, circondati da scimmie di ogni tipo che ti guardano ogni giorno: vivresti in una situazione contro natura!

Oggigiorno gli scienziati affermano che ogni animale ha bisogno di un certo territorio, di uno spazio ben preciso e che, se non gli viene dato, inevitabilmente impazzirà. Gli animali selvatici hanno bisogno di aree di molti chilometri quadrati per sentirsi liberi e per non perdere l'uso della ragione. Certo, negli zoo gli animali perdono l'uso della ragione, impazziscono, al punto da attaccare anche individui della loro stessa specie, al punto da diventare distruttivi. A volte abbiamo sentito di animali negli zoo che si sono suicidati: non accade mai nel loro stato naturale. Soltanto l'uomo si suicida, perde l'uso della ragione, diventa sessualmente pervertito. Tuttavia l'uomo continua a pensare di essere il migliore tra i viventi.

Per quanto mi riguarda, non credo alle gerarchie. La scimmia è una scimmia, l'uomo è l'uomo. Nessuno è superiore e nessuno è inferiore. Le rocce sono rocce, gli alberi sono alberi e siamo tutti partecipi del divino. Certo, si verificano grandi eventi, ma non si tratta di evoluzione, questa idea implica elevarsi sulla scala dell'evoluzione. Di certo ci sono cambiamenti, la vita è un perenne movimento, è un fiume. Ma il cambiamento non significa evoluzione, ricordalo. Si può cambiare, senza evolversi; ed è ciò che sta accadendo!

Questo cambiamento costante ti fornisce il pretesto per imporre la tua teoria sull'evoluzione. Attualmente le cose cambiano, la vita continua a fluire; niente permane, tutto è fluido. L'uomo non è mai stato com'è attualmente e non sarà mai più come è ora. Ogni cosa è in un processo, che però non è orientato verso una meta stabilita. È un processo veramente giocoso.

Quando i bambini giocano, non puoi dire che si stanno evolvendo; quando i bambini giocano, non puoi dire che stanno realizzando qualcosa: non realizzano assolutamente niente. Questo è esattamente il concetto orientale *lila*, che significa gioco. Il mondo è il gioco di Dio; e il gioco non è un problema di evoluzione.

L'idea dell'evoluzione è prettamente occidentale, l'Oriente non ha mai creduto nell'evoluzione. L'Oriente crede nella giocosità. Nella giocosità non c'è affatto evoluzione; nulla può essere un mezzo, nulla può essere un fine. Tutto è una danza di energia che non va in una direzione particolare, che non è tesa a realizzare qualcosa: la gioia sta nel gioco in sé, il suo valore è intrinseco, non è estrinseco. Quando cominci a pensare all'evoluzione il suo valore diventa estrinseco, poiché dipende da ciò che riuscirai a realizzare, da ciò che diventerai.

Se qualcuno diventa un grande scienziato e vince il premio Nobel, si è evoluto; invece chi rimane un taglialegna, non si è evoluto. Come mai? Che cosa c'è di così importante nel dedicarsi alla matematica? E cosa c'è di così poco importante nel tagliare la legna? A qualcuno piace tagliare la legna e a qualcun altro piace giocare con le figure geometriche, con l'aritmetica o con qualcos'altro: gli uomini hanno preferenze diverse. A qualcuno piace nuotare, a qualcun altro piace filosofare... nulla è superiore, nulla è inferiore.

Ma noi abbiamo costruito una società su un modello gerarchico. Il brahmano è in cima alla scala sociale; brahmano significa il professore, l'accademico, il vincitore del premio Nobel, il medico famoso, l'ingegnere famoso, lo studioso; il brahmano rappresenta tutti costoro, ed è in cima alla scala sociale! Come mai? Perché non c'è il taglialegna? Se è felice di fare il suo lavoro, più di quanto non lo sia il professore insegnando, chi è superiore? Forse il professore sta solo trascinando la propria vita e non fa altro che ripetere le stesse cose ogni giorno, un anno dopo l'altro.

Ho conosciuto un insegnante che ripeteva le stesse lezioni da trent'anni. Le avevo ascoltate io e i suoi allievi attuali mi confermavano che erano sempre le stesse, parola per parola. Per questo motivo, un giorno, mentre il professore faceva il suo sonnellino pomeridiano, entrai in casa sua, cercai il libro nel quale aveva raccolto tutte le sue lezioni e glielo rubai.
Non riuscireste a credere ciò che accadde al professore, il giorno dopo: non si presentò a scuola. Gli chiesi cos'era successo e mi spiegò: "Sono a pezzi, la mia vita è finita! Qualcuno ha rubato il mio libro e, senza quel libro, non potrò più fare lezione! Uso quegli stessi appunti da trent'anni, non posso rimettermi a scriverne di nuovi".
Vidi con assoluta evidenza che il pover'uomo funzionava come un disco! Nessuno aveva bisogno di lui. Gli riconsegnai il suo libro dicendogli: "Perché si dà tanta pena a venire all'università? Potrebbe limitarsi a consegnare questo libro a uno di noi che lo leggerà ad alta voce, mentre gli altri prendono appunti. Perché si preoccupa di venire all'università e si ostina a tenere le sue lezioni, visto che è così anziano? Questo libro

funzionerebbe perfettamente e lei potrebbe morire in pace! Il suo libro basterebbe: non occorre che continui a vivere, lei non è necessario!".

Ebbene, questo professore era un brahmano, in cima alla scala sociale: è opinione comune che il lavoro intellettuale sia il più elevato. Di fatto, è in cima, in cima alla testa, e forse da qui è nata l'idea che gli intellettuali siano le persone più elevate. I dirigenti sono chiamati "i capi" e i lavoratori sono detti "i manovali". Come mai? Solo perché la testa, dal punto di vista fisico, è in cima al corpo umano?

Abbiamo creato gerarchie nelle nostre società. Al livello più basso stanno i poveretti che tagliano la legna e ripuliscono le strade. Perché sono più in basso... visto che fanno i lavori essenziali? Gli insegnanti potrebbero essere rimossi e la società continuerebbe a vivere senza di loro; viceversa non potrebbe vivere senza i taglialegna, senza gli spazzini, senza coloro che puliscono i gabinetti: senza questi lavoratori la società non potrebbe esistere. Sono di gran lunga i più importanti; il loro lavoro è essenziale, fondamentale; ma si trovano al livello sociale più basso.

Questa impostazione è totalmente sbagliata. Non ci sono gerarchie: l'insegnante fa il suo lavoro e il taglialegna fa il suo; ed entrambi sono necessari. Non ci sono gerarchie, né tra un uomo e l'altro, né tra gli uomini e gli animali: io sono contrario all'idea stessa della gerarchia.

Ecco perché nella mia visione della nuova Comune... nella nuova Comune nessuno sarà superiore e nessuno sarà inferiore. In questo ashram nessuno è superiore e nessuno è inferiore. C'è chi pulisce i gabinetti, ci sono i professori e i terapeuti: sono tutti sullo stesso piano, tutti fanno lavori utili, lavori essenziali. In questa Comune il vicerettore è sullo stesso piano del taglialegna. Il grande terapeuta non ha più prestigio di chi pulisce i gabinetti; di conseguenza qui il problema non esiste. Un laureato può scegliere di pulire i gabinetti; e in realtà, un medico proprio adesso *lo sta facendo*... e un altro sta pulendo le strade dell'ashram.

Se non ci sono gerarchie il problema non esiste; altrimenti il laureato penserebbe: "Come potrei fare questo lavoro manuale? Io sono una testa, non sono le mani". In questa Comune non ci sono né solo teste né solo mani: ci sono esseri umani completi, integri, rispettati, amati, qualunque sia il lavoro che stanno facendo, qualunque sia il lavoro che scelgano di fare.

L'intera esistenza è una Comune: Dio è il centro e noi siamo la circonferenza.

Digvijay, non esiste alcuna evoluzione e non esiste una meta suprema: è tutto un gioco. Godilo, celebralo! Se riuscirai a lasciar cadere dalla tua mente l'idea dell'evoluzione e della meta suprema, io conosco il tuo potenziale e posso dirti che potrai diventare uno tra i sannyasin migliori. Potrai diventare un uomo nuovo; ma attualmente ti stai avviando alla follia, a causa di questa idea, cui hai dedicato tutta la tua vita. E se è qualcosa di fondamentalmente sbagliato, un giorno te ne pentirai. Lasciala perdere! Inizia a meditare sempre di più sul tuo essere interiore. Non preoccuparti di ciò che accadrà, lasciati coinvolgere da ciò che ti sta già accadendo. Dio è una presenza, il divino è "essere", non "divenire". L'esistenza è "essere", non "divenire".

Il giorno in cui l'umanità avrà abbandonato l'idea dell'evoluzione e della meta suprema, il mondo si sarà liberato da questa prigionia del futuro. È il futuro che vi tiene prigionieri e così il passato: entrambi cospirano contro l'essere umano. Abbandonato il futuro e il passato, l'uomo raggiungerà la libertà, la libertà che il Buddha definisce "senza confini".

La seconda domanda

Amato Osho,
come mai conosci tante barzellette?

In primo luogo, in nessuna delle mie vite passate sono stato un gentiluomo inglese. In secondo luogo, in molte delle mie vite passate, sono stato un ebreo.

Sir Reginald viaggiava a bordo di un taxi a New York, e il tassista lo sfidò a risolvere un indovinello: "La persona alla quale mi riferisco, ha il mio stesso padre e la mia stessa madre, ma non è mio fratello, né mia sorella. Chi è?".
L'inglese ci pensò qualche minuto, poi si arrese. "Sono io!" gli spiegò il tassista.
"Per Giove! È molto divertente! Dovrei proporla a miei compagni di Club!"
Un mese più tardi, a Londra, seduto tra i suoi amici che

chiacchieravano e fumavano i loro sigari, decise di proporre quell'indovinello: "Gentlemen, la persona che ho in mente, non è mio fratello e non è mia sorella, tuttavia ha i miei stessi genitori. Chi è?".

Dopo parecchi minuti di riflessione, tutti si dichiararono sconfitti e uno chiese: "Chi è? Suvvia, Reggie, devi darci la risposta".

Reggie, battendosi le ginocchia con le mani, ruggì trionfante: "È un tassista di New York!".

La seconda storia.

Morton e Fogel, dopo il pranzo, discutevano sull'umorismo. Morton chiese: "Gli ebrei, sentendo raccontare una barzelletta, reagiscono in modo diverso dagli altri?".

"Che domanda" rispose Fogel. "Se racconti una barzelletta a un inglese, riderà in tre tempi: la prima volta, quando la racconti; la seconda, quando la spieghi e la terza volta, quando la capirà. Se racconti la stessa barzelletta a un tedesco, riderà in due tempi: entrambe le volte per educazione, ma non riderà una terza volta, perché non la capirà mai! Se racconti la stessa barzelletta a un americano, ride una sola volta, immediatamente, poiché la capisce subito. Tuttavia," Fogel aggiunse, "se racconti una barzelletta a un ebreo..."

"Ebbene?" chiese Morton.

"Quando racconti la stessa barzelletta a un ebreo, non ride affatto. Anzi, ti dice: 'È una vecchia barzelletta, inoltre l'hai raccontata nel modo sbagliato!'"

La terza domanda

Amato Osho,
ti ho sentito dire che essere sannyasin significa essere pronto a vivere una vita molto isolata. Da parte mia, invece, da quando sono sannyasin sento che non potrò più essere isolata: è come se tu stessi sempre intorno a me. Ho forse capito male?

Deva Maya, tu non mi comprendi affatto. Il tuo problema non è comprendermi bene o comprendermi male: tu non mi comprendi affatto. Io non ho mai detto che *un sannyasin deve essere pronto a vivere una vita molto isolata*. Ho detto che un sannyasin conosce il modo per vivere da solo. "Essere isolato" è totalmente diverso da "essere solo";

non solo è diverso, sono due condizioni opposte tra loro. Sono lontane l'una dall'altra quanto il cielo lo è dalla Terra; la distanza tra loro è infinita.

Essere isolato è uno stato negativo: tu brami spasmodicamente per l'altro, desideri la sua compagnia e provi una mancanza profonda, se intorno a te non vi è una folla. Non riesci a tollerare te stesso e ti senti intollerabile. Ti annoi con te stesso; "essere isolato" significa questo: significa essere profondamente annoiato.

"Essere solo" è uno stato totalmente diverso: è uno stato di pura estasi! Essere solo è uno stato positivo; l'altro non ti manca, godi te stesso. Non ti annoi con te stesso, il tuo essere ti incuriosisce: dal centro del tuo essere ti giunge una sfida incredibile e tu inizi un viaggio nella tua interiorità. Quando gli altri sono presenti, ti occupi di loro e la tua consapevolezza rimane focalizzata su di loro; quando sei solo, la tua consapevolezza si rivolge alla tua interiorità. Quando sei con gli altri, devi essere estroverso; quando sei solo, diventi introverso e la tua consapevolezza si rivolge a te stesso, inonda te stesso. Quando sei con gli altri, la tua luce illumina i loro volti; quando sei solo, la tua luce illumina il tuo volto originale.

Maya, non mi hai compreso. Io non ho detto che *un sannyasin deve essere pronto a vivere una vita molto isolata*. Da dove ti è venuta questa idea di vivere una vita isolata? Di certo devi essere in grado di vivere da sola, ma vivere da sola non significa che non puoi avere rapporti con gli altri; al contrario, chi è in grado di vivere da solo, si riempie di una gioia così intensa, ne è talmente ricolmo, da essere spinto ad avere rapporti con gli altri. Diventa simile a una nube carica di pioggia: deve scaricarsi. Diventa simile a un fiore traboccante di profumo, al punto da dover aprire i suoi petali per permettere al profumo di disperdersi nel vento.

Chi è capace di vivere da solo, ha dentro di sé infiniti canti, al punto da essere spinto a cantare e dove potrà mai farlo? Può cantarli solo in amore, in un rapporto con l'altro, condividendo con gli altri; ma puoi condividere solo ciò che *hai* dentro.

Il problema è che la gente non ha alcuna gioia dentro di sé, pertanto è incline a condividere la sua infelicità. Ebbene, due persone infelici che pretendono di condividersi a vicenda le proprie "gioie"... che cosa potrà mai accadere? L'infelicità non si raddoppierà, si moltiplicherà!

Ecco cosa si fanno mutualmente le persone: la moglie al marito, il marito alla moglie, i genitori ai figli, i figli ai genitori, l'amico all'amico. Di fatto, i nemici non sono così ostili come alla fine si dimostrano gli amici: si torturano tutti a vicenda; ciascuno getta il peso della propria infelicità sull'altro, ciascuno getta la propria negatività sull'altro. Sono tutti maleodoranti e non possono che emanare cattivo odore; quindi, se si avvicinano a te, devi sopportarne il cattivo odore; devi sopportarlo, se vuoi che sopportino il tuo. Si tratta di un baratto.

Tu non riesci a vivere da solo, né ci riescono loro: *dovete* stare insieme. Anche se l'altro è maleodorante, quanto meno hai la consolazione di non essere solo.

Un individuo in grado di vivere da solo conosce il modo per essere meditativo. Solitudine significa meditazione: gustare il proprio essere, celebrare il proprio essere.

Walt Whitman ha dichiarato: "Io celebro me stesso, canto me stesso!". Questa è solitudine! Whitman non è solo un poeta, è anche un mistico. Potremmo annoverarlo tra gli antichi *rishi* delle *Upanishad*. L'America non ha dato i natali a molti grandi mistici; Whitman è davvero uno tra i doni più preziosi che l'America abbia fatto all'umanità. Egli ha dichiarato: "Io celebro me stesso, canto me stesso!". Questo è il comportamento che, da sempre, tutti si aspettano da un mistico; è questa la funzione del mistico: celebrare se stesso. Ma tu in che modo potresti celebrare? Dovresti invitare gli altri, solo chiedendo loro di venire e di partecipare, potrai celebrare.

La meditazione ti dà l'intuizione del tuo tesoro interiore e in amore lo condividi. Ecco che cosa intendo, quando dico che un sannyasin deve essere pronto a essere solo; in questo modo, un giorno, potrà essere pronto ad amare. Solo chi conosce le bellezze della solitudine è capace di amare; ma è sufficiente una piccola differenza per farti perdere completamente il senso delle mie parole.

Ebbene, la differenza tra solitudine e isolamento non è gran cosa; nel linguaggio non c'è alcuna differenza: le due parole sono sinonimi. Sul dizionario troverai che la solitudine è descritta come isolamento e che l'isolamento è descritto come solitudine; ma questo lo trovi solo sul dizionario, non nella realtà della vita. Nella vita rappresentano due stati differenti.

Non vivere attraverso il linguaggio, non lasciarti ossessionare troppo dal linguaggio: è soltanto un mezzo; ma può anche portarti fuori strada. E lo fa inevitabilmente, poiché è stato inventato da persone non risvegliate. Io dico "solitudine" e la tua mente sente "isolamento". E nel momento in cui traduci la solitudine come isolamento, ti sei allontanata da me milioni di chilometri; non solo, milioni di anni luce ci separano!

> Potter vide un negozio con l'insegna: "Lavanderia Cinese Hans Shmidt". Incuriosito, entrò e fu accolto da un cinese, che si presentò come Hans Shmidt.
> Potter gli chiese: "Come mai lei ha questo nome?".
> "Quando arrivai in America, nell'elenco della polizia il mio nome seguiva quello di un tedesco, Hans Shmidt" spiegò il cinese. "Quando l'impiegato chiese al tedesco di dire il suo nome, egli rispose: Hans Shmidt, quando lo chiese a me, io dissi: Sam Sing". [La pronuncia richiama *same thing*: la stessa cosa *N.d.T.*]. È facilissimo fraintendere!
> P.F.C. Perkins si rifiutava di andare in Corea a combattere. Gli fu risposto che, se avesse rifiutato di combattere, sarebbe finito davanti a un plotone di esecuzione, per diserzione. E il sergente maggiore finì il suo discorsetto, chiedendogli: "Sei forse un obiettore di coscienza?".
> Perkins rispose: "Io non obietto niente, ma ho già la gonorrea e la diarrea mi perseguita per cui, se questa Corea è qualcosa di simile, ebbene sparatemi pure!".

Maya, io ho detto qualcosa, tu hai compreso una cosa totalmente diversa.

> Nel cuore di Londra, un inglese vede una bellissima ragazza seduta a un tavolo vicino al suo e le chiede: "Accetterebbe una sigaretta?".
> La ragazza risponde: "Mi spiace, non fumo!".
> Dopo un po', lui torna a chiederle: "Accetterebbe un drink?".
> E la ragazza: "Mi spiace, non bevo".
> Dopo altri dieci minuti, tenta ancora: "Accetterebbe di cenare con me?".
> E la ragazza: "Mi spiace, non ceno mai!".
> "Accidenti! Se lei non fuma, non beve e non cena mai, mi chiedo cosa fa circa il sesso?"
> "Oh, circa alle sei, prendo una tazza di tè e un biscotto!"

[*About sex*, circa il sesso, si pronuncia quasi come: *about six*, circa alle sei. *N.d.T.*]

Togli dalla tua mente la parola "isolamento"; lasciala perdere completamente. Impara cos'è la solitudine, e la solitudine è un fenomeno bellissimo, è il più bello. In questo modo, la mia presenza non disturberà la tua solitudine, la renderà più intensa. La mia presenza, il ricordo del tuo Maestro, sentirmi intorno a te e sentire che ti sommergo... tutto ciò migliorerà la tua solitudine, l'arricchirà e la renderà più limpida. E non solo la mia, ma anche la presenza dei miei sannyasin non disturberà affatto la tua solitudine.

In realtà, la solitudine non può essere disturbata. È un tale stato di consapevolezza cristallizzata che niente potrà distoglierti da essa e tutto ti aiuterà a rafforzarla. Hai osservato questo fenomeno paradossale? Per esempio, in questo momento noi siamo seduti qui in silenzio... il cinguettio degli uccelli disturba il silenzio o lo arricchisce? Il verso della cornacchia disturba il silenzio o lo arricchisce, facendogli da contrasto? Se sarai veramente in silenzio rimarrai stupita nel vedere che, anche sulla piazza del mercato, il tuo silenzio diventerà più profondo.

Se fosse disturbato dalla piazza del mercato, significherebbe che non era affatto silenzio. Era qualcosa di imposto, di coltivato, era di plastica, non era autentico.

Se in te c'è il silenzio vero, niente riesce a disturbarlo; al contrario, ogni disturbo lo accentua. È come quando, mentre cammini per la strada in una notte buia, un'automobile ti passa accanto con tutti i fari accesi e tu per alcuni attimi sei accecata dalla loro luce. Poi l'automobile si allontana... pensi forse che le tenebre si siano diradate? No, si sono infittite, si sono addensate; i fari dell'automobile non hanno disturbato le tenebre, anzi le hanno favorite.

La stessa cosa accade alla solitudine: la tua solitudine non sarà affatto disturbata dalla Comune e tanto meno da me, poiché io non sono affatto un rumore; io sono una melodia, una musica che le orecchie non possono udire: possono udirla soltanto i cuori.

È un bene per te che tu abbia cominciato a sentirmi, è un bene che tu dica:

...da quando sono sannyasin sento che non potrò più essere isolata: è come se tu stessi sempre intorno a me. Ho forse capito male?

Certo, non potrai mai più essere isolata; ma sarai più sola, ora che sono sempre con te. E la solitudine è un tesoro prezioso, è la porta del regno di Dio. Però devi dimenticare la parola "isolamento", poiché è brutta, è patologica.

E un uomo che cerca l'amicizia, l'amore, la compagnia, per ovviare all'isolamento... ebbene non li troverà. Di fatto, si sentirà truffato da chiunque si accompagnerà a lui e farà sentire truffato anche il suo compagno. Si sentirà stanco, annoiato e farà sentire stanco, annoiato anche il suo compagno. Si sentirà risucchiato e farà sentire risucchiato anche il suo compagno; infatti ciascuno di loro succhierà energia all'altro. Fin dall'inizio, nessuno dei due aveva granché dentro di sé: il loro flusso scorre flebile, è simile a un fiumiciattolo che scorre d'estate in un terreno arido: non puoi attingervi acqua alcuna. Viceversa, se cercherai l'amicizia, la compagnia e l'amore, radicandoti nella solitudine, sarai simile a un fiume in piena, che scorre nella stagione delle piogge. Potrai condividere tanto quanto vorrai, e più condividerai, più avrai.

Questa è l'economia interiore: più dai e più avrai e più riceverai dal divino. Allorché avrai compreso questo gioco di destrezza, diventerai uno sprecone, non sarai mai più avaro. Una persona spirituale non può essere avara e un avaro non può essere una persona spirituale.

La quarta domanda

Amato Osho,
che cosa pensi del nuovo governo indiano guidato dal primo ministro Chowdry Charan Singh?

Narendra, non ho niente da dire su simile sporcizia. Ma, visto che hai posto questa domanda, solo per educazione nei tuoi confronti, solo per rispettare te e la tua domanda, ti voglio raccontare tre storielle.

La prima.
Un uomo prese un taxi per farsi portare al palazzo del primo

157

ministro. Arrivato, chiese al tassista di aspettarlo; questi rifiutò dicendo che non aveva tempo da perdere. Il passeggero si irritò e disse: "Lei mi aspetterà, poiché io sono il nuovo primo ministro!".
Il tassista di rimando, flemmatico: "In questo caso, l'aspetterò senza problemi: di certo non si fermerà a lungo, là dentro!".

La seconda.
Scaletta dei lavori del governo indiano:
Lunedì: conferenza con i capi di Gabinetto.
Martedì: formazione del nuovo Consiglio dei ministri.
Mercoledì: primo incontro tra i nuovi ministri.
Giovedì: prime dichiarazioni del nuovo Consiglio dei ministri.
Venerdì: smentita alle dichiarazioni del giorno precedente.
Sabato: dimissioni del nuovo governo.
Domenica: vacanza.
Lunedì: idem come sopra.

La terza.
La storia tramanda che Diogene andava in giro per il mondo conosciuto della sua epoca, con una lanterna in mano, alla ricerca di un uomo onesto.
Quando arrivò a Nuova Delhi... gli rubarono la lanterna!

La quinta domanda

Amato Osho,
sembra che, per me, la sessualità e la morte siano le principali attrazioni. Che cosa puoi dirmi su questi due poli, per aiutarmi a trascenderli?

Saguna, la sessualità e la morte sono in realtà un'unica energia. Il sesso è una faccia della moneta e la morte è l'altra. Pertanto chiunque sia interessato al sesso, è inevitabile che si interessi alla morte, pur volendo evitarlo; e chiunque sia interessato alla morte, si interesserà inevitabilmente al sesso, pur volendo evitarlo. Come mai? Perché il pensiero popolare considera il sesso e la morte come poli opposti: non lo sono. A causa di questo pensiero comune, nel mondo si sono create due culture: la cultura orientata verso la sessualità e la cultura orientata verso la morte.
Per esempio, l'India ha avuto per secoli una cultura orientata alla morte e, poiché la sua cultura era orientata

alla morte, ha represso la sessualità. Gli indiani la reprimono, la evitano, pensando che sia il contrario della morte e si comportano come se non esistesse. Con gli indiani potete parlare della morte senza problemi, ma non potete parlare con loro del sesso.

Proprio l'altro ieri un sannyasin mi ha fatto questa domanda: "La polizia è stata sul punto di arrestarmi e di rinchiudermi in prigione, poiché stavo salutando la mia ragazza e ci stavamo baciando di fronte alla stazione di polizia". È stato molto difficile per quei due giovani liberarsi dai poliziotti. Sono stati fermati e hanno dovuto aspettare due ore, prima di persuaderli a rilasciarli, giustificandosi in qualche modo e scusandosi. E quel sannyasin commentava, nella sua domanda: "Sono perplesso! Cos'ho fatto di male? Stavo salutando la mia ragazza che partiva. Potremmo rivederci, come non rivederci più; infatti, chissà cosa accadrà domani? La mia ragazza starà lontana da me per sei mesi e chissà cosa potrebbe accadere in questi mesi. Dunque, che male facevamo, scambiandoci dei baci nel salutarci? Cos'hanno trovato da ridire? Gli indiani urinano per le strade e nessuno li rimprovera!".

Ebbene, quel sannyasin ignora che, da quando Morarji Desai è stato nominato primo ministro della nazione indiana, urinare è diventata un'azione santa. Puoi urinare dovunque tu voglia, poiché l'urina è sacra. Di fatto, è un tuo dovere sacrosanto: urina più che puoi, poiché è l'acqua della vita. Con essa, nutri il terreno e rendi un pubblico servizio.

Ho sentito raccontare...

Quando Morarji Desai si recò in America, rimase molto perplesso poiché, durante i ricevimenti, i raduni e le feste, tutte le signore rimanevano nel lato della sala opposto a quello in cui si trovava lui. Alla fine, mosso da una fortissima curiosità, chiese perché le signore non si avvicinassero mai a lui. Gli fu risposto: "Ci spiace molto dirle che le signore hanno paura che lei possa avere sete e, se facesse in pubblico ciò che fa abitualmente, si sentirebbero in un grande imbarazzo. Ecco perché stanno dall'altra parte: in questo modo, possono scappare nel momento in cui accadesse l'inevitabile... se non altro, potrebbero voltarle le spalle!".

In India, baciarsi è peccato, è un atto criminale. Per di più baciarsi in pubblico e di fronte a una stazione di polizia! L'India ha una cultura orientata alla morte. Si può parlare della morte e i cadaveri dei mendicanti possono restare ai margini della strada: nessuno presterà loro la minima attenzione e la gente continuerà per la propria strada. La morte è accettata; non solo, è anche enfatizzata, per creare nelle persone quella paura, paura che le spingerà a diventare religiose.

Se la morte viene enfatizzata, incute un vero terrore e tu, spinto dal terrore, inizi a frequentare il tempio, la moschea o i preti; infatti, la morte arriverà anche per te e, prima o poi, dovrai morire! Sei costretto a fare un qualsiasi accordo, così da preparare quel lungo viaggio; chissà cosa potrebbe occorrerti? I preti pretendono di saperlo!

Tutti i cosiddetti santoni indiani parlano della morte, trattano in continuazione quel soggetto; tutti i loro affari dipendono dalla morte... Se la gente se ne dimenticasse, dimenticherebbe Dio, i templi e i santi. Pertanto i santi non possono lasciarti in pace, continueranno a parlarti su quel tema, continueranno a rammentartelo, in modo da mantenere viva la tua paura. La tua paura è il segreto del loro commercio: se rimani preda della paura, rimani loro schiavo. Se non avessi più paura, usciresti dal loro gregge e non potrebbero più sfruttarti. Per loro la morte non è un male, anzi è un bene, poiché rende floridi i loro affari.

La sessualità invece... per loro è un pericolo. L'India non ha una cultura orientata alla sessualità. Baciarsi, abbracciarsi, amarsi; l'intero fenomeno "amore" ti rende più terreno e meno pauroso della morte. Gli amanti sono le persone *meno* spaventate dalla morte; quando sei innamorato, non ti preoccupi della morte: se arriva, arriva; e allora? Se ami, puoi morire sorridendo, puoi salutare la vita con un bacio. Hai amato, hai vissuto e non rimpiangi niente, poiché non hai sprecato la tua vita. Sei sbocciato! Hai danzato al Sole, nel vento e sotto la pioggia; che cosa ti aspetteresti più di questo? Il regalo della vita è stato immenso: il suo dono è stato l'amore! Ti senti colmo di gratitudine! Perché dovresti andare dai preti? Puoi andare da un poeta, da un pittore, da un musicista: non andresti mai da un prete!

Ecco perché rimarrai sorpreso: di fatto nella mia Comune puoi trovare musicisti e poeti; puoi trovare danzatori e cantanti, ma non troverai neppure un prete. Eppure sembra che i preti siano al centro di ogni attività religiosa; ma qui sono assenti, assolutamente assenti, poiché il mio approccio è che, come prima cosa, si deve conoscere l'amore; devi entrare in profondità nell'amore, immergerti nell'amore alla massima profondità possibile!

Se riuscirai a immergerti in profondità nell'amore, rimarrai sorpreso nel vedere che ti imbatterai nella morte. È la mia esperienza personale, non ti propino alcuna teoria: dichiaro semplicemente il mio stato esistenziale e la mia esperienza personale. Dichiaro solo un dato di fatto: se ami profondamente, sei destinato a imbatterti nel fenomeno "morte". E nel momento in cui ti imbatti in quel fenomeno, attraverso l'amore, anche la morte diventa bella, poiché l'amore abbellisce ogni cosa. Quando ti imbatti nel fenomeno morte, attraverso l'amore, anche la morte ne è glorificata, è abbellita dall'amore; perfino la morte diventa una benedizione! Coloro che hanno conosciuto l'amore, conosceranno la morte come "l'orgasmo supremo".

Esistono poi culture orientate alla sessualità, per esempio l'America. In quelle culture la morte è tabù: non devi parlarne. Se cominci a parlare della morte, tutti inizieranno a evitarti e nessuno ti inviterà più ai suoi ricevimenti. Nessuno si aspetta che tu parli della morte: non devi neppure nominarla; "morte" rimane una parola da non pronunciare. Ecco perché, quando muore qualcuno, usano degli eufemismi, per nascondere il fatto "morte"! Non dicono: "È morto!". Dicono: "È trapassato!", come se fosse partito per un lungo viaggio. Non dicono: "È morto!". Dicono: "Dio l'ha chiamato a sé, è diventato il suo prediletto!". Non conosci Dio, non sai cosa significa "diventare il prediletto di Dio", poiché non sei mai stato prediletto da nessuno. E se anche Dio volesse abbracciarti, verrebbe arrestato dalla polizia! Se Dio ti baciasse, ti sentiresti un po' imbarazzato... Dio, che mi bacia? È veramente Dio, o è un falso? Come potrebbe baciare, Dio? Il bacio non è mai stato ritenuto un'attività spirituale. È proibito baciare qualcuno in pubblico, e Dio ti sta baciando a livello universale; non solo pubblicamente, ti bacia addirittura universalmente! Nel centro stesso del cosmo! Ma gli uomini usano questi metodi per evitare la morte, che in qualche modo dev'essere evitata: la parola stessa è tabù.

Grazie a Freud è stato rimosso il tabù che copriva la parola "sesso": il merito è tutto suo! È stato uno dei più grandi benefattori dell'umanità! Sebbene non fosse illuminato, ha reso un immenso servizio all'umanità, ha fatto un lavoro da pioniere: ha rimosso un grande tabù. Adesso potete parlare di sesso senza vergognarvi, senza sentirvi in colpa.

Avremmo bisogno di un altro Freud che rimuovesse il tabù che copre la parola "morte"! L'Occidente ha una cultura orientata alla sessualità, l'Oriente ha una cultura orientata alla morte; la conseguenza è che gli orientali reprimono la sessualità e gli occidentali reprimono il concetto di morte. Sbagliano entrambi, poiché la sessualità è una faccia della moneta e la morte è l'altra faccia della stessa moneta. Se reprimi una delle due, non potrai sperimentare l'altra nella sua interezza; poiché se sperimenti una delle due nella sua interezza, sperimenti anche l'altra e l'uomo deve sperimentarle entrambe! La vita è un'opportunità per sperimentare la sessualità e la morte. Quando le avrai sperimentate entrambe, quando sarai riuscito a comprendere, attraverso la tua esperienza esistenziale più autentica, che sono una cosa sola, le avrai trascese entrambe. Conoscere che sono una cosa sola: ecco la trascendenza.

Saguna, mi hai chiesto:

Che cosa puoi dirmi su questi due poli, per aiutarmi a trascenderli?

Sperimentali entrambi! Ma in questo preciso momento la morte non è di fronte a te: ora devi sperimentare l'amore e devi sperimentare il sesso; devi sperimentare tutte le delizie dell'amore, tutte le sue complicazioni, tutte le sue complessità e tutte le sue sfumature. Saguna, se sarai entrata in profondità nell'amore, quando arriverà la morte, sarai in grado di entrare in profondità anche in essa.

Di fatto, mentre fai l'amore, quando raggiungi la vetta dell'orgasmo, ti accade una piccola morte, poiché in quell'istante la tua mente scompare, l'ego scompare, anche il tempo non c'è più, è come se l'orologio si fosse fermato all'improvviso. Ti senti trasportato in un altro mondo: non sei più un corpo, non sei più una mente, non sei più un ego... sei esistenza pura. Ecco la bellezza dell'orgasmo! Conoscere l'orgasmo è come sperimentare un po' di morte, una piccola morte!

Prima devi scendere in profondità nell'amore, avrai così un piccolo assaggio della morte. Poi un giorno la morte arriverà e tu entrerai in essa danzando; poiché saprai che stai per entrare nel massimo orgasmo che ti sia mai capitato, poiché saprai che stai per entrare nella massima profondità dell'amore. In questo modo le trascenderai entrambe, sapendo che formano un'unità. E proprio questa conoscenza è trascendenza.

L'ultima domanda

Amato Osho,
vorrei diventare un sannyasin, ma per gradi. Va bene per te? Oppure il salto improvviso è una necessità?

Girish Chandra, mi rammenti una storia.

Durante la Prima guerra mondiale, il capitano Bainsbay della RAF fece precipitare sul territorio inglese l'aereo pilotato dall'asso tedesco, il famoso barone von Ribsten. Il giorno successivo Bainsbay fece visita al barone, in ospedale.
"Vecchio furfante," esclamò l'inglese, "posso fare qualcosa per lei?"
"Sì," rispose il barone von Ribsten, "mi amputeranno il braccio destro: mi farebbe il favore di lasciarlo cadere sul territorio tedesco?"
Il capitano Bainsbay fece ciò che il barone gli aveva chiesto e, una settimana più tardi, tornò a fargli visita.
Il barone gli comunicò: "Amico mio, mi amputeranno la gamba destra: mi farebbe il favore di lasciarla cadere sulla terra dei miei padri?".
Il capitano Bainsbay appagò anche questo desiderio e poi tornò a rivedere ancora una volta il pilota nemico.
"Capitano," gli comunicò il barone, "mi amputeranno anche la gamba sinistra: posso chiederle ancora una volta di lasciarla cadere oltre le linee tedesche?"
"Naturalmente, vecchio furfante!" gli rispose Bainsbay. "Ma mi dica un po', non starà per caso tentando di fuggire... per gradi?"

Settimo discorso
Egli è il conducente del cocchio

Egli è il conducente del cocchio.
Ha domato i suoi cavalli:
l'orgoglio e tutti i sensi.
Perfino gli dei lo ammirano.

Fertile come la terra,
gioioso e limpido come il lago.
Immobile come la pietra dell'ingresso,
si è liberato dalla vita e dalla morte.

I suoi pensieri sono immobili,
le sue parole sono ferme.
Il suo lavoro è l'immobilità.
Vede la sua libertà ed è libero.

Il Maestro ha abbandonato le sue credenze:
vede oltre la fine e oltre il principio.

Taglia tutti i legami,
abbandona tutti i suoi desideri.
Resiste a tutte le tentazioni
e si eleva.

Dovunque viva,
in città o in campagna,
nella vallata o sulle colline,
è ricolmo di una gioia immensa.

Perfino nella foresta vuota,
trova la gioia
poiché non desidera nulla.

L'uomo è un seme con un grande potenziale, l'uomo è il seme della buddhità. Ogni essere umano è nato per essere un Buddha. L'uomo non è nato per essere uno schiavo, ma un Maestro; tuttavia sono pochissimi coloro che riescono a realizzare il loro potenziale. E il motivo per cui milioni di uomini non riescono a realizzare il loro potenziale, è che danno per scontato il fatto di averlo già realizzato.

La vita è solo un'opportunità per crescere, per essere, per sbocciare. La vita in sé è vuota e, a meno che tu non sia creativo, non riuscirai a colmarla con l'appagamento. Tu hai nel cuore un canto che devi cantare e una danza che devi danzare; ma quella danza è invisibile e non hai ancora udito il canto. È celato nel nucleo più profondo del tuo essere: devi farlo affiorare in superficie, devi esprimerlo.

Questa è "l'autorealizzazione". È rara la persona che trasforma la propria vita in una crescita, in un lungo viaggio verso l'autorealizzazione e che riesce così a realizzare il suo potenziale. In Oriente, un uomo simile l'abbiamo chiamato "il Buddha"; in Occidente, un uomo simile l'hanno chiamato "il Cristo". Il termine "Buddha" ha lo stesso significato del termine "Cristo": colui che ha fatto ritorno a casa.

Noi siamo vagabondi alla ricerca della casa, ma la nostra è una ricerca inconscia: brancoliamo nel buio e non siamo esattamente consapevoli di cosa stiamo cercando a tentoni; non sappiamo né chi siamo, né dove stiamo andando. Ci lasciamo trasportare, come fanno i tronchi sull'acqua; ci affidiamo continuamente al caso e la nostra vita resta qualcosa di casuale.

Ciò è reso possibile dal fatto che milioni di persone, che vivono intorno a voi, sono nella vostra stessa condizione. Vedendo che milioni di persone vivono come fate voi, vi convincete di essere nel giusto: tutta quella gente non può sbagliarsi! La vostra logica è questa, ma è una logica totalmente errata: milioni di persone non possono avere ragione!

È rarissimo che una persona abbia ragione, è rarissimo che una persona viva nella verità. Milioni di persone vivono sulle menzogne, vivono nella finzione. Le loro esistenze sono superficiali: vivono alla circonferenza, totalmente inconsapevoli del centro. Il centro contiene tutto, il centro è il regno di Dio.

Il primo passo verso la buddhità, verso il tuo potenziale interiore è riconoscere che fino a questo momento hai sprecato la tua vita, poiché l'hai vissuta del tutto inconsapevole.

Comincia a diventare consapevole; è questo l'unico modo per realizzarti. Sarà difficile, sarà durissimo: è molto più facile abbandonarsi al caso, poiché non hai bisogno di usare l'intelligenza, quindi è semplicissimo. Ogni idiota può vivere così: tutti gli idioti vivono già in questo modo. È facile abbandonarsi al caso, poiché non ti senti mai responsabile per ciò che ti accade. Puoi sempre gettare la responsabilità su qualcos'altro: sul fato, su Dio, sulla società, sulle strutture economiche, sullo Stato, sulla Chiesa, su tuo padre, su tua madre, sulla tua famiglia... Puoi gettare continuamente ogni responsabilità su qualcun altro, per cui tutto risulta facile.

Essere consapevole significa prenderti tutte le tue responsabilità sulle spalle, e sentirti responsabile è l'inizio della buddhità.

Quando uso l'aggettivo "responsabile" non intendo parlare di "doveri", cioè del significato che comunemente gli viene attribuito. Uso questo aggettivo nel suo significato reale, essenziale e cioè: "responsabile" è colui che ha la capacità di rispondere; per me, questo è il significato. E tu hai la capacità di rispondere solo se sei consapevole. Se vivi immerso in un sonno profondo, come potresti rispondere? Se vivi immerso in un sonno profondo, gli uccelli possono continuare a cantare e tu non li sentirai; i fiori possono continuare a sbocciare e tu non sarai sensibile alla loro bellezza, al loro profumo, alla gioia che diffondono nell'esistenza.

Essere responsabile significa essere vigile, consapevole. Essere responsabile significa essere *attento e presente*. Agisci con tutta la consapevolezza che ti è possibile, anche nelle piccole cose: camminare per la strada, consumare i tuoi pasti, farti un bagno... non dovrebbero mai essere azioni meccaniche. Fa' tutte queste cose in piena consapevolezza e, a poco a poco, anche i minimi gesti quotidiani diventeranno luminosi.

Tutti quei piccoli gesti luminosi si raduneranno in te e alla fine accadrà l'esplosione. Il seme esploderà e realizzerai il tuo potenziale; non sarai più un seme ma un fiordiloto, un fiordiloto dorato dai mille petali! Quelli saranno momenti di grande benedizione: il Buddha li ha chiamati nirvana. Sarai arrivato e non avrai più niente da realizzare, né alcun luogo nel quale andare. Potrai fermarti, potrai rilassarti, poiché il tuo viaggio sarà concluso. In quei momenti sorgerà in te una gioia immensa, un'estasi profonda.

Tuttavia devi cominciare dal principio!

Dopo tre giorni di bevute, Tooley e Branan si recarono in un albergo e chiesero una camera a due letti. Entrando nella stanza immersa nel buio, persi com'erano nei fumi dell'alcol, non riuscirono a trovare l'interruttore della luce. Si mossero a tentoni, raggiunsero entrambi lo stesso letto e si coricarono. Immediatamente Tooley urlò: "Ehi! Penso che nel letto con me ci sia un uomo!".

"Anche nel mio letto c'è un gay!" urlò Branan di rimando.

"Buttiamo fuori questi due pervertiti!" gridò di rimando il primo.

Iniziò una lotta feroce, un corpo a corpo senza esclusione di colpi e alla fine Tooley si ritrovò sbattuto sul pavimento. Dal pavimento chiese all'amico: "Com'è andata la tua lotta?".

"Ho buttato fuori dal letto il mio gay" rispose Branan. "E tu?"

"Mi ha buttato fuori lui!"

"Mah, lasciamo perdere, per noi va bene anche così... vieni a dormire nel mio letto!"

L'uomo vive in questo modo, nelle tenebre, del tutto inconsapevole; agisce senza sapere cosa fa; agisce spinto semplicemente da un pressante bisogno inconscio di fare. Ebbene, questa non è un'ipotesi formulata solo dai mistici: anche Freud, Jung e Adler e tanti altri moderni ricercatori della psiche umana si sono imbattuti nella stessa realtà.

Freud ha affermato che l'uomo vive inconsciamente, sebbene la sua mente sia tanto scaltra da fargli scoprire motivi e cause del suo agire: in questo modo riesce quanto meno a crearsi una facciata, come se vivesse una vita consapevole.

Questo stato è molto pericoloso, poiché potresti cominciare a credere nella tua stessa immagine di facciata. In questo caso, la tua vita sarebbe davvero finita: non riusciresti più a utilizzare l'opportunità validissima che ti offre.

Le persone continuano ad agire inconsciamente e, sebbene soffrano, sebbene siano terribilmente infelici, vanno avanti ripetendo sempre le stesse cose che le rendono infelici. Non sanno cos'altro fare! Non sono presenti, non sono consapevoli, di conseguenza non riescono a cambiare niente: rimangono intrappolate negli istinti inconsci!

Hennessy, ubriaco fradicio, stava in agguato dietro l'angolo di una strada deserta. Dopo un po', vide un uomo che veniva verso di lui e prontamente balzò fuori con una pistola in mano, gridando: "Fermati!". Poi estrasse dalla tasca una bottiglia e ordinò all'uomo: "Bevi un sorso di questo!".

Il poveraccio, troppo terrorizzato per rifiutare, afferrò la bottiglia e bevve, bevve a lungo. Poi esclamò: "Accidenti! Questa roba ha un sapore spaventoso!".

"Lo so!" borbottò l'irlandese. "Adesso tu prenderai in mano la pistola e mi costringerai a berne un po'!"

La roba che stai bevendo, ciò che chiami la tua vita, è davvero spaventosa! Ma continui a costringerti a berla e persisti nelle stesse azioni, ripetendole all'infinito. Non sai cos'altro fare, non sai dove altro andare; ignori che esistono alternative possibili e stili di vita differenti. E la più grande delle alternative è la dimensione religiosa.

La dimensione religiosa è solo questo: vivere in modo consapevole, attento e presente; vivere ricordandoti sempre di te stesso, e lasciami aggiungere che con questo non intendo parlare di "autocoscienza". Essere coscienti di sé è un falso fenomeno, è un altro nome dell'ego. Ricordarsi di sé è un fenomeno del tutto diverso, è la fine dell'ego. Nell'autocoscienza non esiste alcuna consapevolezza, vi è solo un sé; nel ricordo di sé, non vi è alcun sé, vi è solo un "rimembrarsi".

L'intera metodologia del Buddha è questo "rimembrarsi di sé": *sammasati*, che è stato tradotto come "giusta presenza cosciente" o "giusta consapevolezza". Cos'è la *giusta* consapevolezza? Può la consapevolezza essere sbagliata? Sì, esiste una possibilità: se la consapevolezza si focalizza troppo sull'oggetto, è sbagliata. La consapevolezza deve essere consapevole di se stessa, in questo caso è *giusta*.

Quando guardi un albero, una montagna o una stella, puoi essere *consapevole* dell'albero, della montagna, o della stella; ma non sei consapevole di te, di colui che è consapevole di queste cose. Questa è la consapevolezza errata, poiché è focalizzata sull'oggetto. Devi distoglierla dall'oggetto, devi aiutarla a rivolgersi all'interiorità. Devi condurla verso la tua interiorità, devi colmare la tua soggettività con la sua luce.

Quando sarai ricolmo di luce, non illuminerai le altre cose, emanerai semplicemente la tua stessa luce; in questo caso si ha vera consapevolezza, che è la porta verso il nirvana, verso il divino, verso la realizzazione del tuo essere.

Alla tua nascita hai ricevuto solo un'opportunità; non hai in te alcuna necessità di realizzarti, di realizzare il tuo potenziale, di raggiungere la realizzazione del tuo essere. Hai ricevuto solo un'opportunità; da lì in poi tutto dipende da te. Devi trovare la Via, devi trovare il tuo Maestro, devi scoprire le situazioni favorevoli: è una grande sfida!

La vita è una grande sfida a conoscere te stesso. Se accetti questa sfida, diventerai *realmente* un uomo, per la prima volta; altrimenti continuerai a vivere a livello subumano.

E non vivono una vita inconsapevole solo le persone cosiddette mondane, anche i presunti religiosi vivono una vita priva di qualsiasi consapevolezza.

Padre Duffy fu inviato in un piccolo villaggio esquimese, nella zona più fredda dell'Alaska. Molti mesi più tardi, il vescovo gli fece una visita: "Come ti sei ambientato qui, tra gli esquimesi?".

"Bene!" rispose il prete.

"E che cosa mi dici dell'asperità del clima?" chiese il vescovo.

"Be', finché avrò con me rosario e vodka, il freddo non mi preoccupa."

"Sono lieto di sentirti parlare così. E dimmi, cosa ne diresti di dare anche a me un po' di vodka?"

"Sicuramente" rispose Padre Duffy. "Per favore, portaci due vodka... Rosario!"

Le persone del mondo e i cosiddetti religiosi, in realtà, non differiscono tra loro. Una sola cosa può creare la differenza: la consapevolezza, una presenza attenta e vigile. E puoi esercitare la consapevolezza dovunque; non hai bisogno di ritirarti sui monti o nei monasteri; non devi rinunciare al mondo.

Di fatto, è più facile esercitare la consapevolezza *nel* mondo, piuttosto che ritirato dal mondo. Questa è la mia esperienza, e non solo è una mia esperienza personale, è anche il frutto della mia personale osservazione su migliaia di sannyasin. La via più facile per diventare consapevole è vivere nel mondo, frequentandolo, in quanto ti offre innumerevoli opportunità. Un monastero non potrebbe offrirti altrettante occasioni. Vivendo in un eremo sui monti, che opportunità di essere vigile e presente potresti mai incontrare? Cadresti in un sonno interiore sempre più profondo, diventeresti sempre più ottuso. Non ti verrebbe richiesta alcuna intelligenza e, di conseguenza, essa perderebbe ogni acutezza. Non ti verrebbe richiesta alcuna consapevolezza, perciò non saresti sfidato ad alimentarla. Solo accettando le sfide, la vita cresce: maggiore è la sfida, maggiore sarà l'opportunità di crescere. Il mondo è davvero ricco di sfide!

Ecco perché dico ai miei sannyasin di non rinunciare al mondo! Godetevi il mondo! In passato, abbiamo rinunciato troppo e il risultato è stato del tutto inconsistente. Quanti Buddha ha prodotto l'umanità, in passato? Possiamo contarli sulla punta delle dita! Solo raramente, rarissimamente, un uomo è diventato un Buddha, un Cristo o un Krishna. Su milioni e milioni di uomini è germogliato un unico seme? È davvero troppo poco! C'è stato uno spreco enorme di potenziale umano, causato dalla tendenza delle religioni a fuggire dal mondo.

Io affermo la vita, godo la vita. E vorrei che tutti voi viveste una vita profonda e intensa, una vita appassionata, con una sola condizione: siate vigili, attenti e presenti, profondi osservatori, testimoni. So che sorgeranno molte difficoltà, poiché dovete vivere in mezzo a milioni di persone addormentate e quel sonno è contagioso... così come lo è la consapevolezza. Anche la consapevolezza è contagiosa: ecco perché è importante essere con un Maestro.

Il Maestro non può consegnarti la verità. Nessuno può dare la verità a qualcun altro: non può essere trasferita. Il Maestro non può condurti alla meta suprema: devi arrivarci da solo, nessuno può accompagnarti. Non puoi raggiungere la verità imitando qualcuno: più imiti qualcun altro e più falsifichi il tuo essere. Come potresti raggiungere la verità falsificando te stesso?

Allora qual è la funzione di un Maestro? A cosa serve la ricerca di un Maestro? Perché diventare un discepolo? Esiste un motivo ben preciso: la consapevolezza è contagiosa, così come lo è il sonno. Se ti siedi accanto a persone che sbadigliano per il sonno, anche tu comincerai a sbadigliare.

Una famosa storia Sufi racconta:

C'era un fruttivendolo che aveva messo a guardia della sua merce una volpe astutissima. Ogni volta che doveva assentarsi, le raccomandava: "Sta' attenta! Siediti al mio posto e osserva: osserva qualsiasi attività si svolga qui intorno. Non permettere a nessuno di rubare nulla! Se qualcuno tenterà di rubare, dovrai fare quanto più clamore possibile, e io arriverò immediatamente".

Un giorno, mentre passava di lì, Mulla Nasruddin udì il fruttivendolo che diceva queste cose alla volpe: "Sta' attenta! Osserva qualsiasi attività accada qui intorno. Se vedi che qualcuno ha intenzioni malvagie, o tenta di rubare la mia frutta, fa' tutto il chiasso possibile... io arriverò subito".

Il Mulla si sentì molto tentato. E quando il fruttivendolo se ne andò, Nasruddin si sedette di fronte al negozio e, fingendo di cedere al sonno, chiuse gli occhi; finse di sonnecchiare.

Per un istante la povera volpe pensò: "Cosa dovrei fare? Dovrei attirare l'attenzione del mio padrone? Il sonno non è un'attività, anzi è proprio l'opposto! E il padrone mi ha detto: 'Osserva qualsiasi attività accada qui intorno...'. Quest'uomo non sta facendo niente, si sta addormentando e cosa potrebbe fare un uomo addormentato? Che male potrebbe fare?". Ma la volpe ignorava che il Mulla stava mettendo in atto una strategia Sufi! Fingendo di cedere al sonno, di dormicchiare a occhi chiusi, a poco a poco riuscì a far addormentare la volpe; e a quel punto rubò tutta la frutta.

Quando il padrone tornò, la frutta era sparita... e la volpe stava russando! La scosse e le chiese: "Cos'è accaduto? Non ti avevo detto che, se avessi visto una qualsiasi attività svolgersi qui intorno, avresti dovuto fare clamore, e io sarei arrivato? Non ho udito alcun rumore!".

La volpe rispose: "Non c'è stata alcuna attività! È arrivato un uomo che si è seduto di fronte al negozio e ha cominciato a sonnecchiare. Ebbene, è forse un'attività il sonno? Il sonno è l'assenza di attività!". Semplice logica! Povera volpe e semplice logica...

Il padrone chiese: "Ma a te cos'è accaduto?".

E la volpe rispose: "Non so cosa mi sia accaduto. Più guardavo l'uomo che sonnecchiava e più mi sentivo assonnata, al punto da non riuscire più a rimanere sveglia... non posso neppure dire quando mi sono addormentata!".

Se alcune persone stanno sonnecchiando e tu ti siedi accanto a loro, vedrai che le vibrazioni del loro sonno ti influenzano. E la stessa cosa accade... sebbene con qualche difficoltà, poiché il sonno è un percorso in discesa e il risveglio una via in salita. Dunque, l'opera è più difficile. Ma se sei con un uomo risvegliato, con un Buddha, inevitabilmente ti renderà vigile: è sufficiente *essere* con un Maestro.

Noi *siamo* contagiati continuamente da coloro che ci

stanno intorno. Possiamo anche ignorare totalmente il fatto che qualsiasi nostro pensiero ci è pervenuto dagli altri e che tutto ciò che sentiamo ci viene dagli altri: il bambino impara per imitazione. Perfino le nostre emozioni possono essere prestiti che abbiamo ricevuto dagli altri, non solo i nostri pensieri: anche i nostri sentimenti possono essere prestiti ricevuti.

L'uomo può perfino morire per un'idea acquisita! Cos'è la patria? È un'idea che continuiamo a ficcare nella mente dei nostri figli con la forza: continuiamo a ripetere che colui che muore per la patria è un eroe, è un martire e che morire per la patria è la più grande delle virtù!

In passato si diceva la stessa cosa per le religioni e per le Chiese: "Morire per la tua religione, per la tua Chiesa, è la via più sicura per entrare in paradiso. Se muori per la tua religione, sarai assunto immediatamente in cielo!". Uccidere gli altri in nome della tua religione, non è peccato! Morire per la tua religione non è un suicidio! In questo caso, uccidere non era un assassinio e suicidarsi non era un suicidio! Nel momento in cui idee simili vengono impiantate nel tuo essere, allorché sono impresse nel tuo essere, cominciano a orientare la tua vita.

Tre ragazzi – un cattolico, un ebreo e un nero – erano seduti sul bordo di un marciapiede. Un prete e un rabbino li videro. Il prete cattolico riconobbe in uno di loro un membro della sua parrocchia, perciò gli chiese: "Sonny, quali sono le due cose più importanti nella tua vita?".
Il ragazzo rispose: "Padre, le due cose più importanti nella mia vita sono: la Chiesa cattolica e il mio parroco!".
Il rabbino li guardò e riconobbe nel ragazzo ebreo un membro della sua congregazione, perciò gli chiese: "Figliolo, quali sono le due cose più importanti nella tua vita?".
Il ragazzo rispose: "Rabbino, le due cose più importanti nella mia vita sono: la mia congregazione e il mio rabbino!".
Entrambi i prelati se ne andarono, tronfi come tacchini. A quel punto, il bambino nero guardò i due adolescenti e chiese: "Ditemi, nessuno di voi due cocchi di mamma ha mai avuto una ragazza, o gustato un melone?".

Noi impariamo dagli altri: potrebbe trattarsi dell'idea di Dio, del prete, del rabbino... o del melone. Tutte le vostre idee sono sullo stesso piano: noi impariamo dagli altri.

Nell'intima vicinanza con un Maestro accadono due cose.

La prima: la sua consapevolezza è contagiosa, il suo amore è contagioso, la sua compassione è contagiosa.

La seconda: disimpari tutto ciò che hai imparato da tutta la gente addormentata con la quale hai vissuto, sia che si tratti del melone sia che si tratti del rabbino. Non c'è molta differenza tra un melone e un rabbino! Sia che si tratti di ciò che hai imparato dalla Chiesa istituzionale, o dallo Stato e dal suo sistema educativo: entrambi sono al servizio degli interessi costituiti, sono al servizio del passato, di un passato ormai morto, che non ti serve. Ricordate che tutta quella gente vi sta sfruttando, vuole solo ridurvi a macchine efficienti; ma le macchine rimangono sempre macchine, che siano efficienti o che non lo siano. La funzione di queste istituzioni è rendervi schiavi della società, ma la società è ammalata, è folle, è patologica!

Nella sintonia con il Maestro accadono due cose. La prima: sei contagiato dalla sua consapevolezza. La seconda: si avvia un processo di disapprendimento. Il Maestro comincia a distruggere tutto il tuo sapere. Ripeto, egli non può consegnarti la verità, ma può toglierti tutte le menzogne che hai dentro di te. Questa è una delle cose *più* essenziali, senza la quale in te non potrà mai accadere la verità. La verità ti accadrà nella tua solitudine ma, prima che ti possa accadere, è necessario che tu rimuova tutti i blocchi, i blocchi delle menzogne che sono state seminate in te, lungo il percorso che conduce alla verità.

Il Maestro può sottrarti tutte le menzogne che hai dentro. La sua funzione è, da questo punto di vista, negativa; ed è invece positiva nel contagiarti: le sue vibrazioni riescono a intaccarti e a risvegliarti. Il Maestro può essere il raggio di Sole che, entrando dalla finestra nella tua stanza, ti illumina il volto e ti dice: "È mattina! Risvegliati!", rendendoti difficile continuare a dormire. Certo, il Maestro riesce a rendere molto difficoltoso sia il perdurare del tuo sonno, sia l'imitazione degli altri, sia l'apprendimento da coloro che di fatto sono tuoi nemici, che non sono certamente tuoi amici.

Se potranno accaderti queste due cose, la tua vita non sarà più stagnante e tu comincerai a muoverti, non sarai più bloccato. Il tuo seme è caduto nel giusto terreno; e ora, al momento giusto, spunterà un germoglio. Presto per te arriverà la primavera e tu vedrai sbocciare i tuoi fiori: i fiori della consapevolezza sono i più meravigliosi che esistano al mondo.

I sutra.

> *Egli è il conducente del cocchio.*
> *Ha domato i suoi cavalli:*
> *l'orgoglio e tutti i sensi.*
> *Perfino gli dei lo ammirano.*

Nel momento in cui avrai realizzato il tuo potenziale, nel momento in cui avrai un'anima realizzata, perfino gli dei ti ammireranno. Ti sarai lasciato alle spalle perfino gli dei, poiché essi non sono ancora diventati dei Buddha. Anch'essi vivono ancora una vita inconsapevole, anche se vivono in paradiso: coloro che i cristiani chiamano "angeli", nel buddhismo sono chiamati "dei". Gli angeli vivono in paradiso, eppure non sono ancora diventati dei Buddha e sono immersi nel sonno interiore quanto voi. L'unica differenza con voi è la loro situazione: essi vivono in paradiso e voi vivete sulla Terra; tuttavia, nella loro psicologia, non differiscono da voi, la loro interiorità è buia quanto la vostra.

Gli hindu non sono mai riusciti a perdonare il Buddha per aver dichiarato che perfino gli dei ammirano un Buddha e che perfino gli dei lo venerano.

La storia racconta che, quando Siddharta diventò un Buddha, quando Gautama Siddharta si illuminò e diventò un Buddha, gli dei scesero dal cielo a venerarlo. Toccarono devotamente i suoi piedi, lasciarono cadere su di lui fiori celestiali e suonarono per lui la musica delle sfere. Gli hindu non perdonarono mai al Buddha questa storia... degli dei che hanno venerato un uomo?

D'altra parte è fondamentale comprendere il senso di quel racconto: gli dei non venerarono l'uomo, venerarono la sua consapevolezza, la sua buddhità. Gli dei non venerarono Gautama Siddharta, venerarono la fiamma che si era accesa nel suo cuore: quella fiamma è la luce eterna, quella fiamma è divina. Perfino gli dei sono ancora lontanissimi dalla buddhità: devono ancora raggiungerla.

Il concetto di buddhità è molto più elevato rispetto al concetto di divinità. Il buddhismo è l'unica religione al mondo che abbia dato all'uomo una simile dignità: nessun'altra religione ha elevato l'uomo così in alto! Il buddhismo è la religione dell'uomo.

Chandidas, un poeta buddhista, ha scritto: *Sabar upar manush satya, tahar upar nahin,* la verità dell'uomo è la più elevata in assoluto, non esiste un'altra verità più elevata di questa.

Ma la verità dell'uomo non consiste nel corpo dell'uomo, non nelle sue ossa, non nel suo sangue, non nel suo midollo, niente affatto! La verità dell'uomo consiste nella fiamma che in te non si è ancora accesa. Quando si accenderà, ti sentirai trasportato in un mondo totalmente diverso. Diventerai parte del Tutto, non sarai più un'entità separata.

La Via per raggiungere questa realizzazione è:

Egli è il conducente del cocchio.

Egli diventa un Maestro consapevole. Il suo corpo è un cocchio che lui guida dove vuole e non ne è guidato. L'uomo inconsapevole è guidato dal proprio corpo.

Osserva te stesso: è il tuo corpo che ti guida. Un attimo fa non avevi appetito, poi sei passato vicino a un ristorante e il profumo del cibo... ecco che ti senti improvvisamente affamato. Il corpo ti sta illudendo, poiché fino a un istante prima non eri affamato, non avevi alcun appetito. Il corpo si serve di questa fame improvvisa per dirigerti verso il cibo. Tu, fino a un momento fa, non pensavi affatto al cibo; il profumo proveniente da un panificio fa sorgere in te all'improvviso un forte desiderio di cibo, un grande appetito. È il tuo corpo che ti guida: non sei tu il conducente. Il cocchio è diventato il padrone: questa è la situazione comune a tutti.

Ha domato i suoi cavalli...

I sensi vengono chiamati "cavalli". Nei tempi antichi, in India c'erano cocchi trainati da cinque cavalli; i grandi re li usavano per i loro spostamenti. E i re più potenti, chiamati *chakravartin*, i padroni del mondo, si muovevano su cocchi trainati da sette cavalli. Cinque cavalli rappresentano i cinque sensi... i tuoi cinque sensi continuano a influenzarti. Colui che voglia veramente diventare consapevole deve vigilare su di essi.

Se pranzi ogni giorno alla stessa ora, quando guardi l'orologio e vedi che segna quell'ora... L'orologio potrebbe essersi fermato, potrebbe non segnare l'ora giusta, potrebbe essere avanti di un'ora; comunque, quando vedi che segna quell'ora, in te sorge immediatamente l'appetito. Ebbene, questa fame è falsa, è creata dai sensi, dal corpo. Ti lascerai guidare dai sensi per tutta la vita?

In tutto il mondo i ricercatori della verità sono diventati consapevoli di questo fenomeno e hanno reagito in due modi, uno giusto e l'altro errato. Il modo errato è cominciare a lottare contro i sensi, contro il corpo; da questa lotta non uscirai mai vincente, ti indebolirai sempre più e dissiperai la tua energia. In questa lotta, diventerai repressivo e ciò che reprimi, dovrai reprimerlo sempre di più; ma ciò che è represso, prima o poi prenderà la sua rivincita. Ogni volta che potrà si impossesserà di te; è inevitabile: sarà la sua vendetta.

Puoi digiunare per tre giorni, puoi costringere il tuo corpo al digiuno: se la tua è una repressione, al quarto giorno il tuo corpo si vendicherà e mangerai in eccesso; per alcuni giorni mangerai voracemente. Di fatto, se in quei tre giorni avrai perso peso, in una settimana aumenterà, fino a superare il tuo peso precedente il digiuno. Il corpo si sarà vendicato, ti avrà dato una lezione.

Questa lotta non è il modo giusto, non è la Via dei Buddha. Questa lotta è stupida, il corpo è tuo e non devi lottare contro di esso, devi solo osservarlo di più. Se l'osservazione comincerà a cristallizzarsi in te, rimarrai sorpreso nel vedere che il tuo corpo ti seguirà. Non comanderà più, non ti darà più ordini, ti obbedirà.

Quando il padrone è presente, i servi gli obbediscono. Se il padrone è addormentato, i servi spadroneggiano.

> *Egli è il conducente del cocchio.*
> *Ha domato i suoi cavalli...*

I cavalli non devono essere uccisi, né distrutti, bensì devono essere domati. Sono animali splendidi! Domati possono avere un grande valore e renderti grandi servizi.

Un Buddha non distrugge i propri sensi; anzi li chiarifica di più, li ripulisce, li sensibilizza, però rimane sempre il padrone. Un Buddha ha una vista migliore della tua; i suoi occhi sono più ricettivi, perché non sono più annebbiati, non ci sono più nubi nella sua consapevolezza.

Vede lo stesso verde degli alberi, ma quel verde per lui è più intenso di quanto non lo sia per te. Sente gli stessi profumi che senti tu, ma per lui sono più intensi di quanto non lo siano per te. Vede la stessa bellezza che vedi tu, ma gli procura un'estasi infinita. È possibile che a te non procuri estasi alcuna, potresti evitarla; è possibile che tu non veda neppure la nazunia fiorita sul margine della strada. Ma che dire della nazunia? Potresti non vedere neppure una rosa! Sei così occupato, i tuoi sensi sono stracolmi di informazioni, che non vi è alcuna ricettività, alcun vuoto. I tuoi sensi non sono molto sensibili!

Un Buddha non uccide i propri sensi; invece molti santi hanno fatto una simile stupidaggine. In Russia, tra i santi cristiani, esisteva una lunga tradizione che imponeva ai preti di recidere i propri organi genitali e alle suore di tagliarsi i seni. Erano ridicoli e stupidi! Esiste stupidità maggiore? Come potresti diventare padrone dei tuoi sensi, tagliando i tuoi organi genitali? La sessualità non risiede lì: risiede nella mente! E, naturalmente, non puoi tagliarti la testa! Anche se lo facessi, non cambierebbe nulla: rinasceresti con una mente ancora più perversa.

Adesso sappiamo – le ricerche scientifiche lo hanno dimostrato al di là di ogni dubbio – che la sessualità non ha niente a che fare con gli organi genitali: non risiede in essi. Gli organi genitali vengono stimolati dalla mente: il loro centro è nel cervello. In questo campo, Pavlov e B.F. Skinner hanno fatto un lavoro validissimo. Io non sono d'accordo con il loro approccio, il comportamentismo, ma i risultati delle loro ricerche possono essere usati con successo dai mistici, dai ricercatori della verità, dagli esploratori del proprio essere interiore.

Skinner ha scoperto che nel cervello ci sono dei centri: il centro della fame, il centro della sessualità e così via, ci sono centri che dirigono ogni nostra funzione. Se si toccasse con un elettrodo il tuo centro della sessualità, avresti immediatamente un orgasmo e proveresti una gioia intensissima, come se avessi avuto un rapporto sessuale con una donna. Skinner fece degli esperimenti sui topi: metteva un elettrodo nel centro della sessualità nel cervello del topo e gli insegnava a premere un pulsante, se voleva un orgasmo. Fu sorpreso dal comportamento del topo: non avrebbe mai pensato che i topi fossero tanto sensuali! Il topo dimenticò completamente il cibo e qualsiasi altra cosa. Perfino in una situazione di pericolo, anche alla presenza di un gatto, non aveva più paura. Non se ne curava affatto: continuava a premere quel pulsante... fino a seimila volte! Fino a quando non era sfinito, quasi moribondo, continuava a premere il pulsante, poiché ogni volta aveva un orgasmo.

Ebbene, prima o poi questo accadrà anche a te! Allora tutto sarà più facile e più comodo, visto che avere una donna, o un uomo, scatena tanti conflitti! Potrai tenere in tasca un piccolo computer e nessuno saprà mai ciò che starai facendo. Con una mano potrai continuare a sgranare il tuo rosario e con l'altra potrai premere il pulsante: la gente penserà che la tua estasi sia frutto della preghiera e del rosario. E la tua faccia sarà splendente come non mai...

Se diventasse possibile, ti troveresti nella stessa situazione del topo: moriresti, dopo avere premuto troppe volte il pulsante, dimenticando tutto il resto.

Gli organi genitali non hanno niente a che fare con la sessualità, il suo centro risiede nel cervello. La fame non ha niente a che fare con il tuo stomaco, il suo centro risiede nel cervello: ecco perché, quando giunge quell'ora, se guardi l'orologio, improvvisamente senti appetito. E ricorda che il profumo proveniente dal panificio, non va nello stomaco, viene recepito dal cervello; stimola il centro della fame nel tuo cervello, preme quel pulsante e tu improvvisamente ti senti affamato.

Pertanto, distruggere il tuo corpo o farlo digiunare, non servirebbe a niente. Anche suicidarti, non servirebbe; una sola cosa può esserti utile: la consapevolezza!

Se diventerai consapevole... la consapevolezza non fa parte del cervello; risiede in uno spazio al di là del cervello. È oltre il cervello ed è in grado di osservarlo.

Rimarrai sorpreso nell'apprendere che tutto ciò che la psicologia moderna è riuscita a scoprire con i suoi metodi, era già stato scoperto dai mistici orientali, migliaia di anni orsono. Il Buddha era perfettamente consapevole dell'esistenza dei centri nel cervello; Patanjali era perfettamente consapevole dell'esistenza di questi centri cerebrali. E l'unica Via consiste nello scoprire qualcosa al di là del cervello, e andare verso quello spazio trascendente, rimanendo-

vi. In quello spazio si trova la padronanza di se stessi; da quello spazio dirigerai il tuo cocchio; da quello spazio terrai in mano le redini dei tuoi cavalli. In quel caso, sono stupendi! I sensi non sono brutti: nulla è brutto! Anche la sessualità ha una propria bellezza, una sua sacralità, una sua santità. E se rimarrai radicato e centrato in quello spazio trascendente e nella tua consapevolezza, ogni cosa assumerà un significato diverso, avrà un contesto diverso. Allora anche nutrirsi avrà una propria spiritualità.

Le *Upanishad* dicono: *annam brahma*, il cibo è Dio. Colui che l'ha detto, deve aver assaporato Dio nel cibo. In Oriente, i seguaci del Tantra hanno affermato per secoli che la sessualità è il più grande potenziale per raggiungere il *samadhi*. È la zona più vicina e l'orgasmo è il punto più vicino alla spiritualità orgasmica, ecco perché dal sesso possiamo imparare moltissimo. Nell'orgasmo, il tempo scompare, scompaiono la mente e l'ego. Nell'orgasmo, il mondo intero si ferma per qualche istante.

La stessa cosa accade nell'orgasmo spirituale, su scala molto più ampia. L'orgasmo sessuale è momentaneo, quello spirituale è eterno; ma nell'orgasmo sessuale vedi un bagliore dell'orgasmo spirituale.

Devi domare i tuoi sensi, non devi distruggerli, ricordalo!

> *...l'orgoglio e tutti i sensi.*
> *Perfino gli dei lo ammirano.*

Doma i sensi, doma l'orgoglio. Quando ti domina, l'orgoglio diventa ego; se tu lo domini, l'orgoglio è semplice rispetto di te stesso; e ogni persona integra ha rispetto di se stessa. Il rispetto di te stesso non è affatto egoismo, significa soltanto: "Io mi voglio bene, mi rispetto e non permetto a nessuno di umiliarmi. Non umilierò mai nessuno e non permetterò mai a nessuno di umiliare me. Non renderò mai schiavo nessuno e non permetterò mai a nessuno di rendermi schiavo!".

Questo è l'orgoglio domato: in questo caso è al tuo servizio e diventa fierezza.

> *Fertile come la terra,*
> *gioioso e limpido come il lago.*
> *Immobile come la pietra dell'ingresso,*
> *si è liberato dalla vita e dalla morte.*

Colui che si è risvegliato diventa *fertile come la terra*. Ha perso ogni rigidità, non è più simile a una roccia, ora è simile alla terra soffice e solo la terra soffice può essere fertile, può creare. La roccia è impotente: non crea niente; sulla roccia non cresce niente; la roccia rimane sterile. Viceversa la terra fertile – soffice, umile, arresa, ricettiva come un utero – può dare vita a nuove esperienze, a nuove visioni, a nuovi canti, a nuovi poemi. Colui che si è risvegliato non è rigido. Nelle parole di Lao Tzu, egli è duro come la roccia, ma fluido come l'acqua: la sua Via è "la Via dell'acqua", dell'acqua che scorre.

...gioioso e limpido come il lago.

Colui che si è risvegliato, che vigila ed è presente, acquisisce un'enorme chiarezza interiore; ogni confusione è sparita. Non che abbia trovato le soluzioni, no: sono semplicemente sparite tutte le sue domande. Non ha trovato le risposte, non ci sono mai risposte da trovare. La vita è un mistero e rimane un mistero, qualcosa che non può essere rivelato, non si può demistificare. E poiché chi si risveglia sa che la vita è un mistero, e in lui adesso non ci sono più domande, né risposte in lotta tra loro, in lui vi è chiarezza: egli stesso è chiarezza ed è gioioso.

Come mai è gioioso? Perché ora sa che tutto il regno divino è suo. Ora sa di non essere più un estraneo sulla Terra; sa di appartenere all'esistenza e che l'esistenza gli appartiene. È entrato a far parte di questa celebrazione infinita, che prosegue da sempre nell'eternità. In questa celebrazione egli è un canto, è una danza.

Immobile come la pietra dell'ingresso...

Fertile come la buona terra, tuttavia fermo come la roccia, silenzioso, immobile...

...si è liberato dalla vita e dalla morte.

Ricorda, egli non si è liberato solo dalla morte. Nell'istante in cui ti sarai liberato dalla morte, ti sarai liberato anche dalla vita: sarai libero anche da questa vita, da questa cosiddetta vita! A quel punto vivrai un'altra vita. Il

Buddha non le ha dato un nome, non l'ha definita, l'ha lasciata indefinita. Ha lasciato incompleta la sua frase, poiché sapeva che qualsiasi definizione ne avrebbe sciupato la bellezza. Qualsiasi parola l'avrebbe limitata, laddove è illimitata. Sapeva che qualsiasi parola sarebbe stata inadeguata.

Perciò il Buddha ha detto solo una cosa: egli si è liberato da *questa* vita e da *questa* morte. La vita che conosci e la morte che vedi accadere ogni giorno, questa vita e questa morte scompaiono per l'illuminato. Per lui il tempo è scomparso, e la vita e la morte sono le due facce del tempo. A questo punto egli è eternità. È diventato una cosa sola con il Tutto; non riusciresti più a trovarlo in quanto entità separata dal Tutto.

Dov'è ora Gautama il Buddha? È nell'aria che respiri, è nell'acqua che bevi, è negli uccelli che cantano, negli alberi e nelle nuvole... Dov'è ora Gautama il Buddha?

È diventato l'universo! La goccia in sé è sparita, è diventata l'oceano! Adesso per la goccia non c'è più vita e non c'è più morte; poiché come goccia non esiste più, come potrebbe avere una vita? Poiché come goccia non esiste più, come potrebbe morire? Essa ha trasceso il dualismo vita/morte.

> *I suoi pensieri sono immobili,*
> *le sue parole sono ferme.*

Sono affermazioni importantissime.

> *I suoi pensieri sono immobili...*

È semplice e comprensibile, poiché l'uomo vigile non ha bisogno di pensare. Devono pensare coloro che non riescono a vedere. Se un cieco volesse uscire da questa sala, dovrebbe pensare, dovrebbe chiedere informazioni a qualcuno e dovrebbe pianificare i suoi movimenti: dove sono i gradini, dov'è la porta, dovrebbe tastare con il suo bastone. Colui che vede non ha bisogno di chiedere informazioni, né di pensare: esce semplicemente; va verso la porta ed esce senza pensarci. Invece il cieco non può permettersi di non pensare. Allo stesso modo, colui che è addormentato deve pensare, poiché è cieco.

L'uomo che ha consapevolezza, possiede occhi interiori, ha intuizioni. Riesce a vedere e, potendo vedere, non ha bisogno di pensare. Vedere è sufficiente, pensare è il misero surrogato di vedere.

I suoi pensieri sono immobili...

Di conseguenza, i suoi pensieri sono immobili. Ma l'affermazione successiva è ancora più importante:

...le sue parole sono ferme.

È una contraddizione in termini: "le sue parole" significa che l'illuminato parla; significa che il Buddha ha parlato, altrimenti non avremmo questi sutra così densi di significato. Il Buddha ha parlato ininterrottamente per quarantadue anni, un giorno dopo l'altro, un anno dopo l'altro; parlava al mattino, al pomeriggio, alla sera. Tuttavia ha detto:

...le sue parole sono ferme.

Se sei veramente in sintonia con il Maestro, se in presenza del Maestro sei veramente silenzioso, vedrai che:

...le sue parole sono ferme.

Le sue parole sono vettori di un silenzio, non fanno rumore. Hanno un ritmo, sono melodiche, musicali: il silenzio assoluto è il nucleo stesso delle sue parole. Se riesci a penetrarle, incontrerai il silenzio infinito.

Ma il modo per penetrare nelle parole di un Buddha non è l'analisi, la dissertazione o la discussione. Si possono penetrare solo entrando in comunione con lui, sintonizzandosi con lui, sincronizzandosi con lui. Accade... arriva un momento in cui il cuore del Maestro e il cuore del discepolo palpitano allo stesso ritmo, i loro battiti sono perfettamente sincronici. Quando il Maestro espira, espira anche il discepolo; quando il Maestro inspira, inspira anche il discepolo: tra loro la sintonia è totale, assoluta.

In questa sintonia, in questa sincronicità, il discepolo penetra nell'essenza delle parole del Maestro. E nella loro essenza, non troverai né suoni, né rumori: scoprirai il silenzio assoluto. Gustare quel silenzio vuol dire comprendere il Maestro. Non è importante il significato delle sue parole, ricordalo; è importante il silenzio di quelle parole. Chiunque capisca la sua lingua, può comprendere il significato delle sue parole, non è difficile. Viceversa il silenzio del Maestro può essere compreso solo dal discepolo, non dallo studente.

Lo studente ascolta e comprende il significato delle parole e tutto finisce lì. Egli capisce la filosofia del Buddha, ma non riesce a comprendere il Buddha. Capisce le teorie del Buddha, ma gli sfugge totalmente il suo essere.

Il discepolo potrebbe essere incapace di ripetere l'insegnamento del Maestro, potrebbe essere incapace di riferire la sua filosofia: potrebbe sentirsi smarrito. Alla domanda: "Qual è l'insegnamento del tuo Maestro?" potrebbe ammutolire... Tuttavia lo comprende: non le sue parole, comprende l'essere del Maestro.

Si tramanda una storia molto bella.

Dopo la morte del Buddha, tutti i suoi discepoli illuminati si radunarono allo scopo di scrivere il suo messaggio. Il loro Maestro se n'era andato: era necessario raccogliere il suo messaggio per trasmettere quel tesoro alle generazioni future. Erano tutti discepoli illuminati, ma nessuno tra loro riusciva a riferire il messaggio del Buddha. Alcuni erano in profondo silenzio e, interrogati, scuotevano le spalle. Altri esclamarono: "È impossibile, non riusciamo a tradurlo in parole!". E altri ancora dissero: "Non vorremmo commettere errori e quegli errori sono inevitabili, poiché ciò che abbiamo visto nel Buddha, non può essere espresso con le parole". Di fatto, tra quei discepoli illuminati, neppure uno era pronto a mettere per iscritto la filosofia del Buddha.

Alla fine si rivolsero ad Ananda. Era l'unico che aveva vissuto accanto al Buddha per quarantadue anni, però non era ancora illuminato. Ananda ricordava tutto; aveva collezionato tutti i discorsi del Buddha, parola per parola: doveva avere una memoria straordinaria. Ma c'era un problema: sarebbe stato possibile credere alle parole di un illuminato, se riferite da una persona non illuminata?

I discepoli illuminati erano incapaci di esprimere il messaggio e colui che era in grado di riferire l'intera filosofia del Buddha – parola per parola, dall'inizio alla fine, dalla prima frase fino all'ultima – non era illuminato! Era possibile fidarsi della sua memoria? Si poteva credere alla sua interpretazione? Il problema era davvero insolubile! Coloro che potevano essere affidabili, erano incapaci di riferire il messaggio del

Buddha e l'unico pronto a esprimerlo, non era affidabile poiché non era illuminato!

A questo punto, l'assemblea dei discepoli consigliò Ananda: "Puoi fare solo una cosa. Non sciupare più altro tempo; impegna tutta la tua energia per diventare il più possibile consapevole. Se riuscirai a illuminarti prima della tua morte, il problema sarà risolto. Noi raccoglieremo la tua testimonianza, solo quando sarai illuminato! Ricorda che sei l'unico a rammentare in modo assoluto l'intero messaggio del Buddha, ma ora come ora non possiamo darti fiducia".

Come potresti credere alle parole di un cieco che riferisce ciò che un vedente ha detto sui colori, sulla luce, sull'arcobaleno e sui fiori? Come potresti avere fiducia in ciò che riferisce il cieco? Sarebbe assurdo e non potrebbe essere credibile!

Perciò l'assemblea rivolse ad Ananda una preghiera: "Tu sei l'unica speranza! Se non riuscirai a illuminarti, non potremo accettare la tua testimonianza. Potremo accettarla solo quando ti sarai illuminato!".

Ananda aveva vissuto accanto al Buddha per quarantadue anni ed, essendo così vicino a lui, aveva dato per scontata la sua presenza. Accade, accade anche in questo ashram: molti tra voi che mi siete vicini, cominciate a dare per scontata la mia presenza.

Ananda era vicinissimo a Buddha, tra tutti era il discepolo più intimo e non sentiva alcun interessamento per l'illuminazione. Ogni volta che lo interrogavano, rispondeva: "Non mi preoccupo dell'illuminazione. Il Buddha si prenderà cura di me: l'ho servito per quarantadue anni, pensate forse che non sia abbastanza compassionevole per aiutarmi a uscire dalle tenebre? Lo farà! E che fretta c'è? Perché dovrei avere fretta? Potrebbe accadere anche domani, o dopodomani: il Buddha è qui".

Pertanto, per quarantadue anni aveva continuato a rimandare, convinto nella profondità del suo cuore, che: "Il Buddha mi aiuterà a illuminarmi! Sebbene dichiari che nessuno può far accadere l'illuminazione in qualcun altro, io so che può farlo; conosco i miracoli che sono accaduti intorno a lui. Non per chiunque, ma almeno per me farà una eccezione: l'ho servito per così tanto tempo! Inoltre il Buddha è sempre presente, se oggi ho perso l'opportunità di illuminarmi, potrà accadere domani; se non domani, dopodomani. Dove andrà mai? Il Buddha è sempre qui!".

Il giorno della sua morte, il Buddha disse ad Ananda: "Ananda, io domani non sarò più qui. Perciò affrettati, sbrigati! Adesso non rimandare più!".

E accadde... dopo la morte del Buddha, quando la congregazione dei discepoli illuminati rivolse ad Ananda quella preghiera, egli rimase per ventiquattr'ore con gli occhi chiusi.

Era la prima volta in tutta la sua vita! Di fatto, quando il Buddha era in vita, intorno a lui accadevano così tante cose, da rendergli quasi impossibile stare per un po' di tempo seduto con gli occhi chiusi. L'intera giornata era un susseguirsi di accadimenti e Ananda era sempre occupatissimo! Ora che il Buddha se n'era andato, non accadeva più niente; non c'era più niente da vedere... Ananda chiuse gli occhi e, per la prima volta, rimase seduto in silenzio per ventiquattr'ore.

In quelle ventiquattr'ore si illuminò. Ciò che non era accaduto in quarantadue anni, accadde in ventiquattr'ore! Dopo che si fu illuminato, gli altri discepoli illuminati riconobbero la sua aura, la sua luce, la sua luminosità e dichiararono: "Adesso Ananda può essere ammesso all'assemblea. Egli potrà riferirci il messaggio del Buddha e noi lo scriveremo!".

In questo modo furono tramandati ai posteri tutti i sutra del Buddha.

Si può aver fiducia solo in un illuminato. Come mai? Perché egli è in grado di vedere; egli scruta nelle parole, fino a trovare il silenzio, che è il messaggio autentico.

Se ascolti il significato delle sue parole, sei uno studente; se ascolti il silenzio delle sue parole, sei un discepolo; se riesci a dimenticare completamente il Maestro che parla e tu che ascolti, diventi una cosa sola con il Maestro e sei un devoto.

Questi sono i tre stadi: lo studente, il discepolo, il devoto. Lo studente comprende il significato delle parole del Maestro; il discepolo comprende il silenzio delle sue parole; il devoto diventa il silenzio stesso.

> *I suoi pensieri sono immobili,*
> *le sue parole sono ferme.*
> *Il suo lavoro è l'immobilità.*

Tutto il suo lavoro consiste nell'immobilità, nel creare immobilità. Egli crea stratagemmi per creare immobilità.

> *Vede la sua libertà ed è libero.*

> *Il Maestro ha abbandonato le sue credenze.*

Quando ti illuminerai, tutte le tue credenze precedenti ti sembreranno risibili, irrilevanti, assurde, insensate. Ti sembreranno simili alle credenze del cieco rispetto alla luce. Tutto ciò in cui aveva creduto, tutto ciò che aveva pensato nella sua cecità, rispetto alla luce... allorché i suoi occhi riacquistano la vista, deve lasciar perdere tutte le sue credenze nella luce. In quelle credenze, neppure una parola corrispondeva a verità: per un cieco è impossibile concepire cosa sia la luce. Cosa potrebbe dire della luce? Il cieco non riesce neppure a concepire cosa siano le tenebre! Infatti, per comprendere cosa siano, il cieco avrebbe bisogno della vista, così come gli occorre per comprendere cosa sia la luce. Il cieco non sa cosa sia la luce, né cosa siano le tenebre.

Quando sarai illuminato, tutte le tue credenze – negli dei, nel paradiso, nell'inferno, nel karma, nella reincarnazione, in questo o in quello – diventeranno semplice spazzatura.

> *Il Maestro ha abbandonato le sue credenze:*
> *vede oltre la fine e oltre il principio.*

Adesso non ha più bisogno di credere: riesce a vedere oltre la fine e oltre il principio. Riesce a vedere nel Tutto, a perdita d'occhio: *vedere* è la meta.

In India, non abbiamo una parola che corrisponda a "filosofia"; abbiamo una parola del tutto differente: *darshana*. Comunemente è tradotta come "filosofia", ma non è esatto. La filosofia è qualcosa che nasce nella mente, *darshana* invece significa intuizione, visione, veggenza. In Oriente abbiamo chiamato gli illuminati "coloro che vedono". Non li abbiamo chiamati profeti né filosofi, bensì "coloro che vedono", poiché hanno visto. L'Oriente crede da sempre nel vedere e non nel pensare.

Tradurre in inglese la parola *darshana* è molto difficile; tradurla come "filosofia" non è esatto, significa distruggere la bellezza stessa della parola. Pertanto, io la traduco con "filosia". Filosofia significa "amore per il sapere": *sophia* significa sapere e *philo* significa amore.

Filosia significa "amore per il vedere", poiché *sia* significa vedere. Allorché avrai visto, tutte le tue credenze cadranno, come foglie morte che cadono dagli alberi.

> *Taglia tutti i legami,*
> *abbandona tutti i suoi desideri.*

> *Resiste a tutte le tentazioni*
> *e si eleva.*

In lui entra in funzione una nuova legge: la legge della levitazione. Di solito le cose cadono a terra, viceversa l'illuminato levita verso l'alto. Ogni cosa in lui si eleva, si alza in volo. Deve tagliare tutti i legami che lo tengono avvinto alla Terra; deve abbandonare tutti i desideri, poiché sono i legami che lo tengono avvinto alla Terra.

> *Resiste a tutte le tentazioni...*

Molte volte la sua vecchia mentalità tenterà ancora di imporsi e molte volte la sua mente farà sforzi per riportarlo sulla Terra.

Kahlil Gibran ha detto: "Quando un fiume sta per sfociare nel mare, attende per un istante e guarda indietro. Guarda tutte le gioie che ha vissuto, i monti e la neve intatta dai quali è sgorgato; guarda le foreste, la solitudine delle foreste; guarda gli uccelli, con i loro canti; guarda la gente e le pianure; guarda le migliaia di esperienze del suo lungo viaggio... per lui è giunto il momento di sparire nell'oceano e tutto il suo passato lo tira indietro. Tutto il suo passato gli dice: 'Aspetta! Ti perderai per sempre, non sarai mai più lo stesso di prima: come potrai esistere senza le tue sponde? Perderai ogni tua definizione!'".

È esattamente ciò che accadrà quando ti starai avvicinando alla buddhità; quando starai per perdere tutti i legami e tutti i desideri, in te sorgeranno grandi tentazioni. Nessun demone ti starà tentando: sarà la tua mente, saranno le tue esperienze del passato che insorgeranno. Tutto il peso del tuo passato ti tratterrà: ma adesso niente potrà farti tornare indietro. Hai sentito la chiamata, ti è arrivato l'invito.

> *Taglia tutti i legami,*
> *abbandona tutti i suoi desideri.*
> *Resiste a tutte le tentazioni*
> *e si eleva.*
>
> *Dovunque viva,*
> *in città o in campagna,*
> *nella vallata o sulle colline,*
> *è ricolmo di una gioia immensa.*

Non solo è gioioso ma, dovunque viva, porta con sé un clima gioioso: la gioia lo circonda.

Si tramanda che dovunque andasse il Buddha... al suo passaggio, gli alberi fiorivano fuori stagione e, nella stagione estiva, quando i letti dei fiumi sono privi d'acqua, i fiumi ricominciavano a scorrere. Dovunque andasse, là si diffondevano la pace, il silenzio, l'amore, la compassione. Accade proprio così: non che gli alberi fioriscano fuori stagione – queste sono metafore – ma dovunque ci sia un Buddha, cominciano ad accadere cose misteriose. Le persone cominciano a fiorire fuori stagione e la gioia si diffonde... grandi ondate di gioia.

Quando entri nel campo energetico del Buddha, in un Buddhafield, entri in un mondo del tutto diverso: nel mondo delle benedizioni, nel mondo della beatitudine!

> *Perfino nella foresta vuota,*
> *trova la gioia*
> *poiché non desidera nulla.*

Dovunque sia, egli è gioioso; poiché l'unica cosa in grado di distruggere la tua capacità naturale di gioire è la tua mente con i suoi desideri. La tua mente con i suoi desideri, ti rende un mendicante. Quando avrai abbandonato ogni desiderio, sarai un imperatore. La gioia sarà lo stato naturale del tuo essere.

Lascia che in te non ci siano più desideri e vedrai... Quando in te non ci sono più desideri, la mente è assente. Quando non ci sono più desideri, non ci sono più tumulti. Quando non ci sono più desideri, non hai più passato e non hai più futuro. Quando non ci sono più desideri, ti senti completamente appagato qui-e-ora. Sentirti completamente appagato qui-e-ora, significa vivere nella gioia.

Una simile persona, dovunque vada, porta con sé il proprio clima interiore. Un Buddha vive in una primavera che dura tutto l'anno. Coloro che in qualche modo si avvicinano a lui, sono fortunati; coloro che si accompagnano a lui, sono benedetti, poiché condividono la sua gioia, la sua benedizione, la sua saggezza, il suo amore, la sua luce!

Ottavo discorso

Una risata viscerale

Voler diventare un sannyasin, significa che sto facendo ancora troppi sforzi?

Che cosa significa diventare un discepolo?

Sei il Cristo, tornato sulla Terra?

Quando sei arrivato, questa mattina, ho sentito provenire dal cielo una risata viscerale.

Perché ci sono tante religioni nel mondo?

La prima domanda

Amato Osho,
lo scorso autunno, gentilmente, mi hai inviato la registrazione della tua risposta a una mia domanda. L'essenza della risposta era che stavo lavorando con troppo sforzo per la mia crescita spirituale. Per nove mesi ho cessato quasi tutte le pratiche e, seguendo il tuo consiglio, ho ottenuto buoni risultati.
Ora sto partecipando di nuovo a un gruppo di crescita, ma sento che diventare una sannyasin significherebbe fare ciò che tu mi hai detto di non fare: lavorare con troppo sforzo per la mia realizzazione spirituale.
Ho già ricevuto l'iniziazione in molti altri gruppi e sento che questo potrebbe essere sintomatico del mio lavorare con troppo sforzo. Dovrei soltanto rilassarmi e godere della tua presenza, qui nel momento presente?

Mariel Strauss, il sannyas è esattamente questo: rilassarsi e godere di tutto ciò che esiste. Questa non è un'iniziazione come tutte le altre che hai avuto: è un fenomeno totalmente diverso. Non è affatto qualcosa di serioso: fondamentalmente è giocosità. Per la prima volta sulla Terra stiamo tentando di introdurre la giocosità nella religione.

La religione è sempre stata seriosa, triste, pesante, tetra. A causa di questa seriosità, milioni di persone si sono tenute lontane dalla religione. Coloro che erano pieni di vitalità non potevano diventare religiosi poiché, per loro, diventare religiosi significava in pratica suicidarsi: era proprio così. Coloro che erano privi di vitalità, quasi moribondi, gli ammalati, gli afflitti da patologie, coloro che tendevano al suicidio: soltanto queste persone erano interessate alle vecchie religioni.

Nelle vecchie religioni non c'era la danza, non c'erano i canti, né la celebrazione: rinnegavano la vita, rinnegavano ogni cosa terrena, rinnegavano il corpo. Erano pura negatività, non contenevano alcun elemento affermativo. Il loro Dio si basava sulla negatività e continuava a negare ogni cosa! Più tu rinnegavi la vita e più ti giudicavano religioso.

Io sono portatore sulla Terra di una visione totalmente nuova della religione; sto presentando una religione che vi permette di ridere e di amare; una religione che vi permette di vivere una vita comune, ma con una consapevolezza straordinaria.

Non è un problema di... La religione non si riduce a un cambiare i vecchi schemi, le cose e le situazioni. La religione cambia "te" e non la tua situazione! La religione non deve cambiare le cose; cambia il tuo modo di vederle. Cambia i tuoi occhi, cambia la tua visione e ti dà intuizioni. In questo caso Dio non rinnega più la vita: il divino diventa il nucleo intrinseco della vita stessa. In questo caso lo spirito non rinnega più la materia, ma diventa la forma più elevata della materia stessa, la sua fragranza più pura.

Mariel Strauss, se eviterai il sannyas, vorrà dire che diventerai seriosa. Non hai compreso che questa iniziazione non è uguale alle altre che hai ricevuto. Tu hai partecipato a molte scuole e a molte sette; hai accumulato una grande cultura sull'iniziazione e sui misteri: questa però non appartiene a quel tipo di iniziazioni. È proprio l'opposto; è un'iniziazione alla vita, alla vita ordinaria. Quando la tua vita di ogni giorno sarà soffusa di meditazione, tu sarai una sannyasin. Non è solo un cambiamento nel modo di vestire – questo è solo simbolico – il sannyas vero consiste nel portare la meditazione nella tua vita di ogni giorno, nel portare la meditazione sulla piazza del mercato. Mangiando, camminando, dormendo, potrai restare in uno stato meditativo costante. Non farai niente di speciale: farai le *stesse* cose, ma in un modo nuovo, con metodi nuovi, con una nuova arte.

Il sannyas cambierà il tuo modo di vedere, la tua prospettiva.

Tu dici: *per nove mesi ho cessato quasi tutte le pratiche e, seguendo il tuo consiglio, ho ottenuto buoni risultati.* Ma, da qualche parte, nella tua interiorità più profonda, sei rimasta ancora seriosa, altrimenti avresti fatto giocosamente il salto nel sannyas. Anche questa tua domanda dimostra la tua seriosità: non sei riuscita ad accettare il sannyas giocosamente, con una risata!

Il sannyas è solo un gioco, *lila*. In Occidente non conoscete questo concetto e non conoscere l'idea di gioco vi ha fatto perdere moltissimo. In Occidente la religione non concepisce che il divino non sia un creatore, ma un giocatore, e che l'esistenza non sia la sua creazione, bensì il suo gioco di energie. Proprio come l'oceano – con le sue onde che si infrangono con fragore sulle spiagge e sulle rocce – così è il divino: è solo un gioco eterno di energia! I milioni di forme dell'esistenza non sono creazioni del divino, sono soltanto i frutti della sua energia straripante.

Dio non è affatto una persona, non puoi adorarlo; puoi vivere in modo divino, ma non puoi adorare Dio, non esiste nessuno da adorare. Tutta la tua adorazione dimostra la tua pura stupidità; tutte le immagini di Dio sono solo tue creazioni. Non esiste *alcun* Dio in questo senso: esiste invece il divino nei fiori, negli uccelli, nelle stelle, negli occhi delle persone; quando dal tuo cuore nasce un canto e ti senti circondata dalla poesia... il divino è tutto questo. Diciamo "il divino", invece di usare la parola "Dio", poiché questa parola dà l'idea di una persona: il divino non è una persona, è una presenza.

Prendere il sannyas non è come convertirvi alla religione hindu, cristiana o musulmana: di fatto significa liberarvi da tutti questi condizionamenti; liberarvi dagli hindu, dai cristiani, dai musulmani e da tutti i loro condizionamenti. Il sannyas significa semplicemente liberarvi da tutte le ideologie. Le ideologie sono fatalmente seriose; nessuna ideologia può avere la risata come essenza, poiché esse devono lottare tra loro, devono discutere tra loro e non potete fare dibattiti ridendo. Il dibattito deve essere serio! Il dibattito è basato sull'egoismo, come potrebbe conciliarsi con la risata? L'ego non conosce affatto la risata.

Una volta, è accaduto:

> Un grande filosofo, un vero pensatore, Keshavachandra Sen, andò a fare visita a Ramakrishna. Voleva sconfiggerlo in un dibattito e aveva di certo le argomentazioni per riuscirci. Cominciò ad argomentare contro Dio, contro la religione e contro tutte le assurdità che stava facendo Ramakrishna. Tentava di dimostrare che Ramakrishna era uno sciocco, che Dio non esiste, che nessuno era mai riuscito a provarne l'esistenza. Parlava, parlava e, a poco a poco cominciò a sentirsi a disagio... infatti Ramakrishna non faceva altro che ridere. Ascoltava le argomentazioni e rideva; a un certo punto, non si limitò più a ridere, balzò in piedi e abbracciò Keshavachandra Sen e lo baciò, esclamando: "Bellissimo! Non ho mai udito argomentazioni simili! Sei proprio intelligente, acuto!".
>
> Keshavachandra Sen si sentiva molto imbarazzato. Vedendo che il grande filosofo Keshavachandra Sen era in visita da Ramakrishna, si era radunata una grande moltitudine di persone, tutte ascoltavano con attenzione, sicure che ne sarebbe uscito qualcosa di valido; ma a quel punto, anche i presenti sentivano che il loro viaggio era stato inutile: "Sta accadendo qualcosa di molto bizzarro!".
>
> Ramakrishna danzava, rideva e alla fine dichiarò: "Se nella mia mente ci fosse stato un minimo dubbio sull'esistenza di Dio, tu l'hai distrutto. Come potrebbe esistere un'intelligenza rara come la tua, se Dio non esistesse? Keshavachandra Sen tu sei la prova dell'esistenza di Dio: io credo in te!".
>
> E Keshavachandra Sen lasciò scritto nelle sue memorie: "Le risate di Ramakrishna mi sconfissero, mi sconfissero definitivamente. Dimenticai tutte le mie argomentazioni. Tutto sembrava così sciocco! Ramakrishna non aveva controbattuto nulla, non aveva pronunciato una sola parola contro di me. Semplicemente mi aveva abbracciato, baciato; aveva riso, aveva danzato. Aveva espresso incredibili apprezzamenti su me, come nessuno aveva mai fatto prima; io invece avevo parlato male di lui! E alla fine, disse: 'Keshavachandra Sen, la tua presenza, la tua rara intelligenza, la tua genialità, sono prove sufficienti dell'esistenza di Dio!'. Ramakrishna mi ha detto queste cose!". E Keshavachandra Sen conclude: "In realtà, la sua presenza, le sue risate, la sua danza, i suoi abbracci e i suoi baci erano la dimo-

strazione dell'esistenza di Dio! Se Dio non ci fosse, come potrebbe esistere un fenomeno come Ramakrishna?".

Ramakrishna l'illetterato, un uomo cresciuto in un villaggio, dimostrò di essere molto più profondo di Keshavachandra, colto e sofisticato. Che cosa accadde? Qualcosa di immensamente bello. Ramakrishna era veramente religioso; sapeva cos'è la religiosità; sapeva cos'è divino: prendere la vita danzando e cantando; è divino accettare la vita in tutte le sue molteplici manifestazioni, senza formulare giudizi, amandola così com'è.

Il sannyasin è colui che non tenta di risolvere il mistero della vita, ma si immerge in profondità nel mistero stesso. Sannyas significa vivere il mistero, non tentare di risolverlo. Se cominci a risolverlo, diventerai serio; se cominci a vivere il mistero, diventerai sempre più giocoso.

Mariel Strauss, guarda la differenza tra il sannyas e le altre iniziazioni: è una differenza qualitativa. Non è un'iniziazione secondo i vecchi canoni, così come non è un apprendimento secondo i vecchi canoni. Il sannyas è un disapprendimento, in questo senso posso dire che è un'iniziazione. Ti libererà da tutte le tue iniziazioni passate; poiché, se hai aderito a tante scuole, a tante sette, a tante ideologie, molti condizionamenti devono essere rimasti in animazione sospesa nella tua interiorità. Hai bisogno di una buona ripulita, hai bisogno di una pulizia totale, hai bisogno di un buon bagno: il sannyas ti farà una doccia e ripulirà la tua anima. Ti restituirà l'innocenza di quando eri bambina, la risata di quando eri bambina, ti ridarà i tuoi occhi di allora, colmi di meraviglia e di stupore.

Non esitare... fa' il salto! È un salto, poiché non puoi arrivarci attraverso il pensiero; è un salto, poiché non è una conclusione della tua mente. Agli altri sembrerà una follia; di fatto tutti gli amori sono folli e tutti gli amori sono ciechi... almeno per coloro che non conoscono l'amore. Per coloro che sono incapaci di amare, l'amore è cieco; per coloro che sono capaci di amare, l'amore è l'unica vista in grado di guardare nel nucleo stesso dell'esistenza. Per coloro che non conoscono il sapore della religione, il sannyas è una follia; ma per coloro che conoscono quel sapore, tutto è follia, fuorché il sannyas, che è l'ingresso nella salute. Non conosco nulla che sia più sano della risata, che sia più sano dell'amore, che sia più sano della celebrazione!

Tuttavia, tu stai ancora pensando in termini seriosi: l'iniziazione è una grande parola! Sei ancora ossessionata dalle vecchie ideologie, temi tuttora di poter lavorare con troppo sforzo e, di fatto, lo stai ancora facendo.

Prima ti avevo consigliato di non lavorare con troppo sforzo. Adesso stai lavorando con troppo sforzo nella direzione opposta, verso il polo opposto: ti impegni troppo a non lavorare troppo! È la stessa cosa! Diventa una sannyasin e dimentica tutte queste assurdità! In questo caso trascenderai sia il troppo impegno sia il troppo disimpegno: ti aspetta una grande risata! Nell'istante in cui l'aldilà comincerà a ridacchiare, a ridere, nella tua interiorità, conoscerai per la prima volta cosa significa essere un Cristo, cosa significa essere un Buddha!

Ma i cristiani affermano che Gesù non rideva mai: questa è la *loro* idea del Cristo. Non è veritiera, per ciò che riguarda il vero Cristo, io lo conosco! È impossibile pensare che Gesù non abbia mai riso. Gli piaceva la buona tavola, lo sapete; gli piaceva mangiare e bere bene; gli piaceva stare in compagnia. E se vuoi stare in buona compagnia, non devi scegliere i tuoi compagni tra gli studiosi, ma tra i giocatori d'azzardo; se vuoi stare davvero in buona compagnia, devi cercarti i compagni tra coloro che vivono ai bordi della vostra cosiddetta società; devi cercarli tra le frange della società, tra gli outsider, tra i giocatori d'azzardo, tra gli alcolizzati, tra le prostitute, poiché la vostra società è diventata assolutamente ottusa, praticamente morta. La società istituzionale assomiglia in pratica a un cimitero; in essa non incontri persone, incontri solo corpi morti, cadaveri che camminano, che parlano, che si muovono, che agiscono... è un miracolo!

Un giorno, un bambino mi chiese: "Osho, tu credi nei fantasmi?".
Ho risposto: "Se ci credo? Sono circondato da fantasmi!".
Comprese immediatamente ciò che intendevo dire: "Così... tu... vuoi dire che le persone che riempiono le strade e il mercato, sono tutti fantasmi?".
Risposi: "Certo, sono tutti fantasmi! Vivono un'esistenza postuma, sono morti da molto tempo! Di fatto, erano già morti ancor prima di nascere".

La società uccide e uccide lentamente, astutamente. Voi non ne siete consapevoli, poiché avviene tutto molto lentamente: ecco perché non ne siete consapevoli. Il bambino viene avvelenato a poco a poco.

In Oriente, in passato, esistevano donne spia, chiamate *vishkanya*, ragazze avvelenate. Alcune ragazze bellissime venivano avvelenate a piccole dosi con il latte materno: è un fatto storico; tuttavia quelle dosi di veleno erano minime, dosi omeopatiche, così che non potevano ucciderle immediatamente. Però, a poco a poco, tutto il loro corpo si riempiva di veleno, che fluiva nel sangue... perfino il loro respiro era velenoso. Diventate ragazze, erano pronte per essere usate dal loro re; ed erano talmente belle che per loro era facilissimo sedurre chiunque! Allora venivano mandate da un re nemico, che inevitabilmente cadeva nella rete di quella donna stupenda e, non appena lei riusciva a baciarlo, il re moriva. Era sufficiente un suo bacio per ucciderlo, era il bacio della morte.

Fare l'amore con una donna simile significava la fine per te; morivi come muoiono certi ragni. Esistono ragni che muoiono facendo l'amore; infatti, mentre il ragno raggiunge l'orgasmo, mentre è in preda all'estasi... la sua femmina comincia a divorarlo. Conoscete quei ragni... sono totalmente dimentichi del mondo, non sono più creature materiali, diventano spirituali. Ma le femmine sono femmine, sono materialiste e, nell'istante in cui il ragno è preso dagli spasimi dell'orgasmo, la femmina comincia a divorarlo. Cessato l'orgasmo, il ragno è già morto... pensava di "venire"... invece "se ne stava andando"!

Quelle ragazze erano allevate con il veleno... ma il miracolo era che tutto quel veleno non le uccideva; poiché le dosi, somministrate a poco a poco, erano minime.

Uno scienziato stava facendo degli esperimenti sulle rane. Gettò una rana nell'acqua bollente e, naturalmente, la rana saltò fuori immediatamente dalla pentola. Poi mise la rana nell'acqua a temperatura ambiente: la rana si godette il bagno nella bacinella, rilassata. Lo scienziato cominciò a riscaldare lentissimamente l'acqua e, dopo qualche ora, l'acqua iniziò a bollire; ma la rana non saltò mai fuori dalla pentola... e morì. Non si era accorta di niente, poiché l'acqua si era riscaldata lentissimamente.

Questo è ciò che accade nella società, che impiega quasi vent'anni per uccidere il bambino diventato uomo, per avvelenarlo totalmente. Quando il giovane arriva all'università, è morto, è finito e, da quel momento, vivrà la sua vita come se fosse già morto.

Riesco a vedere un grano di verità nell'idea degli hippy che sostengono di non dare fiducia a un uomo che abbia superato i trent'anni. Contiene una certa verità. Quando arriva al suo trentesimo anno, l'uomo non è più vivo: se è ancora vivo, diventerà un Buddha, un Cristo o un Krishna. Arrivate a quell'età, le persone muoiono e muoiono tanto inconsapevolmente da continuare a vivere come se fossero viventi.

Il sannyas vi restituisce la vostra vita. È un processo che vi libera da ogni programmazione, da tutti i condizionamenti e da tutti i veleni. Non potete decidere con la logica di diventare sannyasin, poiché il problema è la vostra stessa mente! Tu, invece, stai tentando di decidere con la mente. Il sannyas deve essere un salto, poiché l'impulso parte dal cuore e non dalla mente.

Mariel Strauss, stai ancora decidendo con la mente... per favore, scendi dalla mente e lascia che almeno un evento accada nel tuo cuore. Lascia che accada non mediante la logica, ma in modo illogico; fa' che non sia un evento prosaico, ma poetico: il sannyas dev'essere un innamoramento! Non deve essere serioso, ma colmo di risate. Entraci... e rimarrai sorpresa nel constatare che non si tratta di un'iniziazione come le altre. Il sannyas ti libererà da tutte le tue iniziazioni, da tutta la tua filosofia e da tutti i tuoi sistemi di pensiero.

Il sannyas significa rilassarti nella vita, avere fiducia nella vita, abbandonarti alla vita... non avere alcun luogo da raggiungere e niente da conquistare, allora tutta la tua energia sarà disponibile per danzare, cantare, celebrare!

La seconda domanda

Amato Osho,
che cosa significa essere un discepolo?

Prem Samadhi, è uno tra i misteri più delicati. Non è possibile dare una definizione di "discepolo", ma posso darti alcuni cenni, semplici dita che indicano la Luna; ma non aggrapparti alle dita: guarda la Luna e dimentica le dita!

Un discepolo è un fenomeno raro. È facilissimo essere

uno studente, poiché lo studente è alla ricerca del sapere: può incontrare solo un insegnante, non un Maestro. Allo studente la realtà del Maestro rimarrà celata, poiché lo studente agisce attraverso la mente: funziona con la logica e la razionalità. Egli accumula sapere, diventa sempre più colto; alla fine diventerà a sua volta un insegnante. Tutto ciò che conosce l'ha preso in prestito, niente gli appartiene veramente.

La sua esistenza è fasulla, è un'imitazione, non è l'originale. Egli non conosce il proprio volto originale: ha delle nozioni su Dio, ma non conosce affatto il divino. Ha delle nozioni sull'amore, ma non ha mai osato amare in prima persona. Ha delle nozioni sulla poesia, ma non ha mai gustato lo spirito intrinseco nella poesia. Può parlare della bellezza, può perfino scrivere dei trattati sulla bellezza, ma non riesce ad averne una visione; non riesce a sperimentarla, né ad avere un'intimità esistenziale con la bellezza. Non ha mai danzato con una rosa, il sorgere del Sole accade all'esterno, ma non provoca alcunché nel suo cuore. Nella sua interiorità le tenebre rimangono sempre uguali a se stesse.

Egli parla mediante i concetti: non sa niente della verità, poiché non puoi conoscere la verità attraverso le parole, né può conoscerla tramite le sacre scritture, le teorie, i sistemi di pensiero, le filosofie o le ideologie.

Un discepolo è un fenomeno del tutto differente. Un discepolo non è uno studente, non è interessato ad acquisire delle nozioni *su* Dio, sull'amore o sulla verità; è interessato a *diventare* divino, a diventare la verità, a diventare l'amore. Ricorda la differenza: avere delle nozioni *su qualcosa...* è una cosa, *diventare...* è totalmente diverso. Lo studente non rischia nulla, il discepolo sta procedendo in acque inesplorate. Lo studente è un avaro, è un accaparratore: solo in questo modo può accumulare sapere. È avido: accumula sapere, come la persona avida accumula ricchezza; il sapere è la sua ricchezza. Il discepolo non è interessato all'accaparrare, vuole sperimentare e vuole assaggiare: per questo è pronto a rischiare il tutto per tutto.

Il discepolo riuscirà a trovare il Maestro. Il rapporto tra lo studente e l'insegnante è un rapporto mentale; il rapporto tra il discepolo e il Maestro accade tra i cuori, è un rapporto d'amore. Agli occhi del mondo, il discepolo è pazzo, totalmente pazzo. Di fatto, nessun amore è totale come quello che accade tra il Maestro e il discepolo. L'amore accaduto tra l'apostolo Giovanni e Gesù, tra il Buddha e Sariputra, tra Gotama e Mahavira, tra Arjuna e Krishna, tra Chuang Tzu e Lao Tzu... sono stati veri e propri innamoramenti, il culmine dell'amore.

Il discepolo comincia a fondersi nel Maestro, distrugge tutte le distanze tra lui e il Maestro; il discepolo cede, si arrende al Maestro, fino a cancellare se stesso. Diventa un'assenza di entità, una nullità e, in quell'annientamento, il suo cuore si apre. In quell'assenza, il suo ego scompare e il Maestro può penetrare nel suo essere.

Il discepolo è ricettivo, vulnerabile, senza alcuna protezione; ha abbandonato ogni armatura, ha abbandonato qualsiasi misura difensiva: è pronto a morire. Se il Maestro gli dicesse: "Muori!", non esiterebbe un solo istante. Il Maestro è la sua stessa anima, il suo stesso essere; la sua devozione è incondizionata, assoluta. Conoscere la devozione assoluta significa conoscere il divino. Conoscere la resa assoluta significa conoscere il mistero più segreto della vita.

La parola "discepolo" ha anche una sua bellezza, significa "colui che è pronto ad apprendere". Ne deriva la parola "disciplina", che significa "creare uno spazio per l'apprendimento". "Discepolo" significa "colui che è pronto ad apprendere": chi può essere pronto ad apprendere? Solo colui che è pronto ad abbandonare tutti i suoi pregiudizi. Se rimani un cristiano, un hindu o un musulmano, non puoi essere un discepolo. Se vieni a me semplicemente come un essere umano, senza pregiudizi e senza credenze aprioristiche... questa è l'unica via per diventare un discepolo.

Un discepolo è la fioritura più rara della consapevolezza umana; poiché, al di sopra del discepolo, c'è un'unica vetta, il Maestro. E colui che è stato totalmente un discepolo, un giorno diventerà un Maestro. Essere un discepolo è il processo per diventare un Maestro; ma non devi iniziare il cammino con l'idea di diventare un Maestro, altrimenti ne perderai l'opportunità e il tuo sarà solo un ulteriore viaggio nell'ego. Dovresti venire a me semplicemente per evaporare.

Hai vissuto attraverso l'ego e la tua vita è stata solo infelicità, nient'altro. Il troppo stroppia! Un giorno riuscirai a realizzare che: "Ho sciupato una grande opportunità continuando ad ascoltare il mio ego. L'ego mi ha guidato su inutili sentieri, che non conducono in nessun luogo; l'ego mi ha creato mille e una infelicità!'". Il giorno in cui riuscirai a realizzare che: "Nell'ego ci sono tutte le radici della mia infelicità!" comincerai a cercare un luogo in cui potrai lasciarlo cadere. Il Maestro è un pretesto per lasciar cadere il tuo ego.

Riesci a lasciar cadere il tuo ego solo quando incontri un essere umano in grado di impossessarsi del tuo cuore in modo totale, al punto che il suo essere diventa più importante del tuo stesso essere, al punto che puoi sacrificare per lui tutto ciò che hai.

Alcuni giorni fa ho ricevuto una lettera da Gunakar, dalla Germania. Sui giornali tedeschi hanno dato un eccessivo rilievo a una frase di Teertha e l'hanno criticata. Quella frase può essere criticata e manipolata, poiché ciò che è accaduto a Jonestown è diventato il tema delle chiacchiere mondane. Un giornalista tedesco ha chiesto a Teertha: "Se Osho ti chiedesse di spararti, di suicidarti, tu cosa faresti?". E Teertha ha risposto: "Non ci penserei affatto: mi sparerei immediatamente!".

Ebbene, questa risposta potrebbe essere manipolata in modo da dare l'impressione che lo spazio che sto creando qui possa essere teatro di un'altra Jonestown. Le parole di Teertha gli sono uscite dal cuore, non ha usato né la politica né la diplomazia; altrimenti avrebbe evitato una simile risposta. Egli ha detto semplicemente ciò che un discepolo è fatale che dica.

Il discepolo è pronto: dire che è pronto a morire è dire un po' meno della verità. Il discepolo è già morto nel Maestro, non è un evento che accadrà in futuro, egli è già morto. È accaduto il giorno in cui il discepolo ha accettato il Maestro come suo Maestro: da allora il discepolo non esiste più, solo il Maestro vive in lui.

Lentamente, la presenza del Maestro inonda il discepolo. Ma la presenza del Maestro non è la presenza del Maestro in quanto tale, poiché egli è inondato dal divino. Il Maestro è solo un vettore, un passaggio, un messaggero: è il divino che fluisce attraverso di lui. Quando il discepolo si arrende totalmente al Maestro, in realtà si arrende al divino, personificato dal Maestro. Egli non può ancora vedere il divino, ma è in grado di vedere il Maestro e in lui riesce a vedere qualcosa del divino. Per il discepolo, il Maestro è la prima prova dell'esistenza del divino. Arrendendosi a lui, egli si arrende al divino visibile.

A poco a poco, man mano che la resa, l'abbandono vanno in profondità, il visibile scompare nell'invisibile: il Maestro scompare. Quando il discepolo raggiunge il nucleo del cuore del Maestro, non trova più il Maestro, ma il divino stesso, la vita stessa: indefinibile, che non può essere espressa a parole.

Prem Samadhi, la tua domanda è significativa.

Mi chiedi: *Che cosa significa essere un discepolo?*

Significa la morte e significa la risurrezione. Significa morire nel Maestro e rinascere attraverso il Maestro.

La terza domanda

Amato Osho,
chi sei? Sei il Cristo, tornato sulla Terra?

Premananda, credi forse che io sia un pazzo o qualcosa di simile? Io sono me stesso. Perché dovrei essere qualcun altro? Cristo è Cristo. Cristo non è Krishna, non è il Buddha e non è Zarathustra. Il Buddha è il Buddha, non è Yagnavalka e non è Lao Tzu. Socrate è Socrate, non è Mahavira e non è Patanjali.

Io sono me stesso. Perché dovrei essere Cristo? Di fatto, niente si ripete nell'esistenza. L'esistenza è così creativa che crea sempre persone nuove. Ciò non è vero solo per Cristo, per il Buddha e per me, è vero anche per tutti voi. Non è mai esistito un individuo uguale a te e non ci sarà mai più. Sei assolutamente unico.

Ricorda, l'esistenza non si ripete mai. Di conseguenza, tu sei incomparabile, non sei né superiore né inferiore. Ecco perché io affermo che nell'esistenza non ci sono gerarchie. Ciascun essere umano è bellissimo, è unico ed è solo; ma questa domanda continua a presentarsi e ci sono motivi ben precisi, che la fanno sorgere.

Premananda, fin dall'infanzia devono averti insegnato che ci sarà una seconda venuta del Cristo sulla Terra. Ebbene, adesso ti sei innamorato di me e vorresti conciliare, in qualche modo, la tua mentalità infantile con la nuova esperienza che stai vivendo qui. Vorresti creare un ponte tra gli insegnamenti ricevuti nell'infanzia e ciò che ti sta accadendo. Se, in qualche modo, riuscissi a coniugarli, ti sentiresti un po' più rilassato; se invece non ci riesci, rimane in te una sottile tensione. Hai queste due possibilità, devi decidere quale scegliere.

Non puoi servire due padroni: questo è il problema. Ecco perché è sorta in te questa domanda. Il tuo problema è: "Cosa devo fare? Devo rimanere con Cristo?". Ma tu non sai niente di Cristo, se non ciò che ti hanno detto gli altri. Per te, Cristo è solo un mito; era una realtà per l'apostolo Giovanni, per l'apostolo Luca e per Matteo. Per te, Premananda, non è una realtà. Io sono una realtà per te e non lo sarò per i tuoi figli; eppure tu parlerai di me ai tuoi figli e quando essi incontreranno un Maestro, in loro sorgerà il problema: "Cosa devo fare? Devo scegliere il passato o devo scegliere il presente? Questo è il dilemma".

Tu esiti: hai paura che, se scegliessi me, tradiresti Gesù. No, io non sono Cristo; d'altra parte, scegliendo me, non tradirai Gesù, anzi lo appagherai. Io non sono il Buddha; ma, scegliendo me, non lo tradirai, anzi lo renderai felicissimo, poiché scegliendo me, sceglierai l'essenza della religione. Il problema non sta in Cristo, nel Buddha o in me: noi siamo solo forme. Non attaccarti alle forme, ricorda l'essenza.

In un ristorante un uomo chiama il cameriere ed esclama: "Cameriere, c'è una mosca che cammina sulla mia minestra!". Il cameriere cade in ginocchio, alza le mani al cielo e urla: "Osanna... Gesù è tornato sulla Terra!".

So che Gesù ha promesso che sarebbe tornato, ma non penso che sia così folle da mantenere la sua promessa. Ricordate cosa gli avete fatto? Se tornasse sulla Terra, malgrado ciò che gli avete fatto, sarebbe veramente pazzo!

È impossibile, non può tornare sulla Terra. Può averlo promesso, ma non può mantenere la sua promessa. Se la mantenesse, voi lo crocifiggereste un'altra volta! Non potreste fare altrimenti. Quello è il modo in cui avete trattato gli illuminati, in tutto il mondo. Mentre sono vivi, non riuscite a sopportarli e, quando sono morti, li adorate: è la vostra tradizione da sempre. Mentre sono vivi, li giudicate pericolosi e vorreste ucciderli, annientarli in un modo o nell'altro. Quando sono morti, diventano una consolazione, per cui portate con voi i loro cadaveri nei secoli a venire.

Ricorda, Gesù non è stato crocifisso dai criminali, dai peccatori: è stato crocifisso dai rabbini, dai preti, dai politici, tutte persone rispettabili. Che cosa aveva fatto Gesù a queste cosiddette persone rispettabili? Era diventato un pericolo per il loro stile di vita; stava creando nei loro esseri un grande senso di colpa; la sua stessa presenza era una spina nelle loro carni: se Gesù aveva ragione, allora essi avevano torto!

Per loro era difficile accettare questa realtà, era praticamente impossibile: che un figlio di falegname, assolutamente privo di cultura, di ogni minima sofisticazione intellettuale e per di più troppo giovane per essere un saggio... Gesù aveva solo trent'anni quando cominciò a predicare e tutte quelle persone cosiddette rispettabili non riuscirono a sopportarlo neppure per tre anni. Lo crocifissero quando aveva trentatré anni: il suo ministero era durato solo tre anni.

Il Buddha è stato molto più fortunato: è riuscito a predicare per quarantadue anni; ma viveva in una nazione del tutto diversa. Non che gli hindu si comportassero in modo differente dagli ebrei, ma essi avevano sistemi più subdoli per distruggere la verità. Gli ebrei erano più diretti: vedendo il pericolo, uccisero Gesù. Gli hindu sono molto più subdoli, è inevitabile, essendo la razza più antica sulla Terra, quella più ricca di esperienza. Inoltre, il Buddha non era il primo Buddha che incontravano, ne avevano già incontrato molti: i ventiquattro *tirthankara* giainisti, Krishna, Rama, Parashurama, Patanjali, Kapil, Kanad e migliaia d'altri. Erano diventati molto furbi e astuti nei metodi da usare per evitare che persone simili contagiassero, influenzassero la gente.

Non avevano bisogno di uccidere, conoscevano metodi migliori per farlo, senza ammazzare. Iniziarono a interpretare le parole del Buddha, il suo messaggio, così da svuotarlo di ogni significato. Non avevano bisogno di ucciderlo; c'era un sistema più semplice: interpretare il Buddha in base alle vecchie sacre scritture, come se stesse ripetendo semplicemente le vecchie sacre scritture. Il loro metodo consisteva nel dire: "Il Buddha non sta dicendo niente di nuovo: è tutto scritto nelle *Upanishad*, è tutto scritto nei *Veda*, dunque? Abbiamo già imparato tutto ciò: il Buddha non è affatto originale".

Viceversa il messaggio del Buddha era assolutamente

originale. Non era scritto nelle *Upanishad*, non era scritto nei *Veda*, poiché, in primo luogo, il suo messaggio non poteva essere espresso con le parole scritte. Certo, coloro che avevano scritto le *Upanishad* dovevano conoscere quel messaggio, ma non era stato scritto.

Gli hindu erano molto astuti: cominciarono a scrivere commenti sui detti del Buddha, distorcendo tutta la sua filosofia. Crearono così tante dispute filosofiche, fecero tanto clamore che la voce ancora debole del Buddha andò perduta, perduta totalmente. Dopo la sua morte, gli hindu crearono trentadue scuole filosofiche buddhiste e ogni parola del Buddha veniva interpretata in trentadue modi. Crearono una tale confusione che il messaggio del Buddha andò disperso.

Di fatto, se lo avessero crocifisso, sarebbe stato molto meglio. Gesù fu crocifisso, ma gli ebrei non hanno mai commentato il suo messaggio. Dopo averlo ucciso, pensarono: "Ormai è finita, la questione è chiusa!". Da quel momento, dimenticarono Gesù, al punto da non nominarlo mai nelle loro sacre scritture. Non pensarono mai di scrivere dei commenti alle sue parole; pensarono di averlo ucciso e che, prima o poi, la gente l'avrebbe dimenticato del tutto, perciò non avrebbero più avuto alcun problema.

In un certo senso, il messaggio di Gesù è stato protetto molto più accuratamente che non il messaggio del Buddha. I brahmani, i furbi e astuti brahmani, radunati intorno al Buddha, distorsero tutto ciò che andava predicando. Hanno distorto tutto al punto che, se il Buddha tornasse sulla Terra, non riuscirebbe a credere ai propri occhi, vedendo quanto è accaduto.

Tuttavia, questi illuminati non tornano mai sulla Terra. Un Buddha può vivere sulla Terra solo una volta. Quando una persona diventa un Buddha o un Cristo, alla sua morte evapora e diventa una fragranza dell'universo. Non può materializzarsi di nuovo.

Gesù può averlo promesso ai suoi discepoli, poiché era stato costretto a lasciarli troppo presto. Nessuno era pronto... i discepoli non erano preparati; infatti nessuno tra loro si era illuminato. Senza il Maestro si sarebbero sentiti perduti, non avrebbero saputo cosa fare. Si erano appena avvicinati a lui, erano con lui solo da tre anni: un tempo insufficiente; non avevano neppure assorbito lo spirito del Maestro. Gesù deve aver fatto quella promessa solo per consolarli, per aiutarli a rimanere integri, affinché non si disperdessero. Deve aver detto loro: "Non preoccupatevi, tornerò presto tra voi!".

Questa promessa era solo uno stratagemma. Ricorda che uno stratagemma non è falso e non è vero: è solo un espediente. Era solo uno stratagemma per mantenere una fluidità nello spirito dei discepoli, affinché si mantenessero integri, fiduciosi, radicati. Era solo un espediente!

E quello stratagemma è stato utile, ha funzionato, altrimenti non sarebbe nato il cristianesimo. Quei poveri discepoli si sarebbero dispersi e, a poco a poco, avrebbero dimenticato totalmente Gesù: era ciò che i rabbini e i preti pensavano che sarebbe accaduto.

Ma Gesù è stato più intuitivo; ha fatto loro quella promessa: "Non preoccupatevi, tornerò presto tra voi. Non posso abbandonarvi, non vi abbandonerò mai!".

Quella promessa è stata utile anche per un altro verso: per merito suo i mistici cristiani sono riusciti a ricordare Cristo in modo più concentrato di quanto un giainista possa ricordare Mahavira. Questi non ha fatto alcuna promessa, non ha detto ai discepoli: "Tornerò"; non ha detto: "Vi aiuterò"; non ha detto: "Dopo la mia morte, sarò a vostra disposizione". Anzi, ha detto: "Dovete dipendere solo da voi stessi!". È una verità, ma per i discepoli è stato estremamente difficile.

Ricorda che Gurdjieff diceva che uomini come il Buddha o Cristo, *possono* mentire: io sono totalmente d'accordo con lui. Vedendo che una loro bugia può aiutare la verità, non si preoccupano, non si sentono in colpa e la usano per servire la verità. In questo caso la bugia è uno stratagemma. Il Buddha l'ha chiamata *upaya*, uno stratagemma.

I mistici cristiani sono riusciti a ricordare Gesù in modo molto più profondo, spinti della fiducia che il Maestro li avrebbe aiutati, che sarebbe stato sempre accanto a loro e che, se lo avessero chiamato, sarebbe tornato tra loro... ma Gesù non sarebbe mai tornato, non avrebbe mai potuto stare accanto a loro e non li avrebbe aiutati. D'altra parte, la semplice idea della disponibilità del Maestro ad aiutarvi, vi ha mantenuti centrati; pertanto Gesù, senza avervi aiutati, vi *ha* aiutati! La bugia è diventata vera, la sua bugia non era più tale: è diventata una verità.

Non prendete sul serio simili promesse. Io non ho bisogno di essere un Cristo solo per consolarvi. Dovete abbandonare le vostre vecchie idee, altrimenti mi troverei di fronte a un dilemma inestricabile. Qui ci sono hindu, musulmani, cristiani, giainisti, buddhisti, parsi, sikh; se i sikh mi chiedessero: "Tu sei Nanak?"; se i giainisti mi chiedessero: "Tu sei il Jina?"; se i buddhisti mi chiedessero: "Tu sei il Buddha?", la situazione sarebbe alquanto complessa: io non posso essere tutti questi illuminati!

Questo non è un incontro di membri di un'unica religione, è un incontro di individui appartenenti a tutte le religioni del mondo. Questo è un vero incontro di esseri umani, è un incontro internazionale, è una fratellanza universale.

Non prendete troppo sul serio simili promesse: sono solo espedienti; ma ora non vi sono neppure utili. Io sono qui, vivente, a vostra disposizione: che bisogno avete di pensare a uno stratagemma, inventato duemila anni orsono? Per voi, io invento stratagemmi ogni giorno e, finché sono in vita, per favore usateli! Vi sarà molto più utile ricevere benefici da questi!

> Si incontrarono a un ricevimento. Lui rimase sopraffatto dall'incredibile bellezza e dalla vivacità di lei: "Suppongo che lei riceva più inviti di quanti ne possa accettare!" le disse.
> Lei rispose in modo un po' evasivo: "Non posso uscire molto di frequente, perché lavoro. Però, quando non voglio uscire con un uomo, gli dico semplicemente che vivo in periferia".
> "Che idea geniale" commentò lui ridendo. "E dove vive veramente?"
> "In periferia" rispose lei dolcemente.

State molto attenti! Di certo Gesù ha detto: "Tornerò". Voleva solo asciugare le lacrime che scorrevano dagli occhi dei suoi discepoli, era spinto dalla compassione; ma un uomo che ha raggiunto il divino, non può tornare sulla Terra, è impossibile. Nella natura stessa delle cose è impossibile che possa entrare di nuovo in un corpo; per entrarci, devi desiderarlo e il tuo desiderio dev'essere fortissimo. A un uomo che ha raggiunto il divino, non rimangono più desideri e un essere entra in un corpo attraverso la porta del desiderio. Se dall'illuminato sono scomparsi tutti i desideri, egli non ha più la possibilità di entrare in un corpo, di entrare in un utero.

Ecco perché, in Oriente, sappiamo che quando un Buddha muore, se ne va per sempre. Potete tentare di comprendere i suoi insegnamenti, ma sarebbe meglio che trovaste un Buddha vivente, da qualche parte; e non è mai accaduto che, se qualcuno cerca un Buddha, non riesca a trovarlo. Se cerchi veramente un Buddha, è inevitabile che lo trovi, da qualche parte. Nelle tenebre del mondo, in un luogo o nell'altro, esiste sempre qualche fiamma, poiché il divino è sempre colmo di speranza, è sempre colmo di compassione e l'esistenza si prende cura di te.

Se riesci a imbatterti in un Buddha vivente, o in un Cristo vivente, dimentica i Buddha e i Cristo del passato. Il Buddha vivente li contiene tutti e non puoi identificarlo con uno di essi in particolare: egli stesso è un Buddha, egli stesso è un Cristo, nel suo pieno diritto.

Pertanto io non proclamo di essere un Buddha, non proclamo di essere un Cristo: proclamo semplicemente di essere illuminato, di essere arrivato a casa e spalanco semplicemente le mie porte. Se sei un ricercatore autentico, se sei un amante della verità, non perdere questa opportunità...

La quarta domanda

Amato Osho,
questa mattina, quando sei arrivato guidando la tua automobile, ho sentito provenire dal cielo una risata fragorosa. Era la risata di un tuo amico?

Dharma Chetana, ho udito anch'io quella risata. Non proveniva dal cielo: il fantasma di Jugal Kishor Birla era in piedi accanto alla mia guardia del corpo. Ha giocato un tiro birbone a Charlie, il mio ingegnere meccanico della Benz; gli ha giocato un tiro birbone, facendogli connettere la batteria in modo errato. Ebbene, un ingegnere meccanico tedesco, specializzato in automobili Benz, con una lunga esperienza e intelligentissimo, che ha fatto una connessione sbagliata! Com'è possibile? Il fantasma di Jugal Kishor Birla gli ha giocato un tiro birbone, perciò c'è stato un corto circuito e io ho dovuto usare l'auto di Jugal Kishor Birla, un'Ambassador.

Ovviamente, poi mi ha aspettato, accanto alla mia guardia del corpo. E anche lui deve averlo sentito, poiché si guardava intorno: deve aver udito qualcosa. Chetana, tu hai udito benissimo...

Jugal Kishor Birla era il fabbricante delle auto Ambassador; è morto, ma io l'ho incontrato alcune volte. Era un hindu sciovinista e voleva che io diventassi l'ambasciatore dell'induismo nel mondo, per cui era venuto da me diverse volte, e diventammo amici. Mi disse: "Io potrò aiutarti dandoti tutto il denaro che vorrai!". Infatti era l'uomo più ricco, in India.

Gli risposi: "Potrei accettare più denaro di quanto tu ne abbia, ma a una condizione".

Mi chiese: "Quale?".

Gli spiegai: "Prenderò il tuo denaro, incondizionatamente. Non puoi impormi alcuna condizione; e io posso prendere tutto ciò che hai".

Obiettò: "Incondizionatamente? Devo importi una condizione: è il motivo per cui sono pronto a offrirti ogni sostegno".

Lo pregai: "Per favore, non parlare di questo!". Ma egli precisò: "La mia condizione è semplicissima: potresti diventare l'ambasciatore dell'induismo nel mondo? L'induismo ha bisogno di un ambasciatore che lo diffonda con metodi attuali, moderni, così da riuscire interessante per la mentalità del mondo contemporaneo".

Gli risposi: "Se è così, non posso accettare neppure un centesimo da te!".

Commentò: "È strano, perfino il mahatma Gandhi ha accettato le mie condizioni!".

Gli spiegai: "Ecco perché non l'ho mai chiamato 'il mahatma Gandhi'. Io l'ho sempre definito 'il cosiddetto mahatma Gandhi'. Altrimenti, come avrebbe potuto accettare le tue condizioni? Se fosse stato illuminato, non avrebbe accettato alcuna condizione da nessuno, in cambio di denaro. Io conosco i bisogni del mondo. Il mondo non ha bisogno né dell'induismo, né del cristianesimo, né dell'islamismo. Basta con tutte queste assurdità! Il mondo ha bisogno di una consapevolezza puramente religiosa, senza alcun aggettivo che la categorizzi".

Tuttavia, in un certo senso, Jugal Kishor Birla era un brav'uomo, era vecchio. Ha tentato di convincermi molte volte e, ogni volta che andavo a Delhi, mi invitava nel suo palazzo e tornava a parlarmi della sua proposta. Gli rispondevo: "Hai reso un servizio sufficiente all'umanità;

non occorre che tu faccia altro. Hai costruito questa splendida automobile, l'Ambassador: è davvero meravigliosa. Tutte le sue parti fanno rumore, eccetto il clacson: che altro servizio vorresti rendere all'umanità?".

Pochi giorni fa, quando ho parlato di lui, naturalmente dev'essere andato in collera e ha giocato quel tiro birbone a Charlie. È un evento molto raro: un fantasma indiano che ha imbrogliato un tedesco vivente!

Egli era presente, Chetana, e tu hai udito esattamente. Per favore non iniziare a udire le risate dei fantasmi, altrimenti ti troverai nei guai. I fantasmi sono sempre presenti e, poiché non li udite, rimanete ignari della loro presenza. Pertanto, Chetana, non tentare di migliorare questa tua capacità, sarebbe pericoloso. È sufficiente che tu senta me: non hai bisogno di udire altre voci provenienti dal cielo. Qui ci sono alcuni mistici che odono continuamente le voci dal cielo. Ogni giorno ricevo lettere che mi dicono: "Ho udito questo, ho udito quello", mentre io vi insegno a essere silenziosi, a non udire niente. Tutte quelle voci sono nella vostra mente, non provengono dal cielo. In realtà sono chiamate lontanissime, che non si odono, specialmente nella stagione delle piogge.

Ricorda una cosa: tutto ciò che odi, tutto ciò che leggi è banale. Solo il tuo silenzio – che ode e nel quale ti arrivano i suoni – solo quel silenzio è significativo. Sposta la tua consapevolezza dagli oggetti, qualsiasi essi siano, alla tua soggettività, da ciò che odi a colui che ode, da ciò che vedi a colui che vede.

Ma Chetana ha solo scherzato, pertanto non sono preoccupato per lei. Amo questi piccoli scherzi: rendono l'idea di una giocosa vitalità. Rendono la mia idea di religione viva!

La quinta domanda:

Amato Osho,
perché ci sono tante religioni nel mondo?

Nagesh, come mai ci sono tanti linguaggi nel mondo? Perché ci sono miliardi di persone, che usano tantissimi modi per esprimersi; e non è un male, anzi è un bene: arricchisce il mondo. Tanti linguaggi arricchiscono immensamente il mondo; gli danno una grande varietà; proprio come le numerose varietà di fiori nei giardini, e di uccelli in cielo.

Pensa se nel mondo ci fosse un unico tipo di fiore, la calendula: tutto il mondo avrebbe un aspetto deprimente; o se ci fossero solo le rose: un unico tipo di fiore in tutto il mondo! Cosa potremmo fare con tutte quelle rose? Nessuno scriverebbe più un poema sulle rose! Se paragonassi il volto della tua donna a una rosa, si offenderebbe e si vendicherebbe chiedendo il divorzio. Le rose perderebbero tutto il loro significato: sono belle perché possiamo paragonarle a milioni di altri fiori esistenti.

Non penso che il mondo abbia bisogno di una sola religione. Il mondo ha bisogno di una consapevolezza religiosa, essa potrebbe fluire in tutti i rivoli possibili. Di fatto, la mia idea di religione è che dovrebbero esserci tante religioni quanti sono gli abitanti del pianeta: ciascun individuo dovrebbe avere la propria religione personale.

Se volessi avere un tuo linguaggio personale, sorgerebbero difficoltà; non è possibile che ciascun individuo abbia un linguaggio personale, poiché nessuno lo capirebbe.

Mulla Nasruddin aveva presentato una domanda per ottenere un lavoro. Un dirigente lo osservò e sentì che non aveva affatto le qualifiche, neppure per presentare quella domanda. Gli chiese: "Sai leggere e scrivere?".
Il Mulla rispose: "Non riesco a leggere, ma sono capace di scrivere".
Il dirigente era sorpreso: era un caso raro; non avrebbe mai pensato che una persona capace di scrivere, non riuscisse a leggere. Gli intimò: "Allora scrivi!". Gli diede un foglio e il Mulla si mise subito a scrivere velocemente.
Poiché continuava a scrivere, una, due, tre pagine, il dirigente gli disse: "Adesso basta! Per favore, leggimi ciò che hai scritto, poiché io non riesco a leggerlo".
E Nasruddin rispose: "Ve l'ho detto prima: sono solo capace di scrivere! Neppure io riesco a leggere".

Se parlassi un linguaggio comprensibile solo per te, ti sarebbe impossibile comunicare con gli altri. Viceversa, puoi avere una tua religione personale, poiché la religione non ha bisogno di essere comunicata. La religione non è un dialogo tra te e gli altri; è un dialogo tra te e l'esistenza. Pertanto può andare bene qualsiasi linguaggio, o nessun linguaggio, o un linguaggio inventato, come l'esperanto o qualsiasi altro.

Tutte le religioni esistenti dovrebbero essere accettate come tanti linguaggi diversi: in questo modo il fanatismo religioso perderebbe la sua pericolosità. Sarebbe bellissimo! Ci sono chiese e templi e moschee e *gurudwara*: se pensassimo che sono tutti linguaggi diversi, non ci sarebbero problemi. Hai mai visto delle persone combattere per stabilire che il loro linguaggio è quello vero – l'hindi o il maharati o l'inglese, o il tedesco, o il francese – quale tra questi linguaggi è quello vero? Nessuno farebbe mai una domanda simile, poiché ogni linguaggio è arbitrario, costruito. Non ci sono linguaggi veri o linguaggi falsi, sono soltanto utili.

> Un inglese, un francese e un tedesco stavano discutendo sui pregi dei rispettivi linguaggi. Il francese disse: "Il francese è il linguaggio dell'amore, del romanticismo: è il linguaggio più bello e più puro che esista al mondo".
> Il tedesco dichiarò: "Il tedesco è il linguaggio più vigoroso; è il linguaggio dei filosofi, di Goethe; è il linguaggio più adatto alle tecnologie e alla scienza del mondo moderno".
> Quando venne il turno dell'inglese, disse: "Non capisco cosa stiate dicendo, amici miei... vi faccio un esempio pratico". E preso dal tavolo un coltello, proseguì: "Tu, in francese, lo chiami: *un couteau*; tu, in tedesco, lo chiami: *ein Messer*; noi in Inghilterra, lo chiamiamo: *a knife*, semplicemente. E, a ben vedere, questo è precisamente ciò che è".

È così che le religioni hanno sempre discusso tra loro. Le argomentazioni delle varie religioni sono state esattamente simili a queste: chi ha ragione? I cristiani, gli hindu, i musulmani, i buddhisti, i giainisti... ma questi sono solo linguaggi diversi, per esprimere lo stesso fenomeno: quando avrete compreso questa verità, non ci saranno più problemi. Io vorrei che si evolvessero *molte più* religioni!

In realtà, in un mondo migliore ciascun individuo avrà la sua religione, poiché la religione è il tuo modo di esprimere ciò che non può essere espresso. È simile all'estetica: se tu ami le rose e io non le amo, non sorge alcun problema. Non ci mettiamo a litigare per questo, non sfoderiamo le spade, non partiamo per una crociata, dichiarando: "Chi ha ragione? Quest'uomo afferma che i fiordiloto sono i fiori più belli e io dico che le rose sono i fiori più belli: la decisione deve essere presa su un campo di battaglia!".

In che modo decideresti? Potresti uccidermi, ma non farebbe alcuna differenza! Anche in punto di morte, io continuerei a dire che i fiordiloto sono i fiori più belli, la mia morte non cambierebbe affatto la mia visione. Potresti uccidere un hindu, o un musulmano: non cambieresti nulla!

Eppure, queste sono state, nei secoli, le lotte dei popoli tra di loro: combattimenti ridicoli. Alcuni chiamano Dio Allah, e sbagliano. Perché? Alcuni chiamano Dio Rama, e sbagliano. Perché? Perché tutti voi chiamate il divino, Dio! Dio, Allah, Rama... sono tutti nomi inventati per qualcosa che non ha alcun nome, per qualcosa che è un'esperienza senza nome.

Nagesh, ci sono tante religioni nel mondo, perché esistono miliardi di persone, che appartengono a tante tipologie diverse. Persone diverse hanno gusti diversi, persone diverse hanno diversi approcci alla realtà e la realtà è multidimensionale.

Per questo sottolineo tanto la necessità di una consapevolezza religiosa, di un'elevazione universale della consapevolezza religiosa, che naturalmente prenderà molte forme diverse; ma le forme non hanno importanza, finché lo spirito è vivo, le forme non hanno importanza: ogni forma ha la propria bellezza. Esistono così tante persone, e ciascuna ha un volto diverso, una bellezza diversa. L'impronta digitale di ogni persona è diversa da qualsiasi altra persona al mondo e questo non crea alcuna difficoltà. Ciascun individuo lascerà un'orma differente, nel cammino verso la soglia che conduce al divino.

Quando avrete compreso tutto ciò, sarà possibile una grande fratellanza. Questo fanatismo religioso insensato – per cui: "Io solo sono nel giusto" – è stato davvero distruttivo. Ha distrutto la religione stessa, è stato una condanna per la religione e per i religiosi! Ecco perché esistono tantissime persone irreligiose, persone contrarie alla religione. Sono stati i comportamenti delle religioni nei confronti dell'umanità che hanno creato le persone contrarie alla religione: gli atei, i senzadio, i rinnegatori del divino. La responsabilità è tutta dei preti, dei rabbini, dei papi, dei pandit, degli *shankaracharya*: sono loro i responsabili. Hanno fatto diventare la religione qualcosa di sgradevole, di disumano, violento e stupido, al punto che una persona razionale si vergogna di appartenere a qualsiasi movimento religioso.

Dobbiamo distruggere questa eredità negativa del passato. Dobbiamo ripulire lo spazio per il futuro. Dobbiamo accettare tutto: la Bibbia ha una sua bellezza, così il Corano e la *Gita*. Se fossi religioso, dovresti godere sia leggendo la Bibbia, sia il Corano sia la *Gita:* perché sapresti che solo i linguaggi differiscono, e che la differenza dei linguaggi crea diverse bellezze.

Canta il Corano e vedrai la differenza. La Bibbia non riesce ad avere una simile bellezza: il Corano ha una sua musicalità. Puoi cantare il Corano, anche se non ne comprendi il significato, la sua stessa musicalità diventa una forza trasformatrice. Di fatto, il Corano non ha grandi significati; ha una grande vena poetica, ma non contiene grandi significati.

Molti amici musulmani, molti sannyasin musulmani mi chiedono quando commenterò il Corano. Molte volte ho pensato di farlo; ho preso in mano il Corano, l'ho letto qua e là e ho rimandato sempre, poiché non contiene grandi significati. Ha una grande vena poetica, ha una bellezza propria: è un'opera d'arte!

Se sei alla ricerca del significato, la *Gita* ne contiene moltissimi, ma non è molto poetica; anche i Vangeli contengono molti significati, ma non sono molto poetici. I Vangeli hanno una bellezza propria: sono così semplici, è la sacra scrittura più semplice che esista al mondo: per la sua semplicità, è innocente, è pura. Gesù parlava un linguaggio da contadino: le sue parabole e le sue metafore sono primitive.

Poiché sono primitive, non sono inquinate: non sono state inquinate dalla mentalità moderna. Sono dirette, sono simili a frecce che vanno a colpire direttamente il cuore. Se però vuoi davvero il significato per eccellenza, devi leggere i *Veda*, che sono colmi di filosofia. Hanno una bellezza propria: la bellezza dell'intellettualità.

Ciascuna sacra scrittura contiene qualcosa che contribuisce a migliorare il mondo e nessuna contiene qualcosa che possa migliorarlo in toto; ma, poiché non comprendi i diversi linguaggi, in te è sorto il problema: sarebbe bene che avessi degli incontri con le diverse religioni.

Ecco perché, nei miei discorsi, io parlo a volte del buddhismo, a volte dell'induismo, a volte del cristianesimo, a volte della religione ebraica, a volte degli *chassidim*, a volte dello Zen, a volte dei Sufi: semplicemente per darvi visioni diverse, affinché la vostra visione sia arricchita, affinché possiate comprendere, almeno un poco, i diversi linguaggi.

Foster era a Tokyo per lavoro, ma non conosceva il giapponese. Tuttavia aveva convinto una ragazza giapponese, molto attraente, che però non conosceva la lingua inglese, a seguirlo nella sua camera in albergo. Durante il loro rapporto sessuale, la giapponese cominciò a strillare, con grande passione: "Machigai ana!".

Foster si sentì fiero di essere riuscito a soddisfare la ragazza, al punto da farla gridare tanto; ovviamente pensava che significasse qualcosa come: "Fantastico! Eccezionale!".

Il pomeriggio successivo, stava giocando a tennis con un magnate dell'industria giapponese e, quando l'industriale fece un ottimo tiro, Foster, tentando di fare bella figura, esclamò: "Machigai ana!".

Il magnate sbottò: "Perché dice così, non ho sbagliato buco!".

È buona cosa conoscere almeno un po' anche gli altri linguaggi. Ti sarebbe molto utile dare uno sguardo fuggevole anche al Corano, alla Bibbia, alla *Gita,* al *Dhammapada:* ti renderebbe più liberale, più cattolico, più umano!

Nono discorso
Una candelina

Una parola portatrice di pace
è meglio di mille parole vuote.

Un verso portatore di pace
è meglio di mille versi vuoti.

Una riga della legge, portatrice di pace,
è meglio di cento righe vuote.

Anziché vincere mille battaglie,
è meglio conquistare se stessi.

Allora la vittoria sarà veramente tua!

Quella conquista non può esserti tolta
né dagli angeli né dai demoni,
né dal paradiso né dall'inferno.

Meglio di cent'anni di adorazione,
meglio di migliaia di offerte,
meglio della rinuncia a migliaia di stili di vita mondani,
per aggiudicarti dei meriti,
meglio anche del tenere acceso nella foresta
un fuoco sacro per mille anni...
è venerare per un istante
un uomo che ha conquistato se stesso.

Venerare un simile uomo,
un Maestro, vetusto di virtù e di santità,
significa aver conquistato la vita stessa
e la bellezza, la forza e la felicità.

Una storia famosa.

Il grande filosofo tedesco, il professore Von Von Kochenbach, una notte vide in sogno due porte: una si apriva direttamente sull'amore e sul paradiso e l'altra si apriva su un auditorium, in cui si svolgeva una lezione sull'amore e sul paradiso. Von Von Kochenbach non ebbe esitazioni, si lanciò ad ascoltare la lezione.

La storia è molto significativa. È una leggenda, ma non così irreale. Rappresenta la mente umana: più interessata al sapere che alla saggezza, più interessata all'informazione che alla trasformazione; più interessata a conoscere qualcosa su Dio, la bellezza, la verità, l'amore che a sperimentare il divino, la bellezza, la verità, l'amore.

La mente umana è ossessionata dalle parole, dalle teorie, dai sistemi di pensiero, ma è totalmente ignara dell'esistenziale che vi circonda; ed è l'esistenziale che può rendervi liberi, non è il sapere.

La storia rappresenta la mente di ciascuno di voi. Però ieri, mentre leggevo un libro di due filosofi, Silvano e Giacomo Arieti, *Puoi trovare l'amore*, con mia sorpresa ho visto che citavano questa storia. Ovviamente, speravo che ne ridessero, e ne criticassero il principio; invece, con mio grande stupore ho letto che la difendevano, sostenendo che quel professore fece la cosa giusta. Anziché varcare subito la porta dell'amore e del paradiso, è entrato nell'auditorium in cui si svolgeva una lezione sull'amore e sul paradiso. Naturalmente la lezione era tenuta da un altro professore... e i due filosofi scrivono che quel professore fece la scelta giusta. Come mai? Il ragionamento degli autori è questo: se non sai nulla dell'amore, come potresti conoscerlo? Se prima non hai alcuna notizia del paradiso, come potresti entrarci immediatamente?

In superficie, il ragionamento appare logico: prima devi familiarizzarti con l'idea di ciò che è il paradiso, solo allora potrai entrarci. Prima devi possedere una mappa: il sapere ti dà quella mappa. È un ragionamento logico, tuttavia è stupido. È logico solo in apparenza: in profondità è del tutto privo di intelligenza.

Non hai bisogno di avere informazioni sull'amore, poiché non è qualcosa che sta all'esterno di te: l'amore è l'essenza stessa del tuo essere. È già in te, devi solo permettergli di fluire. Il paradiso non è un luogo all'esterno di te, per cui hai bisogno di una mappa per raggiungerlo. Tu *sei* già in paradiso, ti sei solo addormentato: hai solo bisogno di risvegliarti.

Un risveglio può accadere immediatamente, un risveglio può essere subitaneo; di fatto, il risveglio può essere *solo* improvviso! Quando svegli qualcuno, non si sveglia lentamente, a porzioni, gradualmente. Non accade che si svegli prima al dieci per cento, poi al venti per cento, poi al trenta, poi al quaranta, poi al novanta, poi al novantanove e infine al cento per cento. No! Quando scuoti una persona addormentata, si sveglia immediatamente: è sveglia o è addormentata, non c'è intervallo tra i due stati.

Per questo motivo il Buddha ha detto che l'illuminazione è un'esperienza improvvisa; non è graduale, non la raggiungi facendo un passo dopo l'altro. Non puoi dividerla in parti: l'illuminazione è indivisibile, è un'unità organica. Sei illuminato o non lo sei.

Tuttavia l'uomo è rimasto aggrappato alle parole: sono parole vuote, prive di significato, parole che sono state pronunciate da persone ignoranti, come voi. Forse erano persone colte, ma la cultura non dissipa l'ignoranza. Sapere cos'è la luce non significa riuscire a dissipare le tenebre: potresti sapere sulla luce tutto ciò che è conoscibile nel mondo, potresti possedere una biblioteca costituita solo da trattati sulla luce... ebbene, tutto lo scibile della tua biblioteca non riuscirebbe a dissipare le tenebre. Per dissiparle ti occorre una candelina: essa compirà il miracolo!

Guardando nell'Enciclopedia Britannica, con mia grande felicità ho scoperto che non contiene alcun articolo sull'amore. È stata una grande intuizione! Di fatto, è impossibile spiegare a parole l'amore: puoi amare, puoi essere innamorato, puoi perfino diventare l'amore stesso, tuttavia è impossibile scrivere qualcosa sull'amore. L'esperienza è talmente sottile e le parole sono così grossolane!

Le parole hanno creato divisioni nell'umanità. Alcune persone credono in alcune parole vuote di significato e si definiscono hindu; altre persone credono in altre parole vuote di significato e si definiscono ebree; altre persone ancora si definiscono cristiane; e altre ancora si definiscono musulmane e via di seguito. E tutte credono in parole vuote, senza aver mai sperimentato nulla personalmente. Non è stata la vostra esperienza personale a determinare il vostro essere hindu, ebrei o musulmani: sono convinzioni che avete preso in prestito dagli altri e tutte le convinzioni prese in prestito sono futili.

Eppure gli uomini hanno sofferto moltissimo a causa delle parole: alcuni credevano nel *Talmud*, altri nel *Tao Te Ching*, altri ancora nel *Dhammapada*... perciò si sono criticati a vicenda, hanno discusso, hanno lottato e non solo: si sono anche uccisi tra di loro. La storia intera gronda sangue nel nome di Dio, nel nome dell'amore, nel nome della fraternità, nel nome dell'umanità.

Una sera, la signora Rosenbaum si trovò in difficoltà in un quartiere "esclusivo" della stazione climatica di Cape Cod: "esclusivo" significa che non sono ammessi gli ebrei. Con passo deciso entrò in un albergo della città e chiese al portiere: "Vorrei una camera".

Lui rispose: "Sono spiacente, l'albergo è al completo".

"Allora perché è esposto il cartello 'camere disponibili'?"

"Non accettiamo gli ebrei."

"Ma Gesù stesso era ebreo!"

"Lei come può sapere che Gesù Cristo era ebreo?"

"Si dedicò interamente all'opera del padre. In ogni caso, io mi sono convertita al cattolicesimo e glielo posso provare: mi chieda ciò che vuole!"

"Benissimo!" esclamò il portiere. "Come nacque Gesù?"

"È nato da una vergine, che si chiamava Maria; suo padre era lo Spirito Santo."

"Benissimo! E dove nacque Gesù?"

"Gesù nacque in una stalla!"

"Giusto! E perché nacque in una stalla?"

A quel punto la signora Rosenbaum sbottò: "Perché dei bastardi come lei si rifiutarono di dare una camera per la notte a una donna ebrea!".

Questi bastardi sono dovunque! Sono diventati preti, rabbini, pandit, *shankaracharya*, papi: sono persone astute, scaltre, sanno usare le parole. Spaccano la logica, sanno letteralmente dividere un capello in quattro, sono in grado di discutere all'infinito su argomenti inutili, su argomenti del tutto stupidi, al punto da provocare risate per secoli a venire.

Alla fine del Medioevo, i preti cristiani – cattolici, protestanti e altri – erano impegnati in un grande dibattito, e hanno continuato a discuterne per secoli, per stabilire il numero di angeli che possono stare sulla punta di uno spillo... Era un grande dibattito teologico che ha mosso l'Europa intera, come se la sua soluzione implicasse qualcosa di estrema importanza. Che importanza poteva avere? Simili stupidaggini hanno dominato l'umanità per secoli!

In India, ai tempi del Buddha, uno dei problemi più grandi, dibattuto da tutte le sette religiose dell'epoca, era questo: esiste un solo inferno, oppure ne esistono tre, o sette, oppure settecento? Gli hindu credevano in un solo inferno; i giainisti credevano in sette inferni, ma Gosala – un discepolo di Mahavira che aveva tradito il Maestro – cominciò a parlare di settecento inferni.

Qualcuno chiese a Gosala: "Perché dichiari che la tua filosofia è superiore rispetto a quella di Mahavira?".

Egli rispose: "È ovvio: Mahavira conosce solo sette inferni, mentre io ne conosco settecento! Egli è arrivato solo al settimo inferno, mentre io ho compiuto l'intero percorso. E ci sono esattamente settecento inferni e settecento paradisi. Il sapere di Mahavira è molto limitato, non conosce l'intera verità!".

Ebbene, si può continuare a discutere di cose simili all'infinito! Qualche altro folle potrebbe affermare che esistono settecento e un inferno...

Un professore francese e un professore americano parlavano tra di loro.

Il professore francese disse: "Ci sono cento posizioni per fare l'amore".

L'americano obiettò: "Ce ne sono cento e una!".

La discussione si accese immediatamente, al che l'americano disse: "Elencami le tue cento, poi io ti elencherò le mie cento e una!".

Il francese non si fece pregare e descrisse nei dettagli le cento posizioni che conosceva. La centesima consisteva nello stare appeso a un lampadario e nell'avere un rapporto con l'orecchio della donna!

Quando venne il suo turno, l'americano iniziò dicendo: "La prima posizione è questa: la donna giace supina e l'uomo sta sopra di lei".

Al che il professore francese esclamò: "Mio Dio! Non ho mai pensato a una posizione simile! Hai ragione tu: le posizioni sono cento e una. Non è necessario che mi elenchi le altre cento, sono proprio cento e una. Non avevo mai sentito parlare di questa posizione, non l'ho neppure mai immaginata. Voi americani siete proprio il massimo!".

Questi professori, questi studiosi hanno dominato l'umanità e hanno distratto l'umanità dalla naturalità dell'esistenza, dalla vita semplice. Hanno reso le vostre menti sofisticate, acute, furbe, scaltre, sapienti; ma hanno distrutto in voi l'innocenza e la meraviglia. E sono proprio l'innocenza e la meraviglia a dare vita al ponte che ci collega all'immediato e l'immediato è anche l'assoluto.

Il Buddha dice:

> *Una parola portatrice di pace*
> *è meglio di mille parole vuote.*
>
> *Un verso portatore di pace*
> *è meglio di mille versi vuoti.*

Le vostre sacre scritture sono piene di parole vuote e le vostre menti sono piene di parole vuote. Voi continuate a parlare e non siete neppure consapevoli di ciò che state dicendo. Quando usate la parola "Dio" sapete cosa significa? Come potreste saperlo, senza aver conosciuto il divino? Questa parola è vuota, la parola in sé non ha alcun significato: il significato deve provenire dalla vostra esperienza.

Dopo aver conosciuto il divino, la parola "Dio" diventa luminosa, è luminosa, è un diamante; ma non sapendo nulla del divino, la parola "Dio", che gli altri ti hanno insegnato, è simile a un comune sasso, senza colore, senza luminosità, senza traccia di luce. Puoi continuare a portarla con te, è solo un peso, un gravame... puoi continuare a trascinartela dietro. Non ti darà le ali, non ti darà leggerezza e non ti aiuterà in alcun modo ad avvicinarti al divino. Di fatto, sarà un ostacolo, un impedimento. Infatti, più pensi di sapere tutto su "Dio", solo conoscendo la parola "Dio", e meno investigherai nella realtà del divino. Più aumenterà il tuo sapere e più diminuirà la tua possibilità di imbarcarti nell'avventurosa ricerca della verità del divino. Se già sai, che bisogno hai di ricercare, che bisogno hai di investigare? Hai già ucciso la tua domanda; senza aver trovato la soluzione, senza aver ottenuto la risposta: l'hai solo presa in prestito dagli altri; ma le risposte altrui non possono essere le tue.

Il Buddha sa ma, quando parla, le sue parole non possono portare con sé la sua esperienza; quando partono dal suo cuore sono ricolme di luce, sono ricolme di danza. Quando raggiungono te, sono ottuse, morte. Puoi anche accumulare le sue parole e puoi pensare di possedere un grande tesoro; invece non possiedi niente, possiedi solo parole vuote di significato.

Il Buddha vuole che tu sia consapevole di questo fenomeno, poiché comprenderlo è importantissimo. Se non ti liberi dalle parole vuote e superficiali, non comincerai mai il tuo viaggio di ricerca. Se non ti liberi dal sapere, se non getti via tutte le informazioni acquisite, se tu non torni innocente come un bambino, ignorante come un bambino, la tua ricerca sarà futile, superficiale.

> *Una parola portatrice di pace*
> *è meglio di mille parole vuote.*

Qual è il criterio? Qual è la parola luminosa? Qual è la parola ricolma di fragranza? È quella che porta la pace, che non proviene mai dall'esterno: è la sottile e ferma voce del tuo cuore. Quella parola risuona nei recessi più profondi del tuo essere, è il suono del tuo stesso essere, è il canto della tua stessa vita.

Non devi cercarla nelle sacre scritture, non devi cercarla nei discorsi appresi da altri, la troverai solo nella tua interiorità, la troverai solo nella meditazione, nel silenzio profondo. Allorché tutto il sapere preso in prestito ti avrà lasciato e sarai solo; quando avrai bruciato tutte le sacre scritture e sarai solo; quando non saprai più niente; quando le tue azioni sgorgheranno dal tuo stato di non-sapere... allora sentirai la tua voce interiore, poiché si sarà spento in te tutto il clamore, il rumore del sapere... allora potrai udire la tua ferma, flebile voce! E sarà un'unica parola... un'unica parola: il suono *Aum*.

Nell'istante in cui entrerai nel tuo essere, rimarrai sorpreso nello scoprire che c'è un unico suono: *Aum*. I musulmani l'hanno udito come *Amin*: è *Aum*; i cristiani l'hanno udito come *Amen*, è sempre *Aum*. Di conseguenza, tutti: cristiani, musulmani, hindu, giainisti, buddhisti, terminano le loro preghiere con *Aum*. È inevitabile che la preghiera finisca con *Aum*, in quanto ti rende sempre più silenzioso... alla fine non rimane in te nient'altro che *Aum*. Le sacre scritture hindu terminano tutte con *Aum, shanti, shanti, shanti, Aum,* pace, pace, pace. Questo è l'*Aum*.

Il criterio per giudicare se l'hai udita davvero, o se hai solo preteso di udirla, o se hai solo immaginato di udirla, è questo: essa è portatrice di pace. All'improvviso sei colmo di pace, una pace mai conosciuta prima.

La pace è qualcosa di gran lunga più elevato della felicità, poiché la felicità è sempre seguita dall'infelicità; è sempre un alternarsi di poli opposti, di felicità e infelicità. Come il giorno si alterna alla notte, la felicità si alterna all'infelicità.

Se sei pessimista, puoi contare le notti, se sei ottimista puoi contare i giorni: questa è la sola differenza nelle persone. Alcune dicono: "Ci sono due giorni e una notte tra i due giorni": sono gli ottimisti. Altre dicono: "Ci sono due notti e un solo giorno tra le due notti": sono i pessimisti. In realtà tutti sono in errore. Ogni notte ha il proprio giorno e ogni giorno ha la propria notte: esiste una parità. C'è parità tra tutti i poli opposti, è così che l'esistenza rimane equilibrata. Se oggi sei felice, aspettati l'arrivo dell'infelicità per domani. Se oggi sei infelice, non preoccuparti: la felicità è proprio dietro l'angolo.

Nei villaggi indiani le madri non permettono ai figli di ridere troppo, poiché dicono: "Se ridi troppo, poi dovrai piangere, dovrai lamentarti!". In questo esiste una grande saggezza; è una saggezza primitiva, priva di sofisticazioni, che contiene comunque una certa verità. Nei villaggi indiani, le madri, quando il figlio ridacchia o ride troppo, lo fanno smettere, dicendo: "Smettila, smetti subito! Altrimenti, tra poco, piangerai e ti lamenterai e ti scenderanno le lacrime!". È inevitabile che sia così, poiché la natura è equilibrata.

La pace è molto più elevata rispetto alla felicità. Il Buddha non l'ha chiamata beatitudine, proprio per questo motivo: potresti chiamarla beatitudine, in realtà lo è... il Buddha ha evitato la parola beatitudine poiché, nell'istante in cui tu la chiami così, la gente capisce immediatamente "felicità". La parola beatitudine trasmette alla gente l'idea della felicità assoluta, di una felicità immensa, incredibile. Nella mentalità della gente, la differenza tra la felicità e la beatitudine consiste solo nella quantità: è come se la felicità fosse una goccia e la beatitudine fosse l'oceano. Per la gente la differenza è solo nella quantità, laddove non è la differenza di quantità che *fa* la vera differenza. Solo una differenza di qualità *fa* la vera differenza.

Per questo motivo, il Buddha ha scelto la parola "pace", invece di "beatitudine". Egli ha detto "pace" e la pace dà alla tua indagine, alla tua ricerca, una direzione del tutto diversa. Pace significa: assenza di felicità e assenza di infelicità.

Anche la felicità è uno stato rumoroso, uno stato di tensione, di eccitazione. Hai osservato te stesso? Non puoi rimanere in uno stato di felicità molto a lungo poiché, dopo un po', ti innervosisci, ti senti stanco e annoiato da quella condizione. Certo, riesci a tollerare lo stato di felicità fino a un certo punto, oltre il quale ti diventa impossibile. Quanto a lungo puoi continuare ad abbracciare la tua donna? Certo, per alcuni momenti è bello, estatico, ma per quanto tempo? Un minuto, due minuti, trenta minuti, un'ora, un giorno, due giorni? Per quanto tempo? La prossima volta, prova a osservarti e riuscirai a notare il momento in cui la felicità si trasforma in infelicità.

Quando vuoi conquistare una donna, ti senti totalmente attratto, soggiogato. Le donne intuiscono il tuo stato, di conseguenza fanno di tutto per sfuggirti dalle mani. Restano evasive, non si rendono prontamente disponibili. Le donne sono consapevoli, intuitivamente consapevoli – non intellettualmente – del fenomeno, sanno che tutta questa attrazione sparirà in fretta, tutto questo grande amore morirà in breve tempo. Ogni cosa muore, ogni cosa che sia nata è destinata a morire. In questo senso, le donne sono molto più intelligenti: ti evitano, fuggono; ti permettono solo una certa dose di intimità, poi si allontanano da te. In questo ravvivano il gioco; altrimenti finirebbe troppo presto.

Qualsiasi felicità dura solo per un certo lasso di tempo, oltre il quale si trasforma nel suo opposto: diventa infelicità, amarezza.

Pace significa andare oltre l'eccitazione sia della felicità sia dell'infelicità, trascendere entrambe. Esistono anche persone che si sentono attratte dall'infelicità; gli psicologi moderni li chiamano "masochisti": sono coloro che godono nel torturarsi. In passato, proprio questi masochisti diventarono grandi mahatma, grandi saggi, grandi santi. Dal punto di vista psicologico, grazie alla moderna intuizione sulla mente umana, i vostri cosiddetti santi – almeno il novanta per cento – sembrano masochisti; addirittura si può dire che il novantanove per cento lo sia! Se li osservi in profondità, scoprirai che questa gente godeva nell'autotorturarsi facendo lunghi digiuni, stando sdraiata su un letto di spine, stando in piedi al Sole, quando il clima è torrido, oppure esponendosi al freddo gelido, stando seduta nuda sulla neve dell'Himalaia. Questa gente è masochista.

Il polo opposto è il sadismo. Ci sono persone che godono nel torturare gli altri. Di fatto l'intera umanità – in pratica tutta l'umanità, eccettuati i Buddha – può essere divisa in questi due campi. Sono queste le due vere religioni che esistono nel mondo: il masochismo e il sadismo. I masochisti diventano religiosi e i sadici diventano politici. Alessandro Magno, Tamerlano, Nadir Shah, Gengis Khan, Hitler, Mussolini, Stalin, Mao Tse-tung: tutte queste persone godevano nel torturare gli altri. Torturare gli altri è tanto patologico quanto lo è torturare se stessi.

Colui che vuole a tutti i costi la felicità, diventerà inevitabilmente un sadico. Di fatto, prova ad analizzare da cosa dipende la tua felicità. Se hai una casa più grande del tuo vicino, sei felice; e in realtà, avendo una casa più grande della sua, infliggi una tortura al tuo vicino, una tortura molto sottile.

Quando andavo a Calcutta, abitualmente stavo in uno dei più bei palazzi della città; era bellissimo, costruito nel vecchio stile coloniale vittoriano: era la dimora più bella in Calcutta. Il proprietario ne era molto orgoglioso e, ogni volta che mi ospitava, non faceva altro che parlarmi del suo palazzo, del suo giardino e di questo e di quello: ogni suo discorso riguardava la sua abitazione.

Una volta, mi ospitava già da tre giorni, non fece alcun accenno al suo palazzo, per cui gli chiesi: "Cos'è accaduto? Sei diventato un sannyasin o cos'altro? Hai rinunciato al mondo? Non mi hai ancora parlato del tuo palazzo!".

Rivolgendomi uno sguardo triste, mi chiese: "Hai visto la nuova casa che hanno edificato nelle vicinanze?".

L'avevo vista: tutta rivestita in marmo, era certamente più grande e più bella del palazzo in cui egli abitava. Mi spiegò: "Da quando l'hanno finita, ho perso tutta la mia gioia; tu non puoi immaginare in quale stato di infelicità mi trovo!".

Risposi: "Ma vivi sempre nello stesso palazzo! È lo *stesso* palazzo nel quale eri tanto felice! Sei tuttora nella stessa casa, perché ti senti tanto infelice? Cos'ha a che fare la tua infelicità con il tuo vicino? Se ti senti così infelice a causa del tuo vicino, ricorda una cosa: quando eri felice, anche la tua felicità non proveniva dall'avere questa casa, ma dal fatto che i tuoi vicini vivessero in case più piccole della tua. Se adesso ti abbatte la vista della bellissima casa del tuo vicino, ricorda che, prima, il tuo vicino doveva sentirsi abbattuto dalla vista del tuo bellissimo palazzo e che, per rivalsa, ha fatto costruire la sua nuova casa".

Il proprietario della nuova casa venne per invitarmi a cena ed estese il suo invito anche al proprietario del palazzo. Ma il mio amico declinò l'invito, con un semplice pretesto: "Non posso venire, sono troppo occupato!". Non lo era affatto! Quando il vicino se ne fu andato, gli dissi: "So che non sei affatto occupato!".

Lo confermò: "È vero, ma non posso entrare in quella casa; lo farò solo dopo che mi sarò fatto costruire una casa più grande di quella. Aspetta e vedrai! Ci vorranno due, forse tre anni, per completarla; ma per me è una questione di prestigio. Quando avrò una casa più grande, inviterò a cena il mio vicino".

Così vive la gente! Se osservi la tua mente, vedrai che godi di qualcosa perché gli altri non ce l'hanno. Godi del fatto che gli altri non hanno quella cosa, non perché la possiedi!

Questa è la patologia umana: alcune persone sono sadiche e godono dell'infelicità del prossimo; altre diventano masochiste. Vedono che non è bene godere dell'infelicità altrui, vedono che è un peccato e che dovranno scontarlo all'inferno; diventando consapevoli che questo loro sentimento non è affatto virtuoso, diventano masochiste, cominciano a torturare se stesse. Comunque la tortura continua.

"Pace" è uno stato di salute interiore, di integrità interiore, grazie al quale non torturi gli altri, né torturi te stesso; non dai peso né alla felicità, né all'infelicità. Tutto il tuo interessamento è rivolto semplicemente all'essere totalmente silenzioso, calmo, quieto, raccolto, integro.

Certo, quando avrai lasciato perdere la tua mente... e con mente si intende tutto il tuo passato, tutto il tuo sapere e tutte le nozioni che hai accumulato. La mente è il tuo tesoro sottile, è la tua proprietà impalpabile; quando l'avrai lasciata alle spalle e te ne sarai allontanato, quando sarai entrato in uno stato di assenza della mente, in te discenderà una grande pace: è silenzio, ed è colma di beatitudine; il Buddha ha evitato questa parola, io invece non la evito affatto.

Il Buddha *fu costretto* a evitarla, poiché i suoi contemporanei parlavano molto di beatitudine. Parlavano di pace le *Upanishad*, Mahavira e l'intera tradizione hindu. *Satchitananda* – il divino è verità, consapevolezza, beatitudine – ma la beatitudine è la qualità suprema. Si parlava troppo di beatitudine!

Il Buddha deve aver sentito che era meglio non usare quella parola; era diventata troppo ortodossa, troppo convenzionale, troppo conformista. E poiché era stata abusata, aveva perso il suo significato, il suo sapore, la sua intensità e la sua bellezza. Ma oggi possiamo risuscitarla, visto che ai tempi nostri nessuno parla di beatitudine.

Comunque, che tu la chiami pace, oppure beatitudine, è irrilevante. Devi solo comprendere una cosa: essa ti conduce oltre ogni dualismo. Giorno e notte, estate e inverno, vita e morte, dolore e piacere, amore e odio; ti conduce oltre ogni dualismo. Ti conduce oltre ogni fenomeno di dissociazione: ti conduce verso l'unità interiore.

Ecco perché il Buddha dice: *una parola*. È uno stato semplice, melodioso e armonioso, della tua salute interiore, della tua assennatezza interiore. È sufficiente *una parola*; qualcosa di estremamente significativo.

> *...è meglio di mille parole vuote.*

> *Un verso portatore di pace*
> *è meglio di mille versi vuoti.*

Ci sono poeti e poeti! Nel mondo esistono due tipologie di poeti. In una, si possono racchiudere i poeti sognatori, dotati di un'immaginazione acuta e di molta fantasia. Essi creano opere d'arte, sculture, brani musicali e poemi, ma tutte queste opere rimangono nel mondo dei sogni. Possono intrattenerti per un po', ma non riescono a darti alcuna intuizione della realtà. Possono essere una consolazione, un sollievo, una ninna nanna; possono avere un effetto tranquillizzante: certo, fanno esattamente questo. Tutto ciò è chiamato estetica, arte e ha un effetto tranquillizzante.

Ascoltando la musica classica, cadi in uno stato totalmente diverso: in te tutto diventa tranquillo, immobile, ma l'effetto è momentaneo; è solo un mondo di sogni che il musicista ha creato intorno a te. Ascoltando la lettura di un poema o ammirando una grande scultura, per alcuni istanti rimani sbalordito, stordito. La mente si ferma, è come se fossi trasportato per qualche istante in un altro mondo; ma poi torni nel solito mondo, ai tuoi vecchi meccanismi di sempre. Ma esiste un'altra tipologia di poeti, di pittori, di scultori: i Buddha. Un solo verso di un Buddha può trasformarti per sempre. Ascoltare un Buddha è come ascoltare una musica divina; ascoltare un Buddha è come ascoltare Dio stesso. Un Buddha è Dio che si è reso visibile, è il divino che si è reso disponibile. Un Buddha è una finestra sul divino, è un invito dall'aldilà.

Ci sono Shakespeare, Milton, Kalidas, Bhavbhuti e migliaia d'altri. Questi sono i sognatori, i grandi sognatori e i loro sogni sono bellissimi; ma non sono questi i poeti che possono trasformare il tuo essere. Possono farlo Maometto, Cristo, Krishna, il Buddha, Kabir, Nanak, Farid; certo, costoro possono trasformare il tuo essere.

Qual è la differenza tra un poema di Kabir e uno di Shakespeare? Dal punto di vista dell'arte poetica, Shakespeare è migliore, ricordalo, poiché Kabir non sapeva niente dell'arte di poetare. Shakespeare è molto sofisticato, tuttavia un solo verso di Kabir ha più valore dell'intera opera poetica di Shakespeare: poiché anche una sola parola di Kabir emana dalla sua intuizione e non dalla fantasia. Questa è la differenza!

Kabir ha chiarezza interiore, ha occhi che riescono a vedere nell'aldilà. Shakespeare era cieco, come lo siete voi; naturalmente, era abilissimo nel tradurre in parole la propria fantasia. La sua è arte meritevole di rispetto, che, al massimo, può essere un intrattenimento; può tenerti piacevolmente occupato, ma non ha alcuna possibilità di generare in te una trasformazione. Perfino Shakespeare non era un essere trasformato, come potrebbe trasformare gli altri?

Solo un Buddha, solo colui che si è risvegliato, può risvegliarti. Shakespeare era addormentato come lo siete voi; forse lo era ancora più profondamente di voi, visto che ha fatto sogni così belli. Il suo sonno interiore doveva essere inevitabilmente profondo poiché, non solo ha fatto sogni bellissimi, ma li ha anche cantati; ha tradotto in parole i suoi sogni, eppure il suo sonno interiore non si è interrotto.

Il Buddha è un essere risvegliato; e solo colui che si è risvegliato è in grado di risvegliarti.

Un verso portatore di pace
è meglio di mille versi vuoti.

E in che modo riuscirai a comprendere di essere vicino a un Buddha? La sua stessa presenza porterà in te una pace trascendente.

Pertanto, un Buddha del passato non può esserti di molto aiuto, poiché le sue parole di nuovo sono diventate vuote: non contengono la sua presenza. Sono solo una bella gabbia, una gabbia dorata tempestata di diamanti, ma l'uccello è volato via da tempo!

Un Buddha è rilevante solo quando è vivente, poiché solo il suo essere vivente può scatenare in te un processo che ti condurrà al risveglio supremo.

Una riga della legge, portatrice di pace,
è meglio di cento righe vuote.

Dicendo "legge", il Buddha non si riferiva ad alcuna legge morale, né sociale, né politica. Dicendo "legge", il Buddha intendeva il *dhamma*: *ais dhammo sanantano*, la legge suprema, la legge eterna; la legge che ha reso questo universo un cosmo, anziché un caos; la legge che regola l'intero universo in un'immensa armonia.

...è meglio di cento righe vuote.

"Righe", in verità, non è una buona traduzione: la parola originale è sutra e il significato letterale di sutra è "filo conduttore". In Oriente, i grandi detti dei Maestri sono stati chiamati sutra, fili conduttori, per un motivo ben preciso. Un uomo, quando nasce, è simile a un mucchio di fiori; è solo un mucchio. Se non avrà un filo conduttore, se non userà un filo che scorre attraverso quei fiori, riunendoli, il mucchio rimarrà tale e non diventerà mai una ghirlanda.

D'altra parte, potrai offrirti al divino solo quando sarai diventato una ghirlanda. Un mucchio è il caos, la ghirlanda è il cosmo; sebbene tu veda nella ghirlanda soltanto i fiori, poiché il filo conduttore è invisibile.

I detti dei Maestri sono chiamati sutra, fili conduttori, poiché possono trasformarti in una ghirlanda. E solo quando sarai diventato una ghirlanda, potrai offrirti al divino; solo quando sarai diventato un cosmo, un'armonia, un canto.

Adesso sei solo un mucchio di chiacchiere sconclusionate. Prova a scrivere... siediti in una camera; chiudi la porta e scrivi su un foglio tutto ciò che ti passa per la mente. Non correggerlo, non cancellare e non aggiungere niente, poiché non mostrerai il tuo scritto a nessuno. Tieni accanto a te una scatola di fiammiferi, così, quando avrai finito di scrivere, potrai bruciare immediatamente quei fogli; in questo modo puoi essere autentico. Scrivi dunque tutto ciò che ti passa per la mente e rimarrai sorpreso: dopo soli dieci minuti di questo esercizio, comprenderai ciò che intendo quando affermo che sei solo un mucchio di chiacchiere sconclusionate.

Constatare come la mente salti di qua e di là, da un argomento all'altro, casualmente, senza motivo è davvero una grande rivelazione; osserva quali e quanti pensieri del tutto privi di senso, percorrono la tua mente, pensieri privi di importanza, inconsistenti; è un puro spreco, una dispersione di energia!

I detti dei Buddha sono chiamati *sutra*.

In questo libro, il traduttore ha usato la parola "riga" invece di "sutra". Linguisticamente è corretto, ma il libro non tratta argomenti letterari. Questo è uno dei più grandi problemi nella traduzione dei detti del Buddha, di Cristo, di Krishna: è un compito praticamente impossibile. I traduttori stessi non sono persone illuminate, sono orientalisti, letterati, studiosi legati alla grammatica... gente che conosce la lingua originale, ma ha studiato solo la lingua e non è quella la cosa essenziale, quello è solo un ornamento.

Dunque ricordate: *...è meglio di cento righe vuote.* Significa: *...è meglio di cento sutra vuoti;* dei fili conduttori logici, filosofici, proposti da grandi filosofi e da grandi pensatori; infatti essi sono vuoti, poiché non contengono la loro esperienza personale.

Una riga della legge, portatrice di pace...

Un solo sutra della legge... Chi può proclamare un sutra della legge? Solo colui che è illuminato, solo colui che è diventato una cosa sola con la legge suprema, solo colui che è diventato egli stesso il *dhamma*. Non una persona religiosa, ma colui che sia diventato la religione stessa. Come sarete in grado di giudicarlo? È sempre valido lo stesso criterio: è colui che porta la pace.

Perché state qui con me? Rimanete qui solo se la mia presenza genera in voi la pace. Rimanete solo se, ascoltandomi, comincia a vibrare nella vostra interiorità una corda generatrice di pace. Rimanete solo se il vostro amore per me vi aiuta a trascendere il mondo dei dualismi. Se non vi accade nulla di tutto ciò è inutile che rimaniate qui.

La mia presenza non può essere utile a tutti. Può essere utile solo a pochi eletti; solo a coloro che sono arrivati qui spinti realmente dalla sete, dalla ricerca; solo a coloro che sono pronti a rischiare tutto per conoscere il divino, sono pronti a morire per conoscere la verità, sono pronti a sacrificarsi.

> *Anziché vincere mille battaglie,*
> *è meglio conquistare se stessi.*

E la vittoria consiste nella pace. Quando la pace ti inonda, interiormente ed esteriormente, quando trabocchi di pace, sei arrivato a casa; hai conquistato te stesso, sei un Maestro.

> *Anziché vincere mille battaglie,*
> *è meglio conquistare se stessi.*

Un Buddha è più significativo e vale molto di più di un milione di Hitler! La sua è una vera vittoria, poiché la morte si porta via tutte le altre vittorie. Alessandro Magno morì come un qualsiasi mendicante: non poté portare niente con sé; aveva conquistato il mondo intero e se ne andò come un mendicante...

Si narra che nella vita di Alessandro Magno ci sono stati tre eventi significativi: uno di questi fu il suo incontro con il mistico Diogene. Diogene era sdraiato, nudo, sulla riva di un fiume e prendeva un bagno di Sole. Era mattino, l'alba era appena sorta... c'erano il Sole che spuntava e la splendida riva del fiume e la sabbia fresca. Alessandro Magno passò di lì, era diretto in India; qualcuno gli aveva detto: "Diogene si trova proprio nei pressi, e tu hai sempre chiesto di lui...". Aveva udito narrare molte storie su Diogene, un uomo davvero degno di essere chiamato "uomo"! Perfino Alessandro Magno, nel suo intimo, ne era geloso.

Andò da lui e rimase impressionato dalla bellezza del suo corpo, nudo, senza decorazioni, senza ornamenti. Alessandro Magno era rivestito di ornamenti e di decorazioni, ammantato in tutto il suo sfarzo; ma, di fronte a Diogene, sembrava un poveraccio, e glielo disse: "Sono geloso di te; paragonato a te, io sembro un poveraccio, eppure tu non possiedi niente! Qual è la tua ricchezza?".

Diogene rispose: "Sono ricco perché non desidero nulla, la mia ricchezza è l'assenza di desideri. Sono un Maestro poiché non possiedo niente; la mia proprietà è l'assenza di possessività; ma ho conquistato me stesso, quindi ho conquistato il mondo. Questa mia vittoria mi seguirà, mentre la morte si porterà via tutte le tue vittorie!".

La seconda storia risale al suo ritorno dall'India... Il suo precettore gli aveva chiesto: "Quando tornerai dall'India, dovrai portare con te un sannyasin, poiché è il più grande contributo dato dall'India al mondo!".

Il fenomeno sannyasin è solo indiano. In nessun altro luogo l'idea di trascendere totalmente il mondo ha catturato la mente della gente, come l'ha catturata in India.

Il precettore di Alessandro Magno era Aristotele, che gli aveva chiesto: "Quando tornerai dall'India, dovrai portare con te un sannyasin: mi piacerebbe vedere chi è un sannyasin, com'è fatto".

Alessandro Magno, dopo avere conquistato l'India, era sulla via del ritorno e ricordò la richiesta di Aristotele. Chiese informazioni: dove avrebbe potuto trovare un sannyasin? La gente gli disse: "I sannyasin sono tanti, ma i veri sannyasin sono pochissimi: ne conosciamo uno".

Gli storici di Alessandro Magno lo menzionano con il nome di Dandamesh; forse è la grecizzazione di un nome indiano. Alessandro andò a vederlo e scoprì in lui la stessa bellezza di Diogene, la sua stessa pace. Ogni volta che accade, l'illuminazione porta con sé gli stessi effetti. Intorno a ogni Buddha scopri la stessa fioritura, la stessa fragranza, la stessa pace.

Entrando nel campo energetico di Dandamesh, ancora una volta Alessandro rimase impressionato: era come se fosse entrato in un giardino profumato. Si rammentò immediatamente di Diogene. Chiese a Dandamesh: "Sono venuto a invitarti: vieni con me! Sarai nostro ospite regale, sarai circondato da tutti gli agi, però devi venire con me ad Atene".

Dandamesh rispose: "Ho cessato di andare e di venire". Stava parlando di qualcos'altro, ma Alessandro non riuscì a comprenderlo subito. Intendeva dire: "Adesso per me non c'è più alcun entrare nel mondo né alcun uscire dal mondo: ho trasceso ogni rientro e ogni uscita". È ciò che in India chiamiamo *avagaman*, andare e venire: entrare in un utero e poi andarsene con la morte.

Alessandro esclamò: "Ma questo è un ordine! Io te lo ordino! Tu devi seguirmi. È un ordine di Alessandro Magno!".

Dandamesh scoppiò in una risata; la stessa risata di Diogene, si rammentò Alessandro Magno, era proprio la stessa risata. Dandamesh rispose: "Nessuno può darmi degli ordini, neppure la morte!".

Alessandro replicò: "Tu non capisci che io sono un uomo pericoloso!". Sguainò la spada ed esclamò: "O tu vieni via con me, o ti taglierò la testa!".

Dandamesh commentò: "Avanti, tagliami la testa: ciò che stai per fare adesso, io l'ho già fatto molti anni orsono. Quando la mia testa sarà stata recisa, tu la vedrai cadere al suolo e anch'io la vedrò cadere!".

Alessandro chiese: "Come potrai vederla? Tu sarai morto!".

Dandamesh spiegò: "Questo è il punto: io non posso più morire, sono diventato un testimone. Osserverò la mia morte, così come l'osserverai tu; la mia morte accadrà davanti a entrambi: tu la vedrai e io la vedrò. Inoltre, io ho raggiunto lo scopo insito nel mio corpo e mi sono realizzato. Non ho più bisogno di vivere in un corpo: tagliami la testa!".

Alessandro dovette riporre la spada: non poteva uccidere un simile uomo!

La terza storia si riferisce agli istanti precedenti la morte di Alessandro Magno: si rammentò di entrambi, di Diogene e di Dandamesh; ricordò le loro risate, la loro pace e la loro gioia. Ricordò che essi avevano qualcosa che trascendeva la morte... "Invece io non ho niente!". Le lacrime sgorgarono dai suoi occhi e disse ai suoi dignitari: "Quando sarò morto e voi porterete il mio corpo al cimitero, dovrete lasciar penzolare le mie mani fuori dalla bara".

I dignitari gli chiesero: "Ma è contrario alla nostra tradizione! Perché? Per quale motivo fai una richiesta così strana?".

Alessandro rispose: "Perché la gente possa vedere che, come sono venuto al mondo a mani vuote, ora me ne vado a mani vuote: ho sprecato tutta la mia vita! Lascerete penzolare le mie mani fuori dalla bara, così tutti potranno vedere che anche Alessandro Magno se ne va a mani vuote!".

Sono storie degne di essere meditate.

Il Buddha dice:

> *Anziché vincere mille battaglie,*
> *è meglio conquistare se stessi.*

Allora la vittoria sarà veramente tua!

Nessun'altra vittoria è veramente tua. Quella vittoria non potrà mai esserti tolta: ecco perché sarà veramente tua.

> *Quella conquista non può esserti tolta*
> *né dagli angeli né dai demoni,*
> *né dal paradiso né dall'inferno.*

Nessuno potrà toglierti quella vittoria. Ricorda: è tuo solo ciò che non potrà esserti tolto. Qualsiasi cosa potrà esserti tolta, non è tua: non aggrapparti a essa poiché, se ti aggrapperai, ti creerà infelicità. Non essere possessivo con tutto ciò che potrà esserti tolto, poiché la tua possessività ti creerà angoscia. Convivi solo con ciò che ti appartiene veramente, che nessuno possa toglierti; qualcosa che non possa esserti rubato e che non ti possa essere scippato; qualcosa che non possa mai finire in bancarotta... neppure la morte potrà togliertela!

Krishna ha detto: *Nainam chhindanti shastrani* – questa vittoria non può essere distrutta da nessun'arma, le spade non la possono intaccare, le frecce non la possono ferire, le pallottole sono del tutto inefficaci contro di essa. *Nainam dahati pavakah*, questa vittoria non può essere neppure bruciata. Quando il tuo corpo brucerà sulla pira funeraria andrà in fumo, ma tu non sarai affatto arso: se avrai conosciuto te stesso, se avrai compreso cosa sia questa consapevolezza presente in te, se avrai conquistato la tua consapevolezza, il tuo corpo brucerà e si ridurrà in cenere, ma il tuo essere non sarà bruciato; il fuoco non lo sfiorerà neppure! Tu esisterai per sempre: tu sei eterno. Ma potrai conoscere la tua eternità, solo quando sarai diventato padrone di te stesso.

Non sciupare il tuo tempo nel fare da padrone agli altri, o nel conquistare il potere, il prestigio, nel conquistare il mondo! Conquista te stesso! L'unica cosa che vale la pena di conquistare è il proprio essere!

> *Meglio di cent'anni di adorazione,*
> *meglio di migliaia di offerte,*
> *meglio della rinuncia a migliaia di stili di vita mondani,*
> *per aggiudicarti dei meriti,*

> *meglio anche del tenere acceso nella foresta*
> *un fuoco sacro per mille anni...*
> *è venerare per un istante*
> *un uomo che ha conquistato se stesso.*

È un sutra di immenso rilievo. Meditalo lentamente...

> *Meglio di cent'anni di adorazione...*
> *è venerare per un istante*
> *un uomo che ha conquistato se stesso.*

Perché? Perché, nei templi, venererai solo pietre! Venerando pietre, sia nel tempio sia nella Kaaba, venerando statue e ritratti, venerando sacre scritture morte, seguendo i riti e le formalità, non avrai neppure un assaggio della buddhità.

Ha un valore di gran lunga maggiore *venerare per un istante un uomo che ha conquistato se stesso.* Come mai? Perché nell'istante in cui ti prostri davanti a un uomo che ha conquistato se stesso, nell'istante in cui ti prostri davanti a un Buddha, qualcosa delle sue vibrazioni penetra in te e ravviva il tuo cuore addormentato, penetra nel tuo essere e, come un raggio di luce, perfora la buia notte della tua anima dandoti il primo bagliore del divino.

È impossibile che ciò accada nei templi, nelle moschee, nelle chiese, nelle sinagoghe, nei *gurudvara*. È possibile che accada se sei nelle vicinanze di un Nanak e non in un *gurudvara*. È possibile che accada se sei innamorato di Gesù, non in una chiesa. È possibile che accada se ti sei arreso a un Buddha, se hai detto a un Buddha: "*Buddham sharanam gachchhami* – mi prostro ai piedi del Buddha, mi arrendo al Buddha". Ma è impossibile che accada in un tempio buddhista, di fronte a una statua del Buddha: è assolutamente impossibile.

Devi trovare un Buddha vivente, non c'è altra via, non ci sono scorciatoie.

> *...meglio di migliaia di offerte,*
> *meglio della rinuncia a migliaia di stili di vita mondani...*
> *è venerare per un istante*
> *un uomo che ha conquistato se stesso.*

In primo luogo, perché venerate? Perché offrite cibo e fiori alle statue? Perché rinunciate a migliaia di stili di vita mondani? Per avidità, o per paura. Solo per avidità, o per paura; oppure a causa di entrambe le cose, visto che l'avidità e la paura non differiscono tra loro: sono due facce della stessa medaglia. L'avidità è paura celata, la paura è avidità celata.

Non sono avide solo le persone mondane, lo sono anche le cosiddette persone spirituali, e forse lo sono ancora di più... la loro avidità è tale da non poter essere appagata dal mondo. Quell'avidità è tale da far loro desiderare i piaceri celesti: solo il paradiso potrà soddisfarle, a loro questo mondo non basta. Ed è ciò che i vostri cosiddetti santi vi insegnano. Essi dicono: "Perché sciupate il vostro tempo in piaceri momentanei? Seguiteci! Vi mostreremo il modo per scoprire i piaceri che durano in eterno".

La loro è avidità pura! L'uomo di mondo sembra meno avido, poiché è soddisfatto dai piaceri temporali; la cosiddetta persona spirituale è talmente avida da desiderare qualcosa che appaghi per sempre, che duri in eterno. L'uomo di mondo è avido, ma altrettanto avida è la cosiddetta persona spirituale.

I vostri preti sono persone molto avide, i vostri monaci sono persone estremamente avide!

Un giorno, un pastore protestante entrò nel negozio del barbiere Bonatelli per farsi tagliare i capelli. Quando Bonatelli ebbe finito il suo lavoro, il pastore fece per estrarre il portafoglio, ma il barbiere italiano, scuotendo la testa, gli disse con un sorriso: "Reverendo, metta via il portafoglio. Non permetto mai che un uomo del clero mi paghi!".

Il pastore lo ringraziò e se ne andò; ma tornò poco tempo dopo e regalò una Bibbia al pio barbiere.

Qualche ora più tardi, entrò nel negozio padre Rourke, anche lui voleva farsi tagliare i capelli. Una volta ancora il barbiere rifiutò di accettare qualsiasi pagamento. "Lasci perdere, padre," disse, "non prendo denaro da un prete."

Padre Rourke tagliò corto e se ne andò; ma tornò poco tempo dopo e regalò un crocifisso a Bonatelli, per dimostrargli la sua gratitudine.

Verso sera, entrò nel negozio un rabbino, anch'egli si fece tagliare i capelli. Quando il rabbino mise la mano in tasca e gli porse il denaro, il barbiere lo rifiutò dicendo: "Va bene così, rabbino. Non accetto denaro da un uomo che lavora per il Signore".

Per cui il rabbino se ne andò... ma tornò poco dopo, accompagnato da un altro rabbino!

La gente vive o in base alla paura o in base all'avidità! Alcune persone hanno paura dell'inferno, perciò venerano Dio; altre sono avide del paradiso e perciò venerano Dio.
Una storia Sufi racconta:

Gesù arrivò in una città e vide un gruppo di persone sedute: erano tristissime, una profonda angoscia le avvolgeva; non aveva mai visto tante persone così tristi. Chiese loro: "Che cosa vi è accaduto? Quale calamità vi ha colpiti?".
Risposero: "Abbiamo terrore dell'inferno, stiamo tremando. Non sappiamo cosa fare per evitare l'inferno: questa è la nostra paura, la nostra angoscia costante. Non riusciamo a dormire né a riposare, e non ci riusciremo fino a quando non avremo scoperto un modo per evitare l'inferno".
Gesù si allontanò da loro e, proseguendo il cammino, un po' più avanti trovò un altro gruppo di persone sedute sotto un albero: anch'esse erano tristissime, esprimevano un'enorme ansia, proprio come il primo gruppo. Gesù era perplesso e chiese: "Qual è il problema? Che cosa sta accadendo in questa città? Perché siete così tristi? Perché siete tanto tesi? Se rimarrete in questo stato ancora a lungo, impazzirete! Cosa vi è accaduto?".
Risposero: "Non ci è accaduto niente. Abbiamo timore di poter perdere il paradiso, di non essere in grado di entrarci. *Dobbiamo* fare di tutto per meritarlo, a qualsiasi costo! E questo crea in noi ansia e tensione".
Gesù si allontanò anche da loro.
I Sufi si chiedono: "Perché Gesù lasciò quelle persone a se stesse? Erano persone religiose! Avrebbe dovuto insegnare loro cosa dovevano fare per evitare l'inferno e per meritare il paradiso: invece si allontanò semplicemente da loro".
In seguito Gesù si imbatté in un terzo gruppo, in un giardino; era un piccolo gruppo di persone che danzavano e cantavano, felici. Chiese loro: "A quale cerimonia partecipate? A quale feste prendete parte?".
Risposero: "Nessuna cerimonia speciale: esprimiamo solo la nostra gratitudine a Dio, la nostra riconoscenza per ciò che ci ha dato e che noi non abbiamo meritato!".
Gesù esclamò: "A voi parlerò, starò con voi: voi siete la mia gente!".

Questa storia non è stata tramandata dai cristiani, ma i Sufi hanno molte storie stupende su Gesù; di fatto hanno compreso Gesù molto più in profondità che non la cosiddetta Chiesa ufficiale. Questa è una storia bellissima, narra come nel regno dei cieli non entreranno né coloro che vivono nella paura né coloro che vivono nell'avidità; soltanto coloro che vivono gioiosamente, colmi di riconoscenza e di gratitudine, ci entreranno.

E dove imparerai la gratitudine? Se non hai conosciuto un Buddha, non saprai mai cosa sia la gratitudine; se non hai conosciuto un Buddha, non saprai mai cosa sia la celebrazione. Un Buddha è celebrazione; è una festa, una festa ininterrotta; è una danza continua che non ha mai fine; è un canto infinito.

Se ti sei imbattuto in un Buddha, è sufficiente che tu abbia un istante di venerazione!

Lascia perdere la tua paura, lascia perdere la tua avidità: impara a diventare un discepolo. Impara il modo per imbeverti dello spirito di colui che ha raggiunto il proprio centro interiore e che non vive più alla circonferenza; colui che si è illuminato, il cui essere è una luce. Impara ad aprire gli occhi sulla luce!

Impara a dire:

> *Buddham sharanam gachchhami,*
> *sangham sharanam gachchhami,*
> *dhammam sharanam gachchhami.*

In questo modo ti arrenderai tre volte. La prima resa: a colui che è illuminato. La seconda resa: a coloro che vivono con l'illuminato, poiché il profumo dell'illuminato ha cominciato a permeare coloro che vivono accanto a lui, la compagnia benedetta dell'illuminato. La terza resa: alla legge, alla legge suprema, grazie alla quale colui che era addormentato è diventato un illuminato e coloro che sono addormentati si stanno risvegliando.

Questi tre modi di arrenderti e un solo istante di venerazione per il Buddha, hanno più valore di cento anni di adorazione e di mille offerte...

> *Meglio di cent'anni di adorazione,*
> *meglio di migliaia di offerte,*
> *meglio della rinuncia a migliaia di stili di vita mondani,*
> *per aggiudicarti dei meriti,*
> *meglio anche del tenere acceso nella foresta*

un fuoco sacro per mille anni...
è venerare per un istante
un uomo che ha conquistato se stesso.

Venerare un simile uomo,
un Maestro, vetusto di virtù e di santità,
significa aver conquistato la vita stessa
e la bellezza, la forza e la felicità.

Venerare una persona simile, significa aver compreso il fenomeno più sacro nell'esistenza. Inchinandoti di fronte a un Buddha, ti accade un miracolo: qualcosa comincia a fluire dal Buddha al cuore del discepolo, è un fiume invisibile, un fiume di luce.

...un Maestro, vetusto di virtù e di santità...

In questo sutra, cosa significa: *un Maestro, vetusto di virtù e di santità*? C'è un paradosso: la santità è nuova, come la goccia di rugiada sulla foglia del fiordiloto che brilla al Sole mattutino, e la santità è anche antica come l'Himalaia. È entrambe le cose, poiché è eterna. Esiste dal principio alla fine; ma è anche nuova, nuova in ogni istante, poiché si rinnova in ogni istante. Non è una cosa morta, statica: è un processo vivente. Non è uno stagno immobile, è un fiume che scorre verso l'oceano; pertanto si rinnova a ogni istante.

Di conseguenza ogni Buddha è perennemente giovane. Avete mai visto una statua che raffiguri il Buddha come un vecchio di ottantadue anni? No. Avete mai visto una statua che raffiguri Mahavira come un vecchio?

O Rama o Krishna come dei vecchi? Non esistono statue che raffigurino il Buddha o Krishna o Mahavira come dei vecchi, sebbene tutti abbiano vissuto fino alla vecchiaia, sebbene abbiano superato tutti gli ottant'anni. Perché non abbiamo statue che li raffigurino da vecchi? Per rappresentare l'eterna gioventù della verità, l'eterna freschezza della verità!

Eppure tutti gli illuminati esprimono la verità più antica: *ais dhammo sanantano...* è così antica che di fatto non ha mai avuto un inizio; *sanantano* significa: che non ha un principio, che esiste da sempre.

Per illustrarlo, si tramanda un altro fenomeno di rilievo. Si narra che Lao Tzu fosse nato vecchio. Il Buddha morì a ottantadue anni, Lao Tzu nacque che aveva ottantadue anni: visse per ottantadue anni nell'utero materno... è una storia bellissima, ma non è un fatto reale – dobbiamo pensare anche a sua madre! – tuttavia intende dimostrare qualcosa. Vuole dimostrare che la verità è antichissima, è sempre vecchissima.

Queste storie sono splendide.

Si racconta che Zarathustra, quando nacque... in tutta la storia dell'umanità, è l'unico neonato che abbia avuto una simile nascita. Ogni neonato, subito dopo la nascita, piange; Zarathustra, quando nacque, rise. Bellissimo! Non è un fatto reale, nessun neonato potrebbe ridere; è fisiologicamente impossibile, poiché il neonato deve piangere! Con il pianto, ripulisce i polmoni e l'apparato respiratorio. Non potrebbe ridere, non riuscirebbe neppure a respirare: prima di tutto deve piangere! Se il neonato non piange per alcuni secondi, per qualche minuto, significa che non sopravviverà: bisogna costringerlo a piangere. Il medico lo afferra per i piedini, lo tiene a testa in giù e lo sculaccia, per aiutarlo a piangere: se piange significa che sopravviverà. Il pianto del neonato ripulisce i suoi polmoni dal muco, che si è accumulato durante la sua vita nell'utero materno. Nell'utero materno, il feto non respirava, perciò l'intero apparato respiratorio rimane ostruito dal muco. Fisiologicamente, quindi, ogni neonato deve piangere; con il pianto si libera dal muco. È impossibile che rida... La risata di Zarathustra neonato è simbolica. Che cosa vuole simbolizzare? Che la vita intera è pura illusione, meritevole solo di una risata. È qualcosa di ridicolo! Zarathustra, fin dalla nascita ha riconosciuto che la vita è ridicola. La vita reale è qualcosa di totalmente diverso.

> *Venerare un simile uomo,*
> *un Maestro, vetusto di virtù e di santità,*
> *significa aver conquistato la vita stessa...*

Venerando un Buddha, rispettando un Buddha, avendo fiducia in un Buddha, conquisterai la vita stessa e raggiungerai *la bellezza, la forza e la felicità*. Nell'arrenderti a lui, diventerai bello, poiché l'ego se ne andrà e l'ego è qualcosa di abnorme; diventerai forte, poiché avrai perso l'ego e l'ego è sempre debole, impotente. Per la prima volta ti sentirai felice poiché, per la prima volta, avrai dato uno sguardo fuggevole alla verità; per la prima volta, avrai dato uno sguardo fuggevole al tuo essere interiore. Il Buddha è uno specchio: quando ti inchini di fronte a lui, vedi il tuo volto originale riflesso nel Buddha.

Lascia che il tuo cuore si colmi di preghiera...

> *Buddham sharanam gachchhami,*
> *sangham sharanam gachchhami,*
> *dhammam sharanam gachchhami.*

Decimo discorso
Vasto come il cielo

Un'identica quantità sia di analisi occidentale sia di intuizione orientale dà vita all'armonia della saggezza e alla trascendenza degli opposti?

Essendo un cattolico praticante come posso diventare un sannyasin? Come posso accettare due Maestri?

Nella pratica del rebirthing, una parte di me è diventata conosciuta, una nuvola nera è scivolata via, tuttavia non conosco ancora niente di me stesso.

Qual è il rapporto tra la padronanza di me stesso e il controllo su me stesso?

La prima domanda

Amato Osho,
la mente occidentale, così orientata verso l'analisi, sviluppa primariamente l'emisfero sinistro del cervello; la mente orientale è l'esatto opposto, sviluppa soprattutto l'emisfero destro del cervello. L'Occidente subisce il fascino dell'Oriente e l'Oriente subisce il fascino dell'Occidente. Un'identica quantità di entrambe le mentalità può dare vita all'armonia della saggezza e alla trascendenza degli opposti?

Prem Dhanesh, la trascendenza degli opposti non è un fenomeno quantitativo, è una rivoluzione qualitativa. Il problema non è la quantità identica di entrambe queste due realtà: questa sarebbe una soluzione molto materialista. Quantità significa materia. *Un'identica quantità di entrambe* ti darebbe solo una sintesi apparente, non una sintesi reale; ti darebbe una sintesi morta, priva di vita, di respiro, senza un cuore palpitante.

La sintesi reale è un dialogo: non è una quantità identica di entrambe, è un rapporto d'amore, è un rapporto io/tu. Il problema è creare un ponte tra gli opposti, non riunirli in un luogo.

Sono importanti entrambe, immensamente importanti. Non puoi eliminare l'analisi, né puoi ignorare l'intuizione. Annulla l'analisi e diventerai povero materialmente, morirai di fame, ti ammalerai. Quando sarai povero di mezzi materiali, moribondo per la fame, ammalato, come farai a entrare nella tua interiorità? Sarà impossibile!

La povertà materiale impedisce il viaggio interiore. Sarai ossessionato dal bisogno di cibo, di vestiti, di una casa... al punto da non trovare né il tempo né lo spazio per entrare nella tua interiorità e neppure per pensare alle cose più elevate della vita.

Nelle *Upanishad* si legge questa bellissima storia.

Shvetketu, un giovane studente, era ritornato a casa dall'università ricolmo di sapere. Era stato uno studente brillante, aveva avuto i voti migliori e conseguito diplomi e premi a volontà, dunque tornava a casa orgogliosissimo. Uddalak, il vecchio padre, lo guardò e gli fece una sola domanda: "Sei tornato ricolmo di sapere, ma conosci colui che sa? Hai accumulato moltissime informazioni, la tua consapevolezza è colma di saggezza presa in prestito, ma sai cos'è la consapevolezza? Sai chi sei?".

Shvetketu gli rispose: "All'università questo argomento non è mai stato trattato. Ho studiato i *Veda*; ho appreso la lingua, la filosofia, la letteratura, la storia, la geografia. Ho appreso tutto ciò che insegnavano all'università, ma questo argomento non è mai stato oggetto di studio. Mi hai fatto una domanda molto strana, nessuno me l'ha mai posta all'università. Non c'era tra le materie di studio, non c'era nel mio corso di studi".

Uddalak disse: "Ora devi fare una cosa: digiunerai per due settimane, dopo di che ti farò un'altra domanda".

Il giovane voleva mostrare il suo sapere, come fanno tutti i giovani. Aveva sognato che suo padre sarebbe stato felicissimo... Sebbene il padre gli stesse dicendo: "Aspetta per due settimane e digiuna" egli cominciò a parlare del supremo, dell'assoluto, del Brahman.

Il padre ripeté: "Aspetta due settimane, poi disserteremo sul Brahman".

Passò un giorno, ne passarono due e poi tre, e il giovane continuava il suo digiuno; il quarto giorno, il padre cominciò a chiedergli: "Che cos'è il Brahman?". All'inizio, Shvetketu rispose qualcosa, recitò un po' di ciò che aveva stipato nella mente, lo espose. Alla fine della settimana era talmente stanco, esausto, affamato che quando il padre gli chiese: "Che cos'è il Brahman?" esclamò: "Basta con queste assurdità! Sono affamato, penso solo al cibo e tu mi chiedi: che cos'è il Brahman? In questo momento, eccetto il cibo, nient'altro è Brahman!".

Allora il padre commentò: "Dunque, tutto il tuo sapere si basava solo sul fatto che tu non stavi morendo di fame! Poiché ci prendevamo cura di te e nutrivamo il tuo corpo, ti riusciva facile parlare di filosofia. Ma è ora che si pone il vero interrogativo; *adesso* devi mostrarmi il tuo sapere!".

Shvetketu rispose: "Ho dimenticato tutto. Solo una cosa mi perseguita: ho fame, ho fame, continuamente fame; non riesco a dormire, a riposare. Nel mio ventre c'è il fuoco, io brucio e non so più niente. Ho dimenticato tutto ciò che avevo imparato".

Il padre gli spiegò: "Figlio mio, il cibo è il primo passo verso il Brahman. Il cibo è Brahman – *annam brahm*".

È un'affermazione estremamente significativa; l'India l'ha completamente dimenticata. *Annam brahm*: il cibo è il divino, è *il primo* Dio.

Se abbandoni la mente analitica, la scienza scomparirà; se abbandoni la mente analitica, non potrai diventare benestante, sei destinato a essere povero, affamato e perderai anche il primo contatto con il divino.

L'Occidente ha questo contatto, non c'è nulla di male nell'averlo. L'orientamento verso l'analisi è un passo significativo verso la conoscenza del divino e non mi trova affatto contrario, ma non devi fermarti lì. Il cibo non è un valore supremo, è un mezzo per arrivare al fine; se il tuo pellegrinaggio è meditativo, comincerai a trasformare il cibo in preghiera.

Dipende. Il pittore si nutre come gli altri, con lo stesso cibo, ma in lui diventa pittura. Anche il poeta si nutre come gli altri, con lo stesso cibo, ma in lui diventa poesia. L'amante si nutre come gli altri, con lo stesso cibo, ma in lui diventa amore. L'assassino si nutre come gli altri, con lo stesso cibo: in lui diventa omicidio, distruzione. Alessandro Magno, Gengis Khan, Hitler, Gautama il Buddha, Gesù Cristo, Krishna non si nutrivano con cibi diversi dagli altri: i cibi erano più o meno sempre gli stessi. Tuttavia, in Hitler il cibo è diventato distruzione; in Gautama il Buddha è diventato compassione. Il cibo è energia allo stato grezzo: la sua trasformazione dipende da te. Tu sei il trasformatore; tu sei l'elemento di vero rilievo, non ciò che mangi.

Il denaro in sé non è un male. Questo è il mio approccio fondamentale all'esistenza: il denaro è neutro; dipende da te, dall'uso che ne fai. Nelle mani di un uomo consapevole il denaro è davvero un bene: può diventare musica, può diventare arte, può diventare scienza, può diventare religione. Il denaro non è un male, ma la persona può usarlo male. La persona stupida, se ha denaro, non sa come usarlo e il denaro aumenta la sua avidità. Il denaro può liberarti dall'avidità; tuttavia, la persona stupida trasforma il denaro in avidità crescente: nelle sue mani può diventare collera, sessualità, lussuria. La persona stupida più ha denaro e più diventa stupida, poiché il denaro gli dà più potere per fare cose stupide.

Il saggio trasforma ogni cosa in saggezza.

La mente analitica non è un male, l'approccio scientifico alla realtà non è un male; tuttavia, è solo un mezzo e non può essere il fine. Il fine è la conoscenza di sé, il fine è la conoscenza del divino, il fine è conoscere ciò che è eterno, ciò che non conoscerà la morte. Il fine è: *ais dhammo sanantano*, la conoscenza della legge suprema che pervade e permea l'intera esistenza. Quando l'avrai conosciuta, sarai liberato. La verità libera.

L'Oriente ha dato un contributo grandioso, immenso, al fine supremo; ma, senza i mezzi, come potrà raggiungerlo? D'altra parte, senza il fine, a che scopo l'Occidente ha tutti quei mezzi? Il problema è instaurare un profondo dialogo tra l'Occidente e l'Oriente; il problema è come unirli in matrimonio. Il problema non è fare una combinazione quantitativa tra questi due approcci differenti; non è fare la somma di Oriente più Occidente; non è unire metà dell'uno alla metà dell'altro, non è sommare un po' di scienza a un po' di religione. La vita umana non si riduce a un calcolo matematico: la vita umana è poesia.

Occorre un dialogo, un rapporto a due, un profondo

abbraccio, un innamoramento tra Oriente e Occidente. Non è un problema di quantità identiche da sommare! *L'intero* Oriente e *l'intero* Occidente devono incontrarsi e fondersi tra loro; non dobbiamo fare la somma: metà dell'uno e metà dell'altro, niente affatto. L'intero Oriente e l'intero Occidente devono fondersi tra loro in un rapporto d'amore profondo. Solo così saranno possibili sia la sintesi reale sia la trascendenza degli opposti.

Quando due amanti condividono una gioia orgasmica profonda, accade la trascendenza. L'attrazione esiste, poiché l'Occidente subisce il fascino dell'Oriente e l'Oriente subisce il fascino dell'Occidente; tuttavia, c'è il pericolo che gli occidentali, troppo affascinati dall'Oriente, smettano di sentirsi occidentali e diventino orientali; e c'è il pericolo che gli orientali, affascinati dall'Occidente, smettano di sentirsi orientali e diventino occidentali. In questo modo niente cambierebbe: non accadrebbe alcun incontro, alcuna fusione e il problema rimarrebbe insoluto. Le persone avrebbero cambiato semplicemente di posto: alcuni orientali vivrebbero nell'emisfero occidentale e alcuni occidentali vivrebbero nell'emisfero orientale. Già adesso, gli occidentali tendono a diventare meditativi e alcuni orientali studiano nelle Università di Cambridge, di Oxford, di Harvard, per diventare scienziati, fisici. Questo non aiuterà affatto, poiché non provocherà alcun incontro, alcuna fusione.

In questo resort, i miei sforzi non sono tesi a cambiare la mentalità occidentale in mentalità orientale e neppure a cambiare la mentalità orientale in mentalità occidentale; tendono invece a favorire una fusione, non parziale, ma totale, tra le due mentalità. E ricordate che quando due interi si fondono, diventano un unico intero. Quando due totalità si fondono diventano una totalità: quella è trascendenza. Esiste il bisogno pressante che tutto questo accada poiché, senza una simile fusione, per l'umanità non c'è speranza, né ci sarà un futuro.

Ciò che stiamo tentando di fare qui ha un'importanza immensa per il futuro dell'uomo: non è un esperimento di ordinaria amministrazione. Di fatto, non esiste nessun altro esperimento più importante di questo; e voi forse non ne siete consapevoli, ma state partecipando a qualcosa che cambierà il mondo. Se non accadrà, la divisione tra l'Oriente e l'Occidente ucciderà l'umanità. L'Oriente è povero, è troppo povero e l'Occidente sta diventando troppo ricco: questa frattura si ingrandisce ogni giorno di più. Questa spaccatura è destinata a creare, prima o poi, una Terza guerra mondiale, che distruggerà entrambi gli emisferi.

Prima che questo accada, noi dobbiamo divulgare una nuova visione, dobbiamo dare vita a una nuova umanità: a un uomo che non sia né occidentale né orientale, ma che sia simultaneamente entrambi, a un uomo che non abbia una quantità identica delle due mentalità, per metà orientale e per metà occidentale, ma che sia totalmente occidentale e totalmente orientale.

La seconda domanda

> *Amato Osho,*
> *voglio diventare sannyasin ma non posso, poiché sono già un cattolico praticante. Come potrei accettare due Maestri? Inoltre, posso farti delle domande, prima di diventare un sannyasin?*

Alessandro, il problema non è accettare due Maestri. Il problema non sono i Maestri, bensì la tua resa. Se ti sei arreso al Cristo, ti sei arreso anche a me. Se ti abbandoni a me, ti abbandoni anche al Cristo, al Buddha, a Mahavira, a Krishna. Il problema è la tua resa, il tuo lasciarti andare, il tuo abbandonarti: stai facendo la tua domanda partendo dalla parte sbagliata. Se sai come arrenderti, tutti i Maestri sono uno solo; in questo caso, scoprirai Cristo nel Buddha e il Buddha nel Cristo.

Il cuore che si è arreso diventa così profondamente armonioso da poter vedere che Cristo e Krishna non differiscono tra loro. Di certo i loro linguaggi sono diversi: Krishna parlava il sanscrito e Cristo parlava l'aramaico. Di certo hanno usato metafore differenti, parabole differenti: sono dita diverse, puntate però sempre verso la stessa Luna. Se tu riuscissi a vedere la Luna, ti preoccuperesti forse delle dita puntate verso di essa? Se tu riuscissi a vedere la Luna, saresti forse ossessionato dalle dita, vuoi di Krishna, vuoi di Cristo, del Buddha o di Lao Tzu? Che importanza potrebbero avere? Una volta conosciuta la Luna, dimenticheresti le dita! Essere troppo ossessionato dal dito puntato verso la Luna, diventa uno stato patologico. Gli hindu, i musulmani, i cristiani sono tutti malati: si sono lasciati affascinare, ossessionare troppo dalle dita puntate verso la Luna.

Esiste una Luna sola, che però è riflessa dalle acque di mille e un lago. Non attaccarti troppo al riflesso della Luna, non attaccarti troppo al lago! Il lago non ha niente a che fare con la Luna: anche se scomparisse, la Luna rimarrebbe nel cielo. Il lago potrebbe essere agitato e il riflesso potrebbe sparire, ma la Luna rimarrebbe nel cielo.

Certo, ci sono laghi diversi, che hanno acque di diversi tipi. Un lago ha l'acqua salata, l'altro ha l'acqua dolce; le acque di un lago hanno un colore tendente al blu, quelle di un altro hanno un colore tendente al verde e così via. Un lago è molto profondo, un altro lo è poco. Tutte queste diversità non influiscono affatto sulla Luna, riflessa in questi laghi.

Se tu fossi davvero un cattolico praticante, non esiteresti neppure un istante a diventare sannyasin; poiché stai esitando, lascia che ti dica: tu non sei un cattolico praticante. E cosa intendi, definendoti "un cattolico praticante"? Che vai alla Messa tutte le domeniche? Che preghi Dio tutte le sere? Che leggi ogni giorno la Bibbia? Cosa intendi dire, definendoti "un cattolico praticante"? E in questo caso, perché sei qui? A che scopo? Se hai già trovato la risposta, non hai bisogno di stare qui. Se non hai ancora trovato la risposta, ricorda che devi continuare a ricercare, devi continuare il tuo viaggio...

Io ti sto offrendo la mia mano e tu mi dici: "Come potrei tenere la mano di due Maestri?". Pensi forse di tenere la mano di Cristo? Guarda con attenzione! Le tue mani sono vuote. Se non riesci a tenere la mano di un Maestro vivente, come potresti tenere la mano di un Maestro morto da duemila anni? Non puoi neppure avere la certezza che sia esistito; ci sono persone che pensano sia soltanto una bella leggenda, ma che in realtà non sia mai esistito un personaggio storico chiamato Gesù Cristo. Ci sono persone, grandi studiosi, che pensano che l'intera vita di Gesù sia soltanto un'antica commedia tratta dal folklore, che non sia mai stata una realtà.

Come farai a lasciar perdere questi dubbi? Se approfondirai questa storia, sorgeranno in te mille e un dubbio. Gesù che ha camminato sull'acqua... Alessandro, riesci *realmente* a crederci? Quando dico *realmente*, voglio proprio dire *realmente*. Riesci realmente a credere che qualcuno abbia camminato sull'acqua? Riesci realmente a credere che Gesù, solo toccando gli occhi, abbia restituito la vista a un cieco? Riesci realmente a credere che Gesù abbia riportato in vita Lazzaro, ormai morto? Riesci a credere che Gesù sia nato da una madre vergine? È possibile? Riesci realmente a credere che Gesù sia risorto, dopo tre giorni dalla sua morte?

Guarda dentro di te, in profondità: troverai in te mille e un dubbio. Di fatto, è già molto difficile credere in un Maestro vivente, com'è possibile credere in un Maestro morto?

È inevitabile che intorno a un Maestro morto i suoi sciocchi discepoli inventino delle leggende: essi pensano che, creando quelle leggende, possono aiutare il messaggio a diffondersi. E per un certo periodo di tempo potrebbe anche accadere: ci fu un tempo in cui Gesù divenne importante solo perché era nato da una madre vergine. Il Buddha non era nato da una madre vergine, neppure Mahavira, né Krishna... perciò era qualcosa di raro, che nessun altro essere umano poteva proclamare e ciò impressionò la gente; ma quando la gente diventò più istruita, più intelligente, quando cominciò a usare sempre di più il proprio cervello, la stessa cosa diventò un problema. Adesso si esita perfino ad accennare alla verginità della madre di Gesù.

La risurrezione di Cristo aiutò il cristianesimo a diffondersi nel mondo intero, poiché Gesù era l'unico essere umano tornato in vita dalla morte: ovviamente, ciò gli conferiva un'esperienza personale su ciò che accade dopo la morte. Il Buddha e Mahavira, mentre erano vivi, parlavano della morte e dell'aldilà; ma non avevano fatto alcuna vera esperienza personale, mentre Gesù l'ha avuta. Questo aiutò il cristianesimo a diffondersi nel mondo intero, ma attualmente la stessa cosa è diventata uno svantaggio: adesso, chi parla della risurrezione di Cristo, viene deriso. Che cosa intendi dire, definendoti "un cattolico praticante"? Se fossi un vero cattolico praticante, avresti solo due alternative. La prima: non saresti venuto da me, poiché non ne avresti sentito il bisogno. La seconda: se sentissi in questo luogo la presenza della consapevolezza del Cristo, non avresti alcuna esitazione a diventare sannyasin, poiché così diventeresti un vero cattolico, diventeresti un Cristo.

Non è sufficiente non essere un cristiano, non esserlo mai! A meno che tu non sia un Cristo, non ti accadrebbe niente: tenta di diventare un Cristo, non un cristiano! Il cristiano è solo un credente e il credente è sempre cieco. Il Cristo ha occhi che vedono; e ricorda: quando dico "Cristo" non intendo solo Gesù. "Cristo" è uno stato di consapevolezza suprema che noi orientali chiamiamo l'essere di un Buddha, l'essere di un Jina. Questi nomi hanno tutti lo stesso significato. Gesù è solo uno dei Cristo; gli altri sono il Buddha, Lao Tzu... e ne sono esistiti moltissimi altri ancora, e molti ne esisteranno. Si tratta di una lunga processione di luci.

In un luogo o nell'altro esiste sempre un Cristo vivente. Puoi chiamarlo un Buddha o puoi chiamarlo un Cristo, dipende solo dal linguaggio che usi. Ma non essere mai fanatico, non diventare settario, poiché ciò creerebbe in te stupidità e non ti aiuterebbe a crescere, né a diventare sempre più consapevole.

Per fare un esperimento, due scienziati decisero di accoppiare un maschio umano con una gorilla femmina. Erano entrambi consapevoli che soltanto un uomo davvero stupido si sarebbe adattato a un simile accoppiamento; perciò andarono sulla banchina del porto e presero al volo Fanelli, un marinaio che era appena sbarcato. Uno degli scienziati gli fece la proposta: "Ti daremo cinquemila dollari se ti accoppierai con una gorilla femmina. Accetti?".

"Va bene, lo farò! Ma accetto a tre condizioni."

"Quali sono?" chiesero gli scienziati.

"La prima: mi accoppierò solo una volta; la seconda: nessuno deve guardarmi mentre lo faccio; la terza: se nascerà un figlio, dovrà ricevere un'educazione cattolica."

Alessandro, basta con i cattolici, basta con i protestanti, basta con gli hindu e con i musulmani: facciamola finita con tutte queste assurdità! Lasciamo che emerga una nuova umanità; un'umanità in cui gli ebrei, gli hindu, i giainisti e i buddhisti non saranno più in lotta tra loro; un'umanità in cui gli uomini non lottino più tra loro e non tentino più di distruggersi a vicenda, né tentino di imporre agli altri le proprie idee; una nuova umanità in cui tutti siano liberi di scegliere. A me non sembra che tu sia libero di scegliere! Mi sembra che essere un cattolico per te sia come avere una catena ai piedi, come essere rinchiuso tra le pareti di una prigione. Tu non sei affatto libero!

Dici: *Voglio diventare sannyasin...*
Ebbene, chi te lo impedisce? Tu vuoi diventare sannyasin e senti di non poterlo fare perché sei un cattolico: questo è un muro, non è un ponte.

La religione autentica non è mai un muro, è sempre un ponte.

> Mac Guinty si inginocchiò nel confessionale e disse senza tanti preamboli: "Padre, non mi sento di chiedere perdono per i miei numerosi adulteri!".
> Il prete, stupefatto, gli chiese: "Perché mai?".
> "Perché le sole donne sposate con le quali ho avuto rapporti sessuali sono tutte ebree."
> "Hai ragione, figlio mio," esclamò il prete, "questo è l'unico modo per sottomettere gli ebrei, dando loro quello che si meritano!"

Ti è permesso fare a un ebreo ciò che ti è proibito fare a un cristiano. Ti è permesso fare, con gioia, felicemente, a un musulmano ciò che ti è proibito fare a un hindu. Che religiosità è mai questa? Che umanità abbiamo creato? Un'umanità nevrotica, psicotica. Abbiamo bisogno di un essere umano più sano!

I miei sannyasin non sono coinvolti in una setta: questa non è una setta, poiché non abbiamo alcuna ideologia, io non predico alcuna ideologia. Qui ci sono anche atei: sono sannyasin e non credono in Dio, e questa per me non è una condizione fondamentale. Io non pongo alcuna condizione fondamentale, fatta eccezione per il vostro anelito alla verità; ma questo non è un elemento che possa rendervi settari. Di fatto, la ricerca della verità, l'anelito alla verità, vi rende liberi da ogni settarismo, nel modo più assoluto.

La persona religiosa non è settaria: è semplicemente religiosa; non è hindu né cristiana. Non può permettersi di essere hindu né cristiana: infatti come potrebbe permettersi di essere tanto limitata?

Non può permettersi di essere coinvolta in pregiudizi, in credenze, in conclusioni prefabbricate da altri. La persona religiosa compie il proprio viaggio e vuole conoscere la verità attraverso i propri occhi; vuole udire il divino con le proprie orecchie; vuole sentire la vita e l'esistenza con il proprio cuore. La sua ricerca è individuale.

I sannyasin non fanno parte di una setta: il nostro è un incontro tra individui, ci siamo incontrati poiché stiamo compiendo tutti lo stesso viaggio interiore. Nessuna ideologia accomuna tra loro i miei sannyasin: è solo la stessa ricerca della verità che ci ha fatti incontrare, occasionalmente, sullo stesso percorso. Siamo solo compagni di viaggio. Niente accomuna un sannyasin a un altro: qui non ci sono limitazioni imposte dalla credenza, dalla tradizione, dai testi sacri. Di fatto i miei sannyasin non sono connessi tra loro direttamente, sono tutti connessi con me.

Ogni sannyasin è connesso direttamente con me, di conseguenza, per mio tramite, tutti sono connessi tra loro. Qui non c'è alcuna organizzazione: io funziono come un centro e tutti i miei sannyasin sono connessi con me, di conseguenza si sentono connessi tra loro.

Così nasce una Comune, un *sangha*. Una Comune può essere vitale solo quando in essa è presente un Buddha, quando è presente un Cristo. Dopo la morte del Cristo, la Comune scompare e diventa una comunità. La Comune scompare e diventa una setta: io non voglio che la mia Comune diventi una setta, mai e poi mai!

Alessandro, mi chiedi anche: *posso farti delle domande, prima di diventare un sannyasin?*

Mi hai già fatto la tua domanda e io ti ho già risposto: sei assolutamente il benvenuto. Di fatto, dopo essere diventato sannyasin, ti sarà sempre più difficile farmi domande, poiché ti sembreranno totalmente stupide! Più a lungo rimarrai qui e meno farai domande! Coloro che sono qui da molto tempo hanno dimenticato totalmente qualsiasi domanda. Non preoccuparti; puoi sempre farmi tutte le domande che vuoi, per il semplice piacere di chiedere, non occorre che tu sia un sannyasin.

Di fatto, io sono più interessato alle domande che mi vengono fatte dai non sannyasin, poiché così posso conquistarli.

Il coniglio russo era in fuga; attraversò il confine a Brest e non si fermò finché un coniglio polacco non gli confermò, rassicurandolo, che si trovava ormai in Polonia.

Il coniglio polacco gli chiese: "Perché stai scappando?".
Il coniglio russo rispose: "Perché in Russia stanno castrando tutti i cammelli!".
"Ma tu non sei un cammello: tu sei un coniglio!"
"È vero, ma quelli prima castrano e solo dopo fanno domande!"

La terza domanda

Amato Osho,
nella pratica del rebirthing, è apparsa una parte di me che
non conoscevo. All'inizio ho provato dolore e paura, poi è
accaduta in me un'esplosione che mi ha fatto sentire co-
me un animale selvatico; a questo è seguito un incredibi-
le sollievo e una gioia intensissima. Ho avuto la sensa-
zione che una nuvola nera, che mi trascinavo dietro da
molto tempo, scivolasse via da me. Eppure, ancora non
conosco nulla di chi sono.
Per favore, vorrei il tuo commento.

Prem Gyanam, "Chi sono io?" non è una vera domanda, perciò non potrà mai ottenere una risposta, né da te stesso né dagli altri. Allora, cos'è? È un *koan*. "Chi sono io?" è una totale assurdità. Se te lo chiedi, non sperare che un giorno troverai la riposta. Se continuerai a chiederti: "Chi sono io?", "Chi sono io?", se farai diventare questa domanda una meditazione, come era solito ripetere Ramana Maharashi ai suoi discepoli... Egli dava loro un'unica semplice meditazione: "Sedetevi e ripetete, all'inizio ad alta voce; e poi abbassate il tono della voce, abbassatelo sempre più, fino a smorzare le parole in gola; poi non usate più la gola, lasciate che le parole risuonino nella profondità del vostro cuore, e lasciate che la domanda risuoni in quel punto: 'Chi sono io?', 'Chi sono io?'. Continuate a chiedervelo...".

I meditatori pensavano che, se avessero seguito fedelmente le istruzioni, improvvisamente un giorno avrebbero conosciuto la risposta. Non è così: non riuscirete mai ad avere la risposta. Tuttavia ponendovi quell'interrogativo, in un primo tempo scompariranno tutte le risposte che avevi acquisito, tutte le idee che ti eri fatto su te stesso. In un secondo tempo, quando in te non sarà rimasto più niente, scomparirà anche la domanda.

"Chi sono io?" è come una spina: può aiutare a estrarre la spina che hai nel piede; puoi usare questa spina per estrarre quella che hai nel piede e che ti fa male. Quando ti sarai liberato da entrambe le spine, potrai gettarle via tutte e due. Non dovrai tenerti la seconda, solo perché è stata una benedizione per te! Essa ti ha tolto la prima spina ma tu, spinto dalla venerazione e dalla gratitudine, non dovrai metterla al posto della prima.

"Chi sono io?" è solo un sottile stratagemma; è assurdo come sono assurdi i *koan* Zen.

I Maestri Zen dicono ai discepoli: "Andate e meditate su quale sia il suono di una mano sola che applaude". Ebbene, una mano sola non può applaudire: il Maestro lo sa e lo sa il discepolo... una mano sola non può applaudire! Ma il Maestro insiste: "Medita su questo suono; medita fino alla follia: continua a chiedertelo e lascia che la domanda penetri in te, sempre più in profondità. Lascia che la domanda penetri nel tuo cuore, nella tua stessa anima!".

Quando il Maestro dice una cosa, il discepolo deve farla. A volte passano dieci o vent'anni, e il discepolo continua a porsi questa domanda assurda, pur sapendo che una mano sola non può applaudire. Ma il Maestro dice: "Se ti imbatti in qualche risposta, vieni a riferirmela". A volte, il discepolo inventa delle risposte, perché è stanco di quella domanda. A volte, il discepolo spera: "Forse la risposta è questa" e la riferisce al Maestro. Gli dice: "Il suono di una mano sola che applaude è il rumore dell'acqua che scorre".

E il Maestro, con il suo bastone, colpisce il discepolo sulla testa, dicendogli: "Sciocco! Non è questa la risposta: torna a meditare!". Poiché il suono di una mano sola che applaude non è il rumore dell'acqua che scorre; quel fragore è prodotto dal contatto dell'acqua con la roccia. Se togli la roccia, il rumore scompare: quindi ci sono due cose che si urtano, non c'è una cosa sola.

Allora il discepolo va e medita e, mentre medita, ode il richiamo lontano del cuculo e pensa: "È questo! *Deve* essere questo: è così bello, è un richiamo dall'aldilà, è una musica celestiale; dev'essere questa la risposta giusta!". Correndo, va a riferirla al Maestro e riceve di nuovo le sue bastonate.

I Maestri Zen sono veri esperti nel bastonare... e non solo nel bastonare; a volte ti gettano fuori dalla finestra; a volte ti sbattono la porta in faccia. Possono fare qualsiasi cosa per risvegliarti: tale è la loro compassione! E tu ricevi di nuovo delle sonore bastonate, mentre il Maestro grida che sei veramente stupido: "Non è questa la risposta: torna a meditare!". E così si va avanti, in un susseguirsi di risposte, di continue risposte; ma nessuna è mai accettata, nessuna potrà mai essere accettata.

A volte accade: prima ancora che il discepolo riferisca la risposta trovata, il Maestro comincia a bastonarlo; accade perché il problema non sta nel tipo di risposta, questa è sempre irrilevante. Qualsiasi risposta è comunque sbagliata, tutte le risposte in quanto tali sono sbagliate!

Ma un giorno, il discepolo va dal Maestro e questi lo abbraccia: ha visto – nei suoi occhi, nella sua andatura, nella grazia che lo circonda, nell'alone che porta con sé – il silenzio, l'assenza di ogni domanda e l'assenza di ogni risposta. Il discepolo non gli ha portato alcuna risposta; al contrario, non ha più neppure la domanda, ha dimenticato la domanda stessa. Il discepolo non fa più domande, è totalmente silenzioso, nella sua mente non c'è più neppure un'increspatura. E il Maestro lo riconosce immediatamente.

A volte è accaduto che il discepolo non sia neppure tornato dal Maestro e che il Maestro sia dovuto andare a cercarlo. Infatti, il discepolo aveva sentito nella profondità del proprio cuore che la domanda era scomparsa e aveva pensato: "Perché disturbare inutilmente il Maestro? A che scopo? In me non c'è alcuna risposta e non c'è più la domanda". Il silenzio in lui era tale, aveva una tale immensità... che non voleva più uscirne!

E il Maestro lo raggiunge e gli dice: "Adesso che hai la risposta, che cosa fai qui? Perché non sei tornato da me! Io ti stavo aspettando!".

Una volta accadde:

Rinzai stava congedandosi dal suo Maestro, poiché il Maestro gli aveva detto: "Va' in pellegrinaggio per tre anni, visita tutti i templi e tutti i monasteri". E, prima della sua partenza, cominciò a bastonarlo. Rinzai esclamò: "Non ho fatto niente, non ho detto nulla: che specie di addio è mai questo? Io sto partendo per un pellegrinaggio, girerò a piedi per tre anni!" e all'epoca era molto pericoloso. "Potrò tornare, ma potrò anche non fare ritorno!"

Il Maestro gli rispose: "Ecco il motivo... proprio perché potrei non avere altre opportunità di bastonarti. Io sono diffidente. Tu sei sul punto di immergerti in quell'immenso silenzio... sta per scendere in te. È rimasta in te solo l'ultima parte della domanda, di quel: 'Chi sono io?'. È rimasto in te solo il punto interrogativo. Ogni giorno potrebbe scomparire anch'esso, e nessuno sa se tornerai o se non tornerai più da me. Io sono vecchio: dove potrò venire a cercarti? Questa è la mia ultima opportunità di bastonarti e non posso lasciarmela sfuggire!".

Ed era vero, era proprio così, quella era l'ultima opportunità. Rinzai tornò dal Maestro dopo tre anni: era illuminato. Tornò e schiaffeggiò il suo Maestro, dicendogli: "Furfante! Avevi ragione. Voglio picchiarti anch'io, almeno una volta. Tu mi hai bastonato per almeno vent'anni e io solo per questa volta...".

Il Maestro, ridendo, rispose: "Hai il diritto di farlo, puoi fare tutto ciò che ti senti, però ricordati che sono un uomo molto vecchio!".

Gyanam, tu dici: *Eppure, ancora non conosco nulla di chi sono.*

Nessuno l'ha mai saputo. Ebbene, qual è la differenza tra un Buddha e te? Tu non sai chi sei, e neppure un Buddha lo sa: qual è dunque la differenza tra voi? Il Buddha non se ne preoccupa affatto, ci ride sopra, dà per scontato che la vita sia un mistero. In lui non ci sono domande e non ci sono risposte.

La vita non è una gara di domande e risposte, non è un mosaico da comporre: è un mistero da vivere.

"Papà, voglio andare al college."

"Sai cos'è cosa?"

"Eh?"

"Sai cos'è cosa? Va' in bagno e pensaci per qualche minuto: se scoprirai cos'è cosa, ti manderò al college."

Leone andò in bagno, ci pensò su qualche minuto, poi uscì dicendo: "Papà, non so cos'è cosa!".

"Proprio così, tu non sai cos'è cosa. Esci, trovati un lavoro e quando avrai scoperto cos'è cosa, ti manderò al college."

Leone uscì, entrò nel bar vicino a casa e cominciò a bere. Girando gli occhi intorno vide Alice, una bionda, seduta nel bar. Da cosa nasce cosa e i due, dopo un po' volarono nell'appartamento di lei. Dopo qualche drink, la ragazza disse: "Scusami, vado a mettermi più comoda".

Qualche minuto dopo, Alice tornò completamente nuda. Leone la guardò e commentò: "Cos'è questo?".

"Cos'è cosa?"

"Be', se sapessi cos'è cosa," borbottò il ragazzo, "non sarei qui, sarei al college!"

Ebbene, dimmi: cos'è cosa? Questo è un *koan*. Il papà di questo Leone doveva essere un Maestro Zen... cos'è cosa?

Tu mi chiedi: "Chi sono io?". Tu sei te stesso, sei tu. Chiedendomi: "Chi sono io?" fai una richiesta di identità, mi chiedi: "Sono A, oppure B, oppure C, oppure D?". Tu sei semplicemente te stesso: non puoi essere A, né B, né C, né D. Tu sei solo te stesso e non sei nessun altro, perciò non esiste alcuna risposta alla tua domanda.

Allora perché ti viene assegnata questa domanda? Ti viene data, affinché possa distruggere: è simile a un martello e può distruggere tutte le tue vecchie identità. Per esempio, tu pensi: "Il mio nome è Rama, perciò io sono Rama". Quando ti chiedi: "Chi sono io?" sorge in te la domanda: "Chi è Rama? Io sono Rama". Tuttavia riesci a vedere che quello è solo un nome, non è la tua realtà: è un nome che ti hanno dato gli altri. I tuoi genitori dovevano darti un nome qualsiasi: ti hanno chiamato Rama. Avrebbero potuto chiamarti Rahim, avrebbero potuto darti qualsiasi nome e tutti avrebbero avuto la stessa importanza di Rama, poiché tu sei una realtà senza nome. Quindi, chiedendoti: "Chi sono io?" dimenticherai la tua identificazione con Rama.

Successivamente, nel proprio intimo, qualcuno dirà: "Io sono un giainista", oppure: "Io sono un hindu", oppure: "Io sono un ebreo". Anche questa è un'identità casuale, dovuta alla casualità della nascita: tu non sei quello. Come potresti essere un ebreo? Che cosa significa essere un ebreo, o un hindu? Solo che sei stato allevato da ebrei o da hindu, tutto qui. Se un bambino ebreo fosse tolto ai suoi genitori e fosse allevato da hindu, non saprebbe mai, né sognerebbe mai di essere un ebreo. Sebbene nato da genitori ebrei, non ne sarebbe mai consapevole, a meno che non gli venisse detto; penserebbe di essere un hindu, potrebbe perfino combattere per amore dell'induismo contro gli ebrei; per la causa hindu, potrebbe perfino uccidere un ebreo, ignorando del tutto di esserlo egli stesso.

In India ci sono milioni di cristiani. Pensano di essere cristiani ma, avendo sempre vissuto qui, i loro genitori erano hindu e i loro nonni erano hindu: quindi sono stati hindu per secoli! Sono stati allettati, sono stati persuasi e convinti a convertirsi e sono diventati cristiani. Potrebbero uccidere gli hindu, se fosse necessario potrebbero combatterli.

In India ci sono milioni di musulmani: sono stati convertiti con la forza. Se non altro, i cristiani sono stati persuasi in modo sofisticato; invece milioni di hindu sono stati obbligati a convertirsi all'islam sotto la minaccia delle spade. La scelta era: "Come musulmano potrai continuare a vivere, oppure devi morire!". E chi ha voglia di morire? L'attaccamento alla vita è così profondo che è sempre meglio vivere: anche se dovrai vivere da musulmano, lo accetti! Ebbene, in questi milioni di musulmani, che vivono in India, scorre sangue hindu; tuttavia possono uccidere gli hindu: li *hanno* uccisi e ne vengono uccisi! Gli hindu uccidono i propri figli, che ora si definiscono musulmani. Basta cambiare l'etichetta... e nell'uomo accade un cambiamento incredibile, solo cambiandogli etichetta!

Chiedendoti: "Chi sono io?" ti imbatterai in questa identificazione. Vedrai che non sei né un musulmano, né un hindu, né un cristiano: sono solo casualità, dovute alla nascita e all'educazione. Se fossi nato in Russia, non saresti hindu, né musulmano, né cristiano: saresti un comunista, un comunista praticante; proprio come ora sei un cattolico praticante. Avresti negato l'esistenza di Dio, avresti rinnegato la preghiera, avresti rinnegato ogni religione: poiché lo stato è potente e nessuno vuole andare contro di esso, sarebbe pericoloso!

Lo stato non è mai stato così potente, come lo è oggi in Russia. L'individuo non è mai stato ridotto a una simile impotenza, come accade oggi nelle nazioni comuniste. In esse, non puoi scegliere di pregare liberamente; non puoi andare in chiesa o al tempio, anche se lo volessi; lo stato decide ogni cosa. Se dice: "È così!" deve essere così: non puoi sfidare lo stato, ne subiresti gravi conseguenze. Ti sbatterebbero in prigione, ti manderebbero in Siberia o ti ucciderebbero semplicemente. Oppure, situazione ancora più pericolosa, ti rinchiuderebbero in un manicomio, dove ti sottoporrebbero all'elettroshock, o a shock da insulina: alla fine dichiarerebbero che sei impazzito. In Russia, se non sei comunista, ti dichiarano malato di mente e tu sei totalmente impotente: se i medici dichiarano la tua malattia mentale, risulti pazzo. Non puoi combattere contro di loro.

Mulla Nasruddin stava morendo, sdraiato nel suo letto, era praticamente entrato in coma. Il medico andò a visitarlo, era ubriaco e, tastandogli il polso non sentì nessun battito, poiché aveva preso in mano il polso del Mulla nel modo sbagliato. Allora diede uno sguardo alla faccia di Nasruddin, vedendola di un pallido cadaverico, disse alla moglie: "Sono spiacente, suo marito è morto".

In quello stesso istante Nasruddin aprì gli occhi e disse: "Che cosa? Io sono vivo!".

Sua moglie lo rimproverò: "Sta calmo, il medico ne sa più di te: ha tre lauree e due specializzazioni! Hai un bel coraggio nel confutare una simile autorità! Sta' zitto!".

Proprio in questo stesso modo, se in Russia uno psicologo afferma che sei affetto da malattia mentale, tu *sei* pazzo. Sai di non esserlo, ma sei totalmente impotente: lo stato-mostro è enorme e tu sei caduto nelle sue fauci.

Se fossi nato in Russia, non saresti cattolico, né protestante, né hindu, né musulmano! E quando mediterai chiedendoti: "Chi sono io?" ti imbatterai in questa identificazione, che si dissolverà. Più andrai in profondità e più troverai domande profonde: dapprima saranno sociologiche, poi teologiche e alla fine biologiche. Hai un corpo maschile, o femminile; sorgerà in te la domanda: "Sono un uomo o sono una donna?". La consapevolezza non è l'uno né l'altra, la consapevolezza non può essere maschio né femmina. La consapevolezza è semplice consapevolezza: è unicamente la capacità di essere un testimone. E ben presto supererai anche questa barriera: dimenticherai che sei un uomo, oppure una donna.

E così via. Quando avrai abbandonato le tue vecchie identificazioni, non rimarrà più niente e la domanda: "Chi sono io?" risuonerà nel tuo silenzio interiore. La domanda non può perdurare da sola: deve ottenere qualche risposta, altrimenti non può durare. Arriverà il momento in cui diventerà assurdo porti questa domanda... allora evaporerà anch'essa. Quello sarà il momento chiamato conoscenza di sé, *atmagyan*. Quello sarà il momento in cui, semplicemente e senza ricevere alcuna risposta, saprai: sentirai chi sei.

Prem Gyanam, continua a ricercare. Dal tuo essere sono scivolate via alcune nuvole nere: sii riconoscente, sii grato. Ce ne sono ancora molte, devono scomparire tutte. Queste sono le nuvole nere: io sono cattolico, io sono protestante, io sono cristiano, io sono hindu, io sono musulmano, io sono giainista, io sono buddhista, io sono comunista. Queste sono le nuvole nere: io sono indiano, io sono cinese, io sono giapponese, io sono tedesco, io sono inglese. Queste sono le nuvole nere: io sono bianco, io sono nero, io sono un uomo, io sono una donna, io sono bello, io sono brutto, io sono intelligente, io sono stupido. Queste sono *tutte* nuvole nere! Qualsiasi cosa nella quale tu possa identificarti, è una nuvola nera.

Lascia che se ne vadano tutte. L'inizio è già accaduto; ma non avere fretta e non aspettarti alcuna risposta: non ce ne sono. Quando avrai lasciato dietro di te tutte le domande e tutte le risposte; quando sarai solo, totalmente solo e assolutamente silenzioso; quando non saprai più niente, e non conterrai più niente, né avrai più alcun oggetto da conoscere... quella purezza della tua consapevolezza; quel cielo puro di consapevolezza... ecco cosa sei, tu sei quello!

La quarta domanda

Amato Osho,
qual è il rapporto tra la padronanza di me stesso e il controllo su me stesso?

Divya, sono due opposti. La padronanza di se stessi non contiene alcun Sé; è totalmente priva del Sé. Esiste la padronanza, ma non c'è alcun Sé da governare; non c'è nulla da padroneggiare, non c'è niente che deve essere governato: esiste solo la pura consapevolezza. In quella purezza, tu sei parte del divino; in quella purezza, sei il signore dell'esistenza stessa; ma il Sé è del tutto assente.

Quando parliamo di "padronanza di se stessi", usiamo un linguaggio errato; ma non possiamo farci niente poiché, a queste altezze, ogni linguaggio è sbagliato. In quei momenti di pienezza, nessuna parola risulterebbe adeguata. Nel controllo, è presente il Sé; nel controllo, il Sé è più che mai presente. Colui che non si controlla, non ha un Sé altrettanto grande, non ha un ego così grande: come potrebbe? Egli conosce la propria debolezza.

Ecco perché ti imbatterai in un fenomeno davvero strano: i vostri cosiddetti santi sono molto più egoisti, se paragonati ai peccatori. I peccatori sono più umani, più umili; i santi sono praticamente disumani, a causa del loro controllo, e pensano di essere superuomini. Poiché riescono a controllare i propri istinti, possono fare lunghi digiuni e rinunciare ai piaceri sessuali per anni, o per tutta la vita; riescono a stare svegli per diversi giorni consecutivi, senza neppure un colpo di sonno, poiché hanno un forte controllo sul loro corpo e sulla loro mente; ovviamente, tutto questo dà loro un ego smisurato. Alimenta in loro l'idea: "Io sono davvero speciale" e nutre la loro malattia.

Il peccatore è più umile; deve esserlo, poiché sa di essere incapace di controllarsi. Quando in lui monta la collera, egli diventa la collera stessa. Quando in lui sorge l'amore, egli diventa amore. Quando in lui sorge la tristezza, egli diventa tristezza, poiché non ha alcun controllo sulle sue emozioni. Quando è affamato, è pronto a fare qualsiasi cosa pur di avere del cibo e anche se dovesse rubare è pronto a farlo. È pronto a usare qualsiasi mezzo possibile.

Una famosa storia Sufi racconta:

Mulla Nasruddin e due santi famosi si stavano recando in pellegrinaggio alla Mecca. Stavano attraversando un villaggio; erano ormai al termine del viaggio e il loro denaro era quasi finito, ne era rimasto ben poco. Comprarono un dolce chiamato halva, che risultò insufficiente per tutti e tre, ed erano tutti e tre affamati; che cosa potevano fare? Non erano neppure disposti a dividerlo, poiché non avrebbe saziato *nessuno* dei tre. A quel punto, ciascuno di loro cominciò a vantarsi: "Io sono molto importante per l'esistenza, perciò devo salvare la mia vita".

Il primo santo disse: "Ho fatto lunghi digiuni, ho pregato per tanti anni: nessuno di voi è più religioso, né più santo, di me! Dio vuole che io mi salvi: perciò dovete dare a me l'halva".

Il secondo santo disse: "È vero, so che sei un uomo molto austero, ma io sono un grande studioso. Ho studiato tutte le sacre scritture, ho dedicato tutta la mia vita al servizio del sapere. Il mondo non ha bisogno di persone capaci di digiunare, cosa potresti fare tu? Tu sai solo digiunare: potrai digiunare in paradiso! Il mondo ha bisogno del sapere. Il mondo è così ignorante che non può permettersi di perdermi: perciò dovete dare a me l'halva".

Mulla Nasruddin dichiarò: "Non sono un asceta, quindi non posso proclamare di avere alcun controllo su me stesso... né sono un grande erudito, quindi non posso appellarmi alla mia cultura. Io sono un comune peccatore e ho sentito dire che Dio ha molta compassione per i peccatori: perciò ho diritto ad avere l'halva".

Non riuscirono a mettersi d'accordo e alla fine decisero: "Andiamo a dormire senza mangiare l'halva, e lasciamo decidere a Dio. L'avrà colui al quale Dio avrà mandato il sogno migliore: domattina il sogno deciderà per noi".

Il mattino dopo, un santo dichiarò: "Nessuno può più competere con me. Datemi l'halva, poiché nel sogno io baciavo i piedi a Dio. È l'esperienza suprema, il culmine delle aspirazioni di ogni uomo: cosa ci può essere di più elevato?".

Il pandit, lo studioso, la persona erudita replicò ridendo: "Questo è niente: Dio mi ha abbracciato e mi ha baciato! Tu hai baciato i suoi piedi? Dio ha abbracciato e ha baciato *me*! Dov'è l'halva? Ho diritto ad averla".

Entrambi guardarono Nasruddin e gli chiesero: "Tu, che sogno hai fatto?". Il Mulla rispose: "Io sono un povero peccatore, il mio è un sogno molto ordinario, davvero comune, non vale neppure la pena che ne parliamo... ma, poiché insistete tanto e poiché questo era l'accordo, ve lo racconto. Nel mio sogno, Dio mi è apparso e mi ha detto: 'Sciocco! Che cosa stai facendo? Mangia l'halva!'. Perciò l'ho mangiata: come potevo disobbedire al comando divino? Adesso l'halva non c'è più!".

Il controllo su se stessi dà un ego molto sottile; nel controllo su se stessi insorge un Sé più grande che mai. Viceversa, la padronanza di te stesso è un fenomeno del tutto differente: non contiene alcun Sé. Il controllo lo devi coltivare, devi esercitarlo e l'ottieni con grande fatica; occorre una lunga lotta per conseguirlo. La padronanza di te stesso non la devi coltivare, non devi esercitarla. La padronanza di te stesso non è altro che la capacità di comprendere: non è affatto un controllare se stessi.

Per esempio, puoi controllare la collera, puoi reprimerla, puoi sederti sulla tua collera. Nessuno saprà mai che cosa hai fatto e sarai sempre elogiato dagli altri poiché, in una situazione in cui chiunque sarebbe andato in collera, tu sei rimasto assolutamente calmo e centrato, pacato e quieto; ma tu sai che quella calma, quella pacatezza esistevano solo in superficie. Nel tuo intimo ribollivi, nel tuo intimo c'era un fuoco; sai di aver represso tutto nel tuo inconscio, hai schiacciato a forza ogni cosa in fondo al tuo inconscio e ti sei seduto sopra le tue emozioni... sei ancora seduto lì: è come se fossi seduto sul cratere di un vulcano.

Colui che controlla se stesso si reprime e continua a reprimersi. Poiché continua a reprimersi, continua ad accumulare tutte le cose sbagliate e la sua vita intera diventa un accumulo di rifiuti. Prima o poi, e accadrà molto prima di quanto ti immagini, il vulcano erutterà, poiché la sua capacità di contenimento è limitata. Tu reprimi la collera, reprimi la sessualità, reprimi ogni sorta di desideri e di aspirazioni: per quanto tempo riuscirai a reprimerli? Puoi contenere solo una certa quantità perciò, un giorno, tutto ciò che hai represso supererà la tua capacità di controllo e traboccherà.

I vostri cosiddetti santi, uomini che hanno il controllo su se stessi, possono essere provocati con facilità. Grattate solo un poco, grattate la superficie e rimarrete sorpresi nel veder emergere immediatamente l'animale. La loro santità non va neppure oltre lo spessore della loro pelle. Si portano dentro un'infinità di demoni e riescono, in qualche modo, a nasconderli. Vivono una vita infelice, poiché la loro è una vita di lotta perenne. Sono nevrotici, sono sull'orlo della follia, vivono sempre sull'orlo di un baratro. Qualsiasi inezia può essere l'ultima goccia che fa traboccare il vaso! Secondo la mia visione della vita, costoro non sono affatto religiosi.

L'uomo religioso non controlla se stesso e non reprime niente. Chi è religioso comprende; fa il possibile per comprendere e non per controllare. Diventa sempre più meditativo: osserva la sua collera, la sua sessualità, la sua avidità, la sua gelosia, la sua possessività. Osserva tutte queste cose velenose che lo avvolgono; le osserva semplicemente. Fa il possibile per comprendere che cosa sia la collera e, proprio comprendendola, trascende. Diventa un testimone di se stesso e, grazie alla sua osservazione, la sua collera si scioglie: proprio come, al sorgere del Sole, la neve comincia a sciogliersi.

La comprensione porta con sé un certo tepore: è come se in te sorgesse il Sole e sciogliesse tutto il ghiaccio che ti circonda; è come una fiamma interiore che comincia a fugare le tue tenebre.

L'uomo di comprensione è meditativo, non è un controllore di se stesso: è l'esatto opposto. È un osservatore e, se vuoi essere un osservatore, non devi affatto esprimere giudizi. Colui che controlla se stesso, giudica e condanna continuamente: "Questo è male!". E premia continuamente: "Questo è bene!"... "Ciò che è male, ti condurrà all'inferno; ciò che è bene, ti porterà in paradiso!" Egli esprime costantemente giudizi, condanne, lodi e scelte. Colui che controlla se stesso, vive scegliendo. Un uomo in grado di comprendere, vive nell'assenza di scelte.

È la consapevolezza priva di scelte che porta con sé la vera trasformazione. Poiché non reprimi niente, in te non sorge alcun ego, nessun "Sé"; e poiché la capacità di comprendere è soggettiva, è un fenomeno interiore, nessuno lo conosce, nessuno può vederlo, all'infuori di te. L'ego proviene dall'esterno, dagli altri, da ciò che dicono di te: è la loro opinione su di te che crea il tuo ego. Gli altri dicono che sei intelligente, che sei veramente santo e pio e tu naturalmente ti senti alle stelle. L'ego proviene dall'esterno: ti viene dato dagli altri. Gli altri, naturalmente, di fronte a te dicono una cosa e alle tue spalle dicono qualcos'altro, esattamente l'opposto.

Freud era solito ripetere che, se tutti gli abitanti del pianeta decidessero, anche solo per ventiquattr'ore, di dire unicamente la verità, nient'altro che la verità, tutte le amicizie scomparirebbero; si dissolverebbero tutti gli amori e tutti i matrimoni si scioglierebbero, tutti i rapporti andrebbero a rotoli. Se tutta l'umanità decidesse, anche solo per ventiquattr'ore, di dire solo la verità, nient'altro che la verità... All'ospite, che bussa alla tua porta, non diresti: "Sei il benvenuto. Ti aspettavo. Da quanto tempo non ci vediamo! Ho sofferto molto per la tua lontananza, dove sei stato? Mi stai riempiendo il cuore di gioia!". Diresti invece la verità: "Questo figlio di una buona donna si presenta di nuovo in casa mia! Come farò a liberarmi da questo bastardo?".

È ciò che hai in cuor tuo e che controlli, e che di solito dici, ma alle spalle del tuo ospite. Osservati, osserva ciò che dici in faccia alle persone e ciò che dici alle loro spalle. Ciò che dici alle loro spalle è molto più vero di ciò che dici loro in faccia, è molto più vicino ai tuoi sentimenti di ciò che dici loro in faccia.

Ma il tuo ego dipende da ciò che gli altri ti dicono, per cui è molto fragile; al punto che su ciascun ego c'è la scritta: "maneggiare con cura!".

Pieracki, un polacco, Odum, un nero e Alvarez, un messicano erano senza lavoro e vivevano nella stessa casa. Una sera Pieracki tornò a casa, annunciando che aveva trovato un lavoro.
"Ehi, ragazzi, domattina svegliatemi alle sei. Devo essere al lavoro alle sei e trenta!" disse.
Mentre Pieracki dormiva, Odum disse ad Alvarez: "Ha trovato un lavoro perché è un bianco; noi non riusciremo mai a trovare un lavoro, perché io sono nero e tu sei meticcio".

Perciò, durante la notte, tinsero Pieracki con il lucido da scarpe nero e decisero di svegliarlo più tardi.

Il mattino successivo, quando Pieracki arrivò al lavoro, il caporeparto gli chiese: "Chi sei?".

"Mi ha assunto ieri" rispose. "Mi ha detto di venire per le sei e trenta."

"Io ho assunto un uomo bianco e tu sei nero!"

"Non sono nero!"

"Sì che lo sei! Guardati allo specchio."

Il polacco corse davanti allo specchio, si guardò ed esclamò: "Mio Dio, hanno svegliato l'uomo sbagliato!".

Il tuo ego dipende dagli specchi. Ogni rapporto funziona come uno specchio, ogni persona che incontri funziona come uno specchio e il tuo ego continua a mantenere il controllo.

Ma dimmi, prima di tutto, Divya, perché ti controlli? Ti controlli perché la società apprezza il controllo e perché se ti controlli, la società aumenta il tuo ego. Se segui i dettami della società; se segui i suoi moralismi, il suo puritanesimo, le sue idee sulla santità, essa ti loderà sempre più. Sarai rispettato da un numero crescente di persone, il tuo ego si gonfierà sempre più e volerà in alto.

Ricorda però che l'ego non produrrà mai in te alcuna trasformazione. L'ego è il fenomeno più inconscio che accade in te e ti renderà sempre più inconsapevole. E colui che vive attraverso il proprio ego, ne rimane come ubriacato e non è in sé, agisce immemore di se stesso.

Fernando si era appena sposato: la festa nuziale era grandiosa e il vino scorreva a fiumi. Tutto andava per il meglio, quando Fernando perse di vista la propria sposa, e non riuscì più a trovarla. Dando uno sguardo agli invitati, scoprì che era scomparso anche il suo amico Luigi.

Fernando si mise allora a cercare i due dispersi. Guardò in camera da letto e scoprì che Luigi stava facendo l'amore con sua moglie. Senza far rumore, Fernando chiuse la porta e si precipitò giù dalle scale verso i suoi invitati.

"Presto, presto, venite tutti a vedere!" urlò. "Luigi è così ubriaco che crede di essere me, lo sposo!"

L'ego ti fa vivere praticamente in uno stato di ebbrezza. Non sai più chi sei, poiché credi in ciò che gli altri dicono di te. E non sai neppure chi sono gli altri, poiché credi in ciò che gli altri dicono degli altri. Questo è il mondo illusorio, fatto di credenze nel quale viviamo.

Risvegliati! Diventa più consapevole e, diventando consapevole, diventerai padrone del tuo stesso essere. La padronanza di se stessi non conosce il Sé e il Sé non conosce alcuna padronanza di se stessi. Questa verità dev'esserti estremamente evidente.

Infine, Divya, io non vi insegno il controllo di voi stessi, né l'autodisciplina. Il mio insegnamento è la consapevolezza di sé e la trasformazione di sé. Io vorrei che tu diventassi vasto come il cielo, poiché questo è ciò che tu sei nella realtà!

Profilo dell'autore

Osho nasce l'11 dicembre 1931 nel Madhya Pradesh, in India Centrale. Fin dalla più tenera età si pone di fronte all'esistenza come spirito libero, desideroso di sperimentare l'esistenza in prima persona, insofferente a regole e a norme imposte o acquisite ciecamente.

Spinto da un'irrefrenabile sete di verità, in gioventù cercò esperienze in cui poter toccare attimi di totalità, rischiando il tutto per tutto, nelle quali si portava dietro i più temerari dei suoi amici: per esempio, scalava con loro un costone a precipizio sul fiume, per poi camminare in bilico sulla cima: "Pochissimi mi seguivano, ma quegli audaci provarono sensazioni meravigliose. Quando tornavamo mi dicevano: 'È strano, la mente si è fermata!'.

"Oppure li portavo al ponte della ferrovia, e li incitavo a tuffarsi da lì nel fiume sottostante. Era pericoloso, era proibito! Il salto era altissimo, e prima di toccare l'acqua passavano alcuni secondi in cui la mente all'improvviso si fermava.

"Quelle esperienze mi diedero le prime intuizioni sulla meditazione; fu così che mi interessai sempre di più a essa. Iniziai a chiedermi come fosse possibile produrre quegli spazi di vuoto senza dover scalare montagne, buttarsi nel fiume in piena, oppure tuffarsi da un ponte; come è possibile entrare in quella dimensione semplicemente chiudendo gli occhi? Una volta che se ne è gustata la fragranza, non è difficile".

La sua ricerca della verità raggiunge il culmine all'età di ventun anni, il 21 marzo 1953. Quel giorno, Osho vive nel proprio essere la più alta vetta di consapevolezza sperimentabile dall'uomo: l'illuminazione. Descritta in Oriente come "l'istante in cui la goccia si fonde nell'oceano, nell'attimo stesso in cui l'oceano si riversa nella goccia", per noi è più facile comprenderla come "la totale rottura e la caduta delle maschere con cui comunemente ci si identifica per sopravvivere, e attraverso cui viviamo la nostra vita e i rapporti con gli altri, perdendo la capacità di metterci in contatto con la realtà dell'esistenza".

Questo suo aprire gli occhi sulla realtà dell'esistenza così com'è, libera da pregiudizi, non condizionata da immagini mentali e non distorta da desideri e speranze, lo spinge a condividere quell'esperienza di trasformazione. Inizia quindi a viaggiare per tutta l'India, prima partecipando a convegni e dibattiti, e successivamente (alla fine degli anni cinquanta) tenendo conferenze a folle anche di centomila persone. Termina comunque gli studi nel 1956, laureandosi in Filosofia, e prosegue la carriera universitaria come professore al Sanskrit College di Rajpur prima, e quindi come docente della cattedra di Filosofia presso l'Università di Jabalpur.

Solo agli inizi degli anni sessanta si sente pronto a intraprendere un tipo di lavoro diverso: aiutare altri esseri umani a vivere quella stessa esperienza. Tenta così di fare ciò che non può essere fatto, di condividere ciò che non può essere condiviso, di insegnare ciò che non potrà mai – per sua stessa natura – essere insegnato. Paradossalmente, è proprio a partire da questa "incomunicabilità" che a lui si uniscono alcuni ricercatori, la cui vera motivazione è conoscere la propria essenza direttamente, senza alcun tipo di mediazione. Per rispondere a questa esigenza, nel 1964 Osho inizia a organizzare Campi di Meditazione durante i quali utilizza tecniche innovative, di tipo dinamico, in grado di aiutare a cogliere quel "silenzio oltre i silenzi" in cui la nostra vera natura si manifesta, nell'esplosione di un'esperienza indubitabile.

In queste tecniche il silenzio e la quiete vengono colti per via indiretta, attraversando dapprima l'estremo dello sforzo e della tensione; infatti, l'estroversione dell'uomo contemporaneo gli impedisce di stabilire un contatto diretto e immediato con il silenzio del proprio essere. Inoltre, una fase catartica aiuta a sbloccare il flusso dell'energia, inesorabilmente bloccato dall'eccesso di divieti e negazioni che accompagna la società in cui viviamo.

Nel 1966 egli abbandona completamente la carriera universitaria e alla fine degli anni sessanta si stabilisce a Bombay, dando vita a un ashram, o "comunità spirituale", che viene trasferito a Puna il 21 marzo 1974, in occasione del ventunesimo anniversario della sua illuminazione.

Negli anni successivi egli sviluppa la visione di un "Uomo Nuovo", condividendone i presupposti con quanti ascoltano i discorsi spontanei che tiene ogni mattina: attratti dalla lucidità delle sue esposizioni e dalla potenza che da dietro le parole si irradia dal suo essere, decine di migliaia di ricercatori del Vero si riuniscono attorno a lui e tentano la via della Rivoluzione interiore.

Tra questi vi sono molti terapeuti, perlopiù provenienti dal "Movimento per lo sviluppo del Potenziale Umano" che iniziano a vedere nella strategia di Osho il passo successivo del processo di crescita da loro tentato attraverso la Psicologia umanistica.

A partire dal settembre 1970 Osho comincia a riconoscere l'iniziazione al "neo-sannyas" a coloro che gli sono vicini.

All'epoca tale iniziazione implicava il cambio del nome, portare il "mala" (una collana composta da 108 grani di legno di rosa, chiusa da un medaglione in cui spiccava l'immagine del Maestro) e indossare abiti dai colori solari (arancione, ocra, rosso e bordeaux). Oggi ogni manifestazione esteriore di appartenenza è stata lasciata cadere: chi riconosce Osho come "Maestro di Realtà" al quale sente di accompagnarsi, assume ancora un nome nuovo e riceve il mala, ma non è tenuto a ostentare in alcun modo questa sua scelta, e può in tutta intimità sviluppare un rapporto cuore a cuore con Osho, senza doversi confrontare con le inevitabili proiezioni che una qualsiasi diversità scatena.

Tutti i discepoli maschi aggiungono al nuovo nome il suffisso "Swami" (maestro di se stesso), mentre le donne "Ma" (madre): sono questi gli "Swami" e le "Ma" di cui si parla nel libro.

L'ashram di Puna, dal primo gruppo di ricercatori, si affolla e si espande, diventando un laboratorio alchemico per quanti sentono il bisogno di ritrovare un'armonia interiore dimenticata. Osho si ritira completamente dalla vita pubblica e focalizza il suo lavoro sui suoi discepoli. E se un tempo, durante i primi Campi di Meditazione, era lui stesso a guidare e incoraggiare chi meditava, ora la regia si fa sempre più sottile ed egli inizia a operare attraverso coloro che accettano di diventare suoi "canali", in particolare i terapeuti.

Ai suoi discepoli Osho consiglia di passare attraverso una fase terapeutica: il solo modo per disfare rapidamente tutto ciò che la società ha "fatto", in senso lato e sotto tutti i punti di vista, e per tornare all'innocenza che accompagna la nascita di ogni essere umano. E quel percorso di guarigione diventa un viaggio della coscienza, grazie agli incontri che accompagnano ogni gruppo di terapia: *darshana* serali in cui si incontra il Maestro e con lui si cristallizza in comprensione ciò che era stato vissuto nel gruppo. In questo modo, da centro di terapia più avanzato nel mondo, l'ashram di Puna divenne un laboratorio di vita prima e un Buddhafield poi: "È un campo di energia in cui voi potete iniziare a crescere, a maturare, dove il vostro sonno può essere spezzato, dove potete essere scossi alla consapevolezza. È un campo elettrico ad alto potenziale, dove non riuscirete più ad addormentarvi, dove dovrete stare svegli, perché gli shock arriveranno in ogni momento".

Ma per Osho non è mai esistita una meta che non fosse la trascendenza: della terapia verso la Comune terapeutica; da questa verso un Buddhafield, o campo di energia di risveglio; da questo verso una comunità a ecologia globale; da questa verso la meditazione, al di là di qualsiasi appartenenza; da questa verso l'individuo e la *non-mente*; da quest'ultima verso l'esistenza pura e

semplice, nella quale immergersi nella propria nudità assoluta...
è un viaggio che pare avere un inizio – nella decisione di non cro-
giolarsi più nel sonno della coscienza – ma sembra non avere una
fine, in quanto la consapevolezza, una volta provocata dal Divino, può solo continuare a risvegliarsi all'infinito.

Nessuno può dire quale possa essere lo stimolo che scateni
questo processo di risveglio, pertanto Osho non ha mai smesso di
creare tecniche e metodi, affidandosi anche alle intuizioni di coloro che del suo lavoro si sono fatti vettori, avendo vissuto e compreso ciò che per lui è il viaggio verso la conoscenza di se stessi.

Tra le esperienze più intense e difficili da comprendere c'è
quella negli Stati Uniti, dove sorge una vera e propria città, nella
quale i discepoli di Osho sperimentano nella pratica la sua visione di una comunità spirituale autosufficiente, nella quale il Divino e il mondano possano incontrarsi e vivere in armonia.

I quattro anni in cui l'esperimento si sviluppa possono essere
descritti come un paradosso a più livelli: da un lato prende forma
un villaggio a ecologia globale che sembra poter realizzare il sogno americano, dall'altro esplode un microsistema in cui le radici della follia umana vengono recitate in tutte le sue perversioni,
da un altro lato ancora i risultati raggiunti diventano un "modello" che giornalisti e studiosi accorrono a studiare; infine, per ciò
che riguarda il governo americano, Rajneeshpuram diventa la
"pietra di paragone" da distruggere, per evitare qualsiasi messa
in discussione del modello di vita americano. Per molti, poi, è il
luogo degli anni più felici della loro vita...

Nel settembre 1985 il tutto esplode: la segretaria di Osho e diversi membri dell'apparato istituzionale della Comune lasciano
improvvisamente Rajneeshpuram. Dopo la loro partenza viene
alla luce una serie di illegalità, ed è lo stesso Osho a chiedere l'intervento delle autorità americane perché siano svolte indagini
approfondite.

A loro volta, le autorità vengono spinte dal governo ad appro-
fittare di quella situazione per intensificare gli sforzi, tesi a distruggere la Comune. Sforzi che già in passato avevano generato
azioni inaudite, come il varo di una legge retroattiva sull'uso del
territorio che rendeva illegale, due anni dopo la sua fondazione,
la città di Rajneeshpuram. Nell'ottobre 1985 Osho lascia la Comune, nella speranza di alleggerire la tensione che si sta creando
intorno a essa, ma viene arrestato a Charlotte, nel Nord Carolina,
senza alcun mandato. Dopo dodici giorni di umiliazioni, durante
i quali viene sballottato da un carcere all'altro, subisce un processo nel tribunale di Portland.

Il timore per la salute di Osho, e per la sua vita, spinge i suoi
legali a trattare con le autorità federali una "colpa" ipotetica, un
cavillo giuridico conosciuto in America come "Alfred Plea", in
base al quale l'imputato conserva la sua innocenza, pur dichia-

randosi colpevole. Questo permette alle autorità di spiccare un mandato di espulsione e Osho lascia gli Stati Uniti il 17 novembre 1985.

Segue un periodo di peripezie, durante il quale Osho cerca un luogo in cui radicare di nuovo il suo lavoro. Ma il governo Reagan boicotta ogni suo tentativo, facendo pressioni diplomatiche di ogni tipo sulle nazioni che egli visita: ventuno paesi gli rifiutano l'ingresso, la residenza o lo deportano.

Nel luglio 1986 Osho torna a Bombay e, nel gennaio 1987, a Puna. L'ashram torna a essere il cuore del suo lavoro: qui egli crea una "scuola dei misteri" che diventa in seguito un "laboratorio di ricerca", una "Multiuniversità dell'Essere" e di recente un moderno e avveniristico "Resort di Meditazione" che richiama ancor oggi da ogni parte del mondo ricercatori del Vero determinati e consapevoli di trovarci stimoli esistenziali utili a scuotere il proprio equilibrio interiore, per arrivare a spostare il centro della propria autoidentificazione dal senso di separatezza che ci contraddistingue a una più intima appartenenza alla vita.

Nell'autunno 1987 il progressivo peggioramento dello stato di salute di Osho spinge il suo medico personale a richiedere analisi mediche approfondite: si scopre così un avvelenamento che può solo essere fatto risalire al periodo di detenzione negli Stati Uniti (per una cronaca dettagliata di questo grave evento si veda *Operazione Socrate* di Majid Valcarenghi e Ida Porta).

Malgrado le cure intensive, il declino diventa inesorabile e Osho lascia il corpo, ormai consumato, il 19 gennaio 1990. Con la stessa semplicità e naturalezza che ha contraddistinto la sua vita straordinaria, egli regala ai suoi discepoli anche questa esperienza che per lui non significa affatto la conclusione della vita, quanto piuttosto il suo culmine: "Il limite estremo oltre il quale l'inconoscibile si estende infinito".

Lungi dal segnare una fine, questa nuova tappa nel viaggio della consapevolezza intrapresa da quanti a Osho si sono accompagnati diventa una vera e propria rinascita: non potendo più dare per scontata la comunione con il Maestro, i suoi devoti si sono da allora in poi dovuti assumere la responsabilità della propria crescita interiore e della sua visione. E per quanti non interrompono volontariamente il proprio viaggio interiore, piano piano diventa vero ciò che Osho aveva predetto: "Ricordate: quando me ne sarò andato, voi non perderete nulla; anzi, potrete guadagnare qualcosa di cui ora siete assolutamente inconsapevoli.

"Quando lascerò il corpo, dove potrò mai andare? Sarò qui! Nel frusciare del vento, nel mormorio dell'oceano; e se mi avete amato, se avete avuto fiducia in me, mi percepirete in mille e un modo: nei vostri momenti di silenzio, all'improvviso sentirete la mia presenza. Quando non sarò più confinato dal corpo, la mia consapevolezza sarà universale. Allora non dovrete più venire a cercarmi: ovunque sarete, la vostra sete, il vostro amore, vi faranno trovare me: nel vostro cuore, nel semplice battito del vostro cuore".

Inoltre, egli ha chiarito: "Rassicuratevi, non me ne andrò prima di aver seminato in voi tutti il messaggio racchiuso nelle mie parole. Il giorno in cui lascerò il corpo, la responsabilità dei miei discepoli sarà immensa: dovranno vivermi, dovranno diventare me. Il mio lasciare il corpo diverrà per tutti loro una sfida: a quel punto potrò vivere in tutti i vostri corpi. E sono felice, perché ho una certezza: ho raccolto intorno a me le persone giuste. Loro saranno i miei libri, i miei templi viventi.

"Certo, dipende tutto da voi: chi, altrimenti, potrà diffondere la mia presenza in tutto il mondo? Io sono un sognatore incurabile: nessun miracolo potrà mai accadere, a meno che voi non lo facciate accadere. E voglio che questa Comune sia il primo nucleo umano in cui si realizzi la sintesi tra l'approccio religioso alla vita e quello scientifico.

"Questo appagherà il mio sogno, il mio aver sempre detto e ripetuto che la sfera interiore dell'uomo e quella esteriore non sono separate. E quando affermo che questa visione si realizzerà, non si tratta di mere parole: io sono un semplice tramite dell'esistenza; so benissimo – poiché scaturisce dal mio assoluto annullamento nell'anima stessa dell'universo – che questo è un messaggio dell'esistenza stessa: accadrà, nessuno può ostacolarlo.

"E questa è la sola speranza che sulla Terra nasca un Uomo Nuovo, una nuova umanità".

E infine ha dichiarato: "Io non faccio parte di alcun movimento. Il mio operare è qualcosa di eterno che sta accadendo da quando il primo uomo apparve sulla Terra, e continuerà fino all'ultimo uomo. Non è un movimento, è l'essenza stessa dell'evoluzione: io sono parte dell'eterna evoluzione dell'uomo. Cercare la verità non è cosa nuova, né vecchia. La ricerca del proprio essere non ha nulla a che fare con il tempo. Potrei non esserci più, ma ciò che sto facendo continuerebbe. Nessuno ne è il fondatore, nessuno ne è il leader; è un fenomeno immenso! Molti illuminati sono apparsi, hanno dato il loro aiuto e sono scomparsi; ma il loro aiuto ha condotto l'umanità un po' più in alto, l'ha resa un po' migliore, un po' più umana. Essi hanno lasciato il mondo un po' più bello di come l'avevano trovato".

In questo senso, è emblematica l'epigrafe che lui stesso ha dettato per il suo *samadhi*:

OSHO.

MAI NATO, MAI MORTO,
HA SOLO VISITATO QUESTO PIANETA TERRA
DALL'11 DICEMBRE 1931 AL 19 GENNAIO 1990

A Puna, in India, la comunità sorta ispirandosi alla sua visione di un Uomo Nuovo è ancora fiorente; in essa ha sede una "Multiuniversità dell'Essere" che offre Corsi e Programmi di Crescita Interiore. Ma soprattutto, qui è possibile immergersi in un contesto di salute globale che rende chiaro il senso di un nuovo stile di vita fondato sull'armonia, la pace e la quiete interiore. A migliaia tutti gli anni, persone provenienti da ogni parte del mondo, trascorrono in questa dimensione alcune settimane, riconoscendo l'importanza di un'intima connessione col proprio essere per cogliere e accettare quel nulla e quel vuoto che sono la vera natura dell'invisibile.

Per approfondire

Di fronte all'epoca di mutamenti più rapidi e sconvolgimenti più terribili mai conosciuta dall'umanità, la meditazione sembra oggi diventare una pura e semplice "questione di sopravvivenza"; è quindi importante metterne a fuoco il significato e la realtà, non più come un rituale esotico o esoterico, bensì in quanto vita vissuta con consapevolezza. Non è più possibile percepire quello spazio interiore solo all'interno di un rituale, o di un tempo specifico dedicato allo spirito: si tratta di uno stile di vita.

In questo contesto, il contributo della visione di Osho all'evoluzione della consapevolezza umana, è evidente. Figura controversa, egli non ha lasciato nulla di intentato per spingere l'individuo ad assumersi la piena responsabilità del proprio essere. Si tratta di una via che non si può comprendere attraverso razionalizzazioni intellettuali, frutto di studi e di letture, quanto piuttosto con l'esperienza, l'unica in grado di generare una prospettiva interiore nella quale collocare le sue parole, e le metafore cui inevitabilmente deve delegare il compito di trasmettere la sua visione e il suo invito a non essere semplici spettatori, ma a diventare attori nello splendido gioco della vita, imparando a viverne ogni aspetto come "testimoni attivi".

Questo invito di Osho è oggi diventato una semplice eco della sfida che lo spirito del tempo sembra lanciare a ciascuno di noi; forse è per questo che milioni di persone pian piano hanno preso in considerazione il messaggio e la visione da lui prospettati, decidendo di affrontare un processo di consapevolezza attraverso la meditazione, e dando vita a un uomo assolutamente nuovo, la cui esistenza si fonda sulla gioia, l'amore e la risata.

Valori nuovi che annullano i passati pregiudizi: per Osho infatti la vita dell'uomo si estende sia nella dimensione interiore che in quella esteriore, scegliere è assurdo; se si vuole vivere una vita di realizzazione, occorre vivere in pienezza ogni aspetto del nostro esistere. Solo così si acquisirà un reale appagamento e dentro di noi nascerà un'intima armonia; solo così la nostra vita sarà allietata dalla sottile musica delle sfere. Nelle sue parole:

"Tutto il mio stile di vita è teso a introdurre nella vostra consapevolezza una sintesi tra i valori edonistici e i valori spirituali. Io insegno l'edonismo, quale base per una reale crescita spirituale. Il mio è un edonismo spirituale!".

Consapevole della difficoltà dell'uomo moderno a sedersi in silenzio per immergersi nella quiete del proprio essere, Osho ha consigliato di partire con tecniche di meditazione di tipo dinamico, che permettano di equilibrare il peso delle tensioni e delle repressioni che accompagnano la nostra vita. Queste tecniche sono descritte nel libro *Meditazione: la prima e ultima libertà* (Edizioni Mediterranee, Roma) e sono accompagnate da musiche che ne scandiscono le diverse fasi.

Per informazioni, o per ordinare le musiche, si può scrivere a:

Associazione Oshoba
Casella Postale 15
21049 Tradate (Varese)
Tel. & Fax: 0331.810.042
e-mail: oshoba@oshoba.it

Quanti fossero interessati ad approfondire la lettura di questo sottile Maestro di Realtà, possono rivolgersi qui per ricevere un catalogo generale delle opere tradotte in italiano o pubblicate in inglese, e qualsiasi informazione su libri, audio e videocassette.

Molti trovano più facile sperimentare le meditazioni attive di Osho con la guida di persone che già si sono inoltrate lungo questo sentiero, lavorando con questo Maestro di Vita.

Per corrispondere a questa esigenza, in Italia si stanno organizzando con sempre maggior frequenza eventi e Campi di Meditazione in cui è possibile fare esperienze dirette della propria dimensione interiore.

Per informazioni contattare:

Osho International Europe
Casella Postale 15
21049 Tradate (Varese)
Tel. & Fax: 0331.841.952
e-mail: oshoba@oshoba.it

Per acquisire un'esperienza globale di trasformazione, è anche consigliabile compiere un viaggio a Puna, in India, e visitare il Resort di Meditazione creato da Osho quale luogo in cui la sua visione può essere esplorata, protetti dalla sua esperienza personale del viaggio interiore. Qui si possono sperimentare alcuni processi di meditazione rivoluzionari, messi a punto da Osho per scuoterci e liberarci da comportamenti e abitudini che si oppongono a un libero fluire della nostra energia vitale: "Mystic Rose", "No-mind" e "Born Again", descritti in un libro introduttivo: *Meditazione: la Soglia Interiore*.

Tutti i programmi del Resort si fondano sulla visione di Osho, tesa a dare vita a un essere umano in grado sia di partecipare creativamente alla vita di tutti i giorni, sia di rilassarsi nel silenzio e nella meditazione. Qui è possibile meditare insieme a migliaia di altri ricercatori provenienti da tutto il mondo, in un'atmosfera che Osho ha descritto come "un campo di energia del tutto particolare in cui il Buddha presente dentro di te può giungere a completa maturazione e fiorire".

Un'esperienza di meditazione vissuta all'interno di un ambiente in cui la priorità è dare forma a un equilibrio tra il Centro dell'Essere e la sfera del mondo e dell'azione, può cristallizzare qualcosa di prezioso e impagabile, soprattutto se sostenuta dalla presenza di altri ricercatori, riunitisi con la stessa intenzione. Osho ha infatti anche chiarito che: "Da solo non puoi elevarti più di tanto. Da solo, sei semplicemente solo: hai ogni sorta di limite. Quando sei insieme a molti altri ricercatori, entri in contatto con un'energia sconfinata. Allora iniziano ad accadere molte cose che in solitudine non potranno mai accadere".

Se si desidera visitare questo Resort, per informazioni contattare:

Osho Commune International
17 Koregaon Park, Pune 411001 (MS), India
Tel.: 0091 - 20 - 401.99.99 – Fax: 0091 - 20 - 401.99.90
e-mail: osho-commune@osho.net

Per informazioni, per conoscere meglio la visione di Osho e il suo lavoro, per qualsiasi aggiornamento in tempo reale o novità, agli abitanti del Villaggio Globale, segnaliamo che Osho è presente su Internet nel sito multilingue, con una sezione anche in italiano: www.osho.com

Per un'informazione continuativa del lavoro di Osho, o per conoscere gli indirizzi aggiornati e i programmi dei Centri di Meditazione o degli Istituti che operano in Italia, è consigliabile abbonarsi all'"Osho Times", un mensile interamente dedicato all'Esperienza della meditazione. Per ricevere una copia omaggio, scrivere a:

Associazione Oshoba
Casella Postale 15
21049 Tradate (Varese)

Le attività di meditazione e di ricerca ispirate all'insegnamento di Osho si svolgono anche a:

Osho Miasto
53010 Frosini (Siena)
Tel. 0577.960.124 – Fax 0577.960.232

Qui ha sede un Istituto per la Meditazione e la Crescita Spirituale, ispirato alla visione di Osho.

Aperto tutto l'anno, l'Istituto offre un programma di meditazioni giornaliere, workshop, corsi di crescita e di riscoperta del sé basati sulle tecniche di meditazione proprie delle più diverse tradizioni mistiche e misteriche, nonché sulle moderne scoperte della psicoterapia, della terapia classica e olistica, e del Movimento per lo Sviluppo del Potenziale Umano.

Per ricevere il programma annuale delle attività scrivere, telefonare, oppure mandare un fax.

Indice

"UNIVERSALE ECONOMICA" – ORIENTE
Una nuova serie tascabile che guarda a Oriente

Ditte e Giovanni Bandini, *Quando buddha non era ancora il Buddha*. Racconti di esistenze precedenti dell'Illuminato

Bhagavadgītā. A cura di A.-M. Esnoul

Gabriella Cella Al-Chamali, *Yoga-Ratna*. Il gioiello dello yoga

Cheng Man Ch'ing, *Tredici saggi sul T'ai Chi Ch'uan*

Malcolm David Eckel, *Capire il buddhismo*

Kahlil Gibran, *Il Profeta*

Kahlil Gibran, *Scritti dell'ispirazione*. Un'antologia

Kahlil Gibran, *Le tempeste*

Matthew S. Gordon, *Capire l'Islam*

Krishnananda, *A tu per tu con la paura*. Un percorso d'amore attraverso le relazioni dalla co-dipendenza alla libertà

Krishnananda, *Uscire dalla paura*. Rompere l'identificazione col bambino emozionale

Yukio Mishima, *Lezioni spirituali per giovani Samurai*

Naboru Muramoto, *Il medico di se stesso*. Manuale pratico di medicina orientale. A cura di M. Abehsera. Prefazione di G. Bert

Vasudha Narayanan, *Capire l'induismo*

Kakuzo Okakura, *Lo Zen e la cerimonia del tè*. Cura di L. Gentili. Con uno scritto di E.F. Bleiler

Jennifer Oldstone-Moore, *Capire il confucianesimo*

Jennifer Oldstone-Moore, *Capire il taoismo*

Osho, *La mente che mente*. Commenti al Dhammapada di Gautama il Buddha

Osho, *La saggezza dell'innocenza*. Commenti al Dhammapada di Gautama il Buddha

Osho, *L'avventura della verità*. Commenti al Dhammapada di Gautama il Buddha

Wolf Sugata Schneider, *Tantra*. Il gioco dell'amore

Rabindranath Tagore, *Lipika*. A cura di B. Neroni

Tsai Chih Chung, *Dice lo Zen*

Alan W. Watts, *Natura uomo donna*

Alan W. Watts, *La via dello Zen*